U0657439

新编新译
世界文学
经典文库

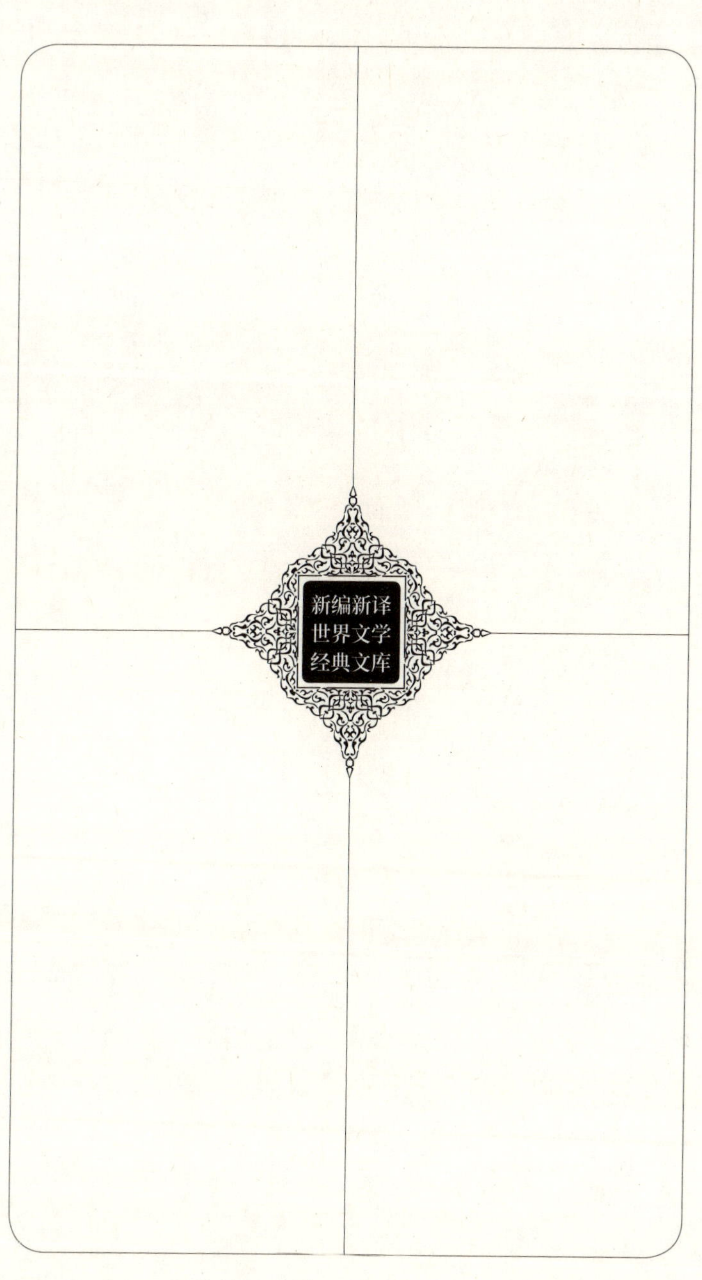
新编新译
世界文学
经典文库

T H E

新编新译
世界文学
经典文库

T R A V E L S

马可·波罗游记

O Marco Polo F

[意] 马可·波罗 著
彭倩 译

M A R C O

作家出版社

P O L O

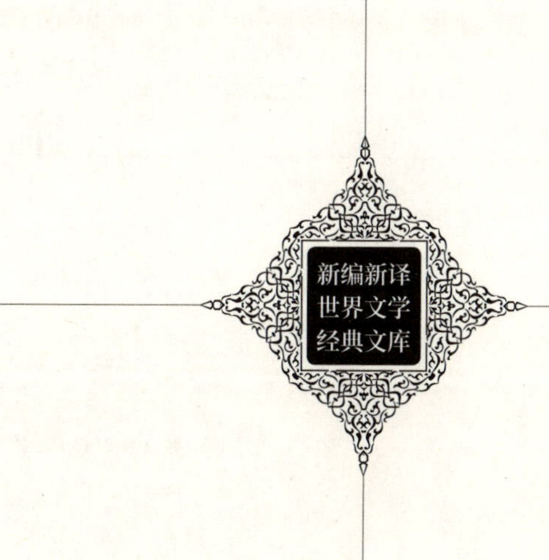

编委会

代　序

经典，作为文明互鉴的心弦

陈众议　　2020年11月27日于北京

“只有浪子才谈得上回头。”此话出自诗人帕斯。它至少包含两层意义：一是人需要了解别人（后现代主义所谓的“他者”），而后才能更好地了解自己，恰似《旧唐书》所云：“夫以铜为镜，可以正衣冠；以古为镜，可以知兴替；以人为镜，可以明得失”；二是人不仅要读万卷书，还要行万里路。读万卷书难免产生“影响的焦虑”（布鲁姆语），但行万里路恰可稀释这种焦虑，使人更好地归去来兮，回归原点、回到现实。

由此推演，“民族的就是世界的”（据称典出周氏兄弟）同样可以包含两层意思：一是合乎逻辑，即民族本就是世界的组成部分；二是事实并不尽然，譬如白马非马。后者构成了一个悖论，即民族的并不一定是世界的。拿《红楼梦》为例，当“百日维新”之滥觞终于形成百余年滚滚之潮流，她却远未进入“世界文学”的经典谱系。除极少数汉学家外，《红楼梦》在西方可以说鲜为人知。反之，之前之后的法、英等西方国家文学，尤其是20世纪的美国文学早已在中国文坛开枝散叶，多少文人读者对其顶礼膜拜、如数家珍！究其原因，还不是它们背后的国家硬实力、话语权？福柯说“话语即权力”，我说权力即话语。如果没有“冷战”以及美苏双方为了争夺的推重，拉美文学难以“爆炸”；即或“爆炸”，也难以响彻世界。这非常历史，也非常现实。

同时，文学作为人类文明的重要组成部分，是人类进步不可或缺的标志性成果。孔子固然务实，却为我们编纂了吃不得、穿不了的“无用”《诗经》，可谓功莫大焉。同样，马克思主义的经典作家向来重视文学，尤其是经典作家在反映和揭示社会本质方面的作用。马克思在分析英国社会时就曾指出，英国现实主义作家

“向世界揭示的政治和社会真理，比一切职业政客、政论家和道学家加在一起所揭示的还要多”。恩格斯也说，他从巴尔扎克那里学到的东西，要比从“当时所有职业的历史学家、经济学家和统计学家那里学到的全部东西还要多”。列宁则干脆地称托尔斯泰是俄国革命的一面镜子。这并不是说只有文学才能揭示真理，而是说伟大作家所描绘的生活、所表现的情感、所刻画的人物往往不同于一般的抽象概括、冰冷的数据统计。文学更加具象、更加逼真，因而也更加感人、更加传神。其潜移默化、润物无声的载道与传道功能、审美与审丑功用非其他所能企及，这其中语言文字举足轻重。因之，文学不仅可以使我们自觉，而且还能让我们他觉。站在新世纪、新时代的高度和民族立场上重新审视外国文学，梳理其经典，将不仅有助于我们把握世界文明的律动和了解不同民族的个性，而且有利于深化中外文化交流、文明互鉴，进而为我们吸收世界优秀文明成果、为中国文学及文化的发展提供有益的“他山之石”。同样，立足现实、面向未来，需要全人类的伟大传统，需要“洋为中用”“古为今用”，否则我们将没有中气、丧失底气，成为文化侏儒。

众所周知，洞识人心不能停留在切身体验和抽象理念上，何况时运交移，更何况人不能事事躬亲、处处躬亲。文学作为人文精神和狭义文化的重要基础，既是人类文明的重要见证，同时也是一时一地人心、民心的最深刻，也最具体、最有温度、最具色彩的呈现，而外国文学则是建立在各民族无数作家基础上的不同时代、不同民族的认识观、价值观和审美观的形象体现。因此，外国文学，尤其是外国文学经典为我们接近和了解世界提供了鲜活的历史画面与现实情境；走进这些经典永远是了解此时此地、彼时彼地人心民心的最佳途径。这就是说，文学指向各民族变化着的活的灵魂，而其中的经典（包括其经典化或非经典化过程）恰恰是这些变化着的活的灵魂。亲近她，也即沾溉了从远古走来、向未来奔去的人类心流。

此外，文学经典恰似“好雨知时节”，“润物细无声”，又毋庸置疑是各民族集体无意识和作家、读者个人无意识的重要来源。她悠悠地潜入人们的心灵和脑海，进而左右人们下意识的价值判断和审美取向。还是那个例子，我们五服之内的先人还不会喜欢金发碧眼，现如今却是不同。这是“西学东渐”以来我们的审美观，乃至价值观的一次重大改变。其中文学（当然还有广义的艺术）无疑是主要介质。这是因为文学艺术可以自立逻辑，营造相对独立的气韵，故而它们也是艺术化的生命哲学；其核心内容不仅有自觉，而且还有他觉。没有他觉，人就无法客观地了解自己。这也是我们有选择地拥抱外国文学艺术，尤其是外国文艺经典的理由。没有参照，人就没有自知之明，何谈情商智商？倘若还能潜入外国作家的内心，或者假借他们以感悟世界、反观自身，我们便有了第三只眼、第四只眼、第N只眼。何乐而不为？！

且说中华民族及其认同感曾牢固地建立在乡土乡情之上。这显然与几千年来中华民族的文化发展方式有关。从最基本的经济基础看，中华文明首先是农业文明，故而历来崇尚“男耕女织”“自力更生”。由此，相对稳定、自足的“桃花源”式的小农经济和自足自给被绝大多数人当作理想境界。正因为如此，世界上没有其他民族像中华民族这么依恋故乡和土地（柏杨语）。同时，因为依恋乡土，我们的祖先也就相对追求安定、不尚冒险。由此形成的安稳、和平性格使中华民族大抵有别于西方民族。反观我们的文学，最撩人心弦、动人心魄的莫过于思乡之作。如是，从《诗经》开始，乡思乡愁连绵数千年而不绝，其精美程度无与伦比。“昔我往矣，杨柳依依；今我来思，雨雪霏霏”（《诗经》）；“露从今夜白，月是故乡明”（杜甫）；“举头望明月，低头思故乡”（李白）；“春风又绿江南岸，明月何时照我还？”（王安石）。如此等等，不一而足。当然，我们的传统不尽于此，重要的经史子集和儒释道，仁义礼智信和温良恭俭让，以及少数民族文化等皆是中华传统文化的组成部分。而且，这里既有六经注我，也有我注六经；既有入乎其内，也有出乎其外，三言两语断不能涵括。诚然，四十多年，改革开放、西风浩荡，这是出于了解的诉求、追赶的需要。其代价则是价值观和审美感悦令人绝望的全球趋同。与此同时，文化取向也从重道轻器转向了重器轻道。四海为家、全球一村正在逼近；城市一体化、乡村空心化不可逆转。传统定义上的民族意识正在淡出。作为文学表象，那便是山寨产品充斥、三俗作品泛滥。与此同时，或轻浮或狂躁，致使伪命题及去心化现象比比皆是；文学语言简单化（却美其名曰“生活化”）、卡通化（却美其名曰“图文化”）、杂交化（却美其名曰“国际化”）、低俗化（却美其名曰“大众化”）等等，以及工具化、娱乐化等去审美化、去传统化趋势在网络文化的裹挟下势不可挡。

正所谓“彼亦一是非，此亦一是非”，如何在全球化这把双刃剑中取利去弊，业已成为当务之急。“不忘本来，吸收外来，面向未来”无疑是全球化过程中守正、开放、创新的不二法门。因此，如何平衡三者的关系，使其浑然一致，在于怎样让读者走出去，并且回得来、思得远。这有赖于同仁努力；有赖于既兼收并包，又有魂有灵，从而在人类命运共同体的旗帜下复兴中华，并不遗余力地建构同心圆式经典谱系。毫无疑问，唯有经典才能在“熏、浸、刺、提”“陶、熔、诱、掖”中将民族意识与博爱精神和谐统一。让《红楼梦》《三国演义》《水浒传》《西游记》等中国文学经典的真善美成为全世界共同的精神财富吧！让世界文学的所有美好与丰饶滋润心灵吧！这正是作家出版社与中国社会科学院外国文学研究所精心遴选，联袂推出这套世界文学经典丛书的初衷所在。我等翘首盼之，跂予望之。

作为结语，我不妨援引老朋友奥兹，即经典作家是好奇心十足的孩子，他用手指去触碰“请勿触碰”之处；同时，经典作家也可能带你善意地走进别人的卧室……作家卡尔维诺也曾列数经典的诸多好处；但是说一千、道一万，只有读了你才知道其中的奥妙。当然，前提是要读真正的经典。朋友，你懂的！

原　序

路易吉·福斯科洛·贝内代托

马可·波罗可不只是一位向读者讲述自己旅程的旅行 14
者。马可·波罗的家族命运极为特殊，他自幼在东方长大，曾在蒙古宫廷工作多年，为当时最大的帝国效力，也继而直接接触了辽阔丰沛的亚洲世界。1298年，四十四岁的马可·波罗身陷热那亚监狱，失去自由，只得写点东西聊以度日。他雄心勃勃，渴望给欧洲献上一幅亚洲世界的整体图景，好让那些以为辽阔草原与崇山峻岭之外都是荒芜与怪异的西方人看看那儿跳动着的鲜活生命。这主题新颖而宏大，有时作者不得不停下来仔细分析，甚至常常看上去仅是在简单记录行程。此书虽包罗万象，但好在脉络清晰，主旨明了。作者竭尽全力描述这强大帝国，并将自己参与帝国沉浮的自豪感传递给读者。

乍一看，此书目的似乎仅为商业。马可·波罗的身体与灵魂都是商人，这固然不假。他出身于威尼斯贵族商人家庭。据马可本人所述，他的父亲尼克和叔叔玛窦是珠宝商人。他们将年仅十五岁的马可带到鞑靼大汗宫廷，三人在东方逗留二十年之久。先是定居在君士坦丁堡，此城虽在名义上是拉丁帝国首都，但实则为伟大威尼斯帝国的首都；随后他们转移至克里米亚州的苏达克，此城在当时即已成为重要的商业中心，在拉丁帝国崩溃后更是愈发紧要。1280年，他们与一位名为老马可的哥哥在苏达克仍然以“兄弟合作社”的名义共同拥有一处商业地产。在拉丁世界和广阔鞑靼帝国的最边缘，数量繁多的生意人如同那汹涌的大海，已在旧欧洲拍起惊涛骇浪，他们已经感觉到，在那尚未跨越的边界之外，必然可以开垦出一片新的商业天地，他们满怀期待地走进那个充满希望的世界。而那个世界却将他们吞噬。三十年后，他们最终回到了欧洲。他们还是和从前一样的商人吗？我们不知道，在他们的经商之旅中，年轻的马可究竟起到了什么作用？从马可本人留下的记述来看，生活在东方期间，他始终在帝国做官，主要承担着漫长而艰苦的使臣任务。我们知道他在扬州这个重要城市的政府中做了三年的官。晚年在威尼斯期间，马可仍参与了贸易，亲戚们生意周转不来时，他也曾提供资金支持，他和叔叔玛窦还参与了君士坦丁堡的零售生意（1311年，他打赢了与保罗·吉拉多（Paolo Girardo）的一桩苔藓生意纠纷）。马可死后留下一个铁箱和一个大胡桃木箱，物品清点名录表明他很可能做的是珍贵织物和香料生意。回国后立即就从事战争贸易也并非不可能。编年史家雅各布·达奎（Jacopo d' Acqui）指出，在热那亚与威尼斯商船冲突中，马可在拉贾佐（Lajazzo）水域的一艘商船上被热那亚人俘虏。不应低估这则史料的重要性。因为另有一则史料表明兰巴·多里亚（Lamba Doria）将七千名囚犯关押在苏佩巴（Superba）监狱，马可正是其中一员，相较而言，这则史料时间太晚，并非完全没有人怀疑。在库佐拉（Cùrzola）之前，商船（通常因正当理由而须配备武器）之间的冲突绝非罕见；众所周知，我们对此时期掌握的资料并不详细，亦不准确。本书无疑流露出强烈的商业心态。从某种角度来看，书中任何信息都或多或少与贸易挂钩。作者对行业有着广泛且直接的了解，对每种形式的商业活动都表现出浓厚兴趣，对那些最大胆和最广泛的商业形式甚至满怀钦佩。马可·波罗在东方逗留期间虽未亲自从商，但仍带着商人特有的贪婪和惊奇看待自己所走过的国家；他的目光首先聚焦在那些具有或可能具有较高商业价值的事物上，而当谈到秦海岛屿时，他内心发出的呐喊可以作为整卷序跋：“岛上的黄金与其他珍贵东西的价值连城，令人惊叹！”他对东方瑰宝如数家珍。马可以鉴赏家的口吻，时而露出感动的神情，回忆起那些华丽的地毯、绚烂的织金锦、绸缎、珍珠、红宝石、蓝宝石、黄玉、珊瑚、象牙、每天进入汗八里的数千辆丝绸车、运输黄金的河流、出采银和青金石的宝矿、珍贵的木材、香料、上等的皮革、香水……仿佛从书中走出来一座令人眼花缭乱的宝藏库。有些宝藏偏居一隅，外国商人不得登陆：譬如日本国岛的宫殿屋顶以纯金打造，所有下葬的死者嘴里都塞着一颗珍珠。还有些宝藏则隐匿在人迹罕至的山区，当地人不许来犯，气候亦可致命，因此任何外来人都不敢冒险。但仍有一些宝藏已走向世界。欧洲商人在埃及、叙利亚和大海地区的市场里头曾瞥见过它们的吉光片羽，但未料到宝藏的遥远产地有着更为丰富的资源和低廉的价格，亦不曾意识到这些珍宝走进全球背后所凝结的勇气、智慧与坚韧奇迹。马可带领我们深入这些原产地市场：例如，一个威尼斯银币可买到三件最精美的中国瓷器，还可买到四十磅质量最佳的新鲜生姜；五个萨觉的白银或几块盐巴就可换来一个萨觉的纯金……他告诉我们关于大都市、税收、运费、海关，不同国家使用的各种货币，以及各地居民的待客之道。他称颂对商人友好的国王，谴责那与海盗同流合污的塔纳国王“不配称王”。他真心钦佩婆罗门的诚信经商之道。他追随勇敢的商人们深入危险的海域，永不停歇地航行，经受暴风肆虐和海盗侵袭，穷凶极恶的居民更是难以应付；他跟着商人们在陆地跋涉，那些旅程同样无休无止，可怖异常，他们穿过荒无人烟的沙漠，翻越人迹罕至的山脉，进入那有着凶残野人的森林，一伙强盗趁机偷袭了疲惫不堪的商队，这真是令人惊悸的噩梦。对马可而言，那些他满怀热情挥洒笔墨描写的东方大都会（如汗八里、行在、扎屯剌桐等）主要是庞大的市场。那些人头攒动的街道与广场，店铺和停泊着数千艘船只的港口闪烁着熠熠光芒。

可见，马可的确是商人。但需以更为虔敬的态度对待“商人”一词，不应将它视为美好精神道德的反面，如此才能符合马可的形象。应重新赋予“商人”那诗意的威望和宏伟的气度，因为在那生机勃勃的时代，经商实则意味着英勇地开辟新道路，艰苦地征服自然和人类。请别忘记，正是马可所秉持的那种商业精神将我们这座海滨小镇塑造为欧洲强国。在马可身上，在同他一样伟大的家族前辈和恩师们身上，在这座拥有百年传统和宏大特征的城市身上，都浸润着这种杰出的创意精神，正是这种精神使得我们现在的二十世纪成为了历史上最伟大的时代之一。

对于怀着代入感，或稍加留心的读者来说，马可的书可不是一部简单的欧洲贸易指南，不只是解密了亚洲这个巨

大的贵重材料市场。它似乎受到许多其他宏大目标的指引。 18

它开辟了现代科学文献的先河。如同《神曲》、质朴的诗歌《地狱与天堂之路》(*Voies d'Enfer et de Paradis.*)一般，它也是时代的动物寓言集、碑文、杂糅的百科全书。此书源于生活，为生活而生，是客观观察的产物，服务于具体问题，已然具备地理文献的雏形。它已经有意识地试图以真理取代模糊的幻想和传说。诚然，中世纪人的科学还带着开启新兴事物时的不确定性和胆怯，也体现出萌芽时期的诗意：科学尚不能与艺术分开，科学仍需叙述它的成就，仍需表达出它的激动和惊喜。虽然此书尚不具备我们时代的技术，但已经凝聚了现代理想。

需要补充的是，这位威尼斯商人也是一位伟大的、真正的探险家。他的书极尽简洁客观，不追求巨细靡遗的过度描述，亦非私密倾诉和情感宣泄。此书的自传性特征仅限于那些作者认为有助于忠实还原事实的部分。书中的宏伟记录出自作者的非凡经历，虽然它们隐于暗处，但依然可被捕捉到，就像雄伟建筑深处那些不被人所见的岩石一般。只需罗列出马可最早向我们西方人谈及的旅居之地，就可证明他应与哥伦布和韦斯普奇齐名，他也应属于那些帮助我们拓宽对地球认识的先驱们(多半为意大利人)。他具备探险家的一切崇高品质。在他身上可感受到远方旅行的魅力，了解到最具特色的风景和民族，体会到对一切新颖独特事物的热爱。他着迷于宗教、传统和习俗。对他来说，亚洲确实正如福楼拜所说，是“艺术与恶习之地”。他善于赞赏，这是一种极为罕见的能力。他乐于捕捉并感受生命的跳动。他对某些景观的欣赏显然不仅仅出于商人的贪婪。他的观察的确是从生意的繁荣程度，商品的丰富性和价值、私人收入和国家收藏的规模来入手。但在金钱和财富之外，他依然热爱那些行为本身。他详述人口稠密的中国城市中那繁华的商业景象，他记得那些过着皇家生活的富商，但也不会忘记那名到年龄就被抛入生活旋涡开始学习经商的可怜顽童，他整日奔忙，也能设法做成一些营生，混口饭吃。

马可 · 波罗的著作不仅仅是地理描述。它描述并颂扬了忽必烈的亚洲：那是一个超人的政治和历史世界。马可的记述亮点为帝国组织。小欧洲虽已形成了多个伟大的统一国家，但始终被封建纷争撕裂，与曾经卓越辉煌的罗马帝国渐行渐远（指实际情况，而非理想），亚洲的力量和秩序让欧洲惊讶。

此外，马可还是一位作家。无论其著作的目的或表面内容如何，它那伟大的独创性不容置疑，它凝结了生命，表达了性格。整本书确实呈现出准确的精神轮廓。我向那些真正想了解这位伟大旅行家的人推荐此书：可以了解他具有何种本质的精神力量，何种理想支持着他的冒险之旅，他基于何种真理原则去观察那些最新奇的自然景观和人类生命。

马可 · 波罗时代最高贵的文学语言仍然是拉丁语。在具有文学地位的俗语中，欧洲最流行，也最受意大利喜爱的是法语。但丁的恩师布鲁内托 · 拉蒂尼（Brunetto Latini）赞其为“最愉悦的口语”，并用法语撰写了《宝藏》。这固然是出于法国文学的非凡魅力和法国作为商业和政治强国的威望。但我们也不应忽略，从语言角度来看，当时的罗曼语是一个大整体，此外意大利民族情感尚较缺乏。数年后，但丁才凭借《神曲》取得了第一场意大利语言独立和创造意大利真正文学语言（换言之，为了建立意大利祖国）战役的胜利。 20

马可用法语撰写著作。我得说，更准确的说法应是他让人撰写了著作，因为马可本人在开篇便提醒读者，他将记忆说给了与他一同被囚禁的鲁思梯谦（Rustichello da Pisa）大师。但随着对马可此书的日益熟悉，我确信鲁思梯谦的个人贡献一定是微乎其微的。如果鲁思梯谦和马可一起经历了这些冒险，是依靠自己的记忆来撰写此书，或者如果我们没有从其他作品中了解他的风格和本质，那么他的参与或许会让我们对此书的真正作者产生怀疑。马可自然需要帮助：在东方生活了这么多年之后，他觉得自己对任何西方语言都无法充分掌握，这是合乎逻辑的。但鲁思梯谦的作用肯定极为有限，他只是以一位宫廷小说家的语言，用仪式性的文学修饰，重写了真实作者口中那些朴实无华的纪实部分。他增添了过渡转折时的公式化表达，对话，战争的描述等细节，而这些都在传统模式中有迹可循。只有在那些原本仅是一个简单草稿的章节（如大海入海口部分），鲁思梯谦的创意才会发挥得更为淋漓尽致。

很少有书有过如此不幸的经历。这本映射出作者丰富而高尚个性的书是异质和多样性的奇妙平衡。必须先将原作者未完成的部分补足，方可言及其独特性。书中具体地理信息数量繁多，且大多举足轻重，这极易让读者忘记它本身也是一件艺术品。中世纪是手稿传播时代，尚不具备文学考据意识，亦未形成文学所有权概念，同时代的科学书籍都不可避免地遭受了改变，而此书因广受关注，因此所历删改增添更是尤为严重。原书最初以法语创作，早期抄写员对法语的熟悉程度各异，故而抄本初期便已面目全非。随后，出现了多种语言的翻译和缩减本。拉丁文译本的质量也颇受质疑。此后的翻版大多以早已经受了删添改动的异文版本为原型，而这些改写者又难以自控地添加了自己的错误和武断意见。每个版本均已产生变形。而那与原始真本相去甚远的各抄本却被认为是马可的原作，这些版本也和真本一样，成为翻译和改动的基础。颇受好评的版本是一部质量平平的威尼斯抄本，显然人们误认为既然马可是威尼斯人，那么他便应以威尼斯语来撰写。马可著作历经数百年演变，其抄写历史极其复杂。譬如，佛罗伦萨里卡尔迪安娜图书馆（Riccardiana）的瓦里恩提（Vaglienti）手稿因涉及航海家韦斯普奇的史料而闻名，但此版本是一部拉丁抄本的译本，此拉丁抄本译自一部托斯卡纳抄本，而此托斯卡纳抄本则以一部威尼斯版本为基础的译本，此威尼斯版本又是译自一部法语抄本。这个遥远的法语版本本身又与热那亚的真本相去甚远。最成功的马可版本是博洛尼亚的庇庇诺（Pipino）修士所译的拉丁语译本，而这同样是译本的译本。今天，如果你们向书商要一本《马可·波罗游记》，他或许会向你提供为大众制作的最新印刷版本，而它们不过是百年来版本变异流传的产物而已。在法国出版的最新《马可·波罗游记》〔德拉格雷夫（Delagrave）出版社，1888年〕也不过是匿名的法语老版本，其前身是1735年在海牙出版的法语庇庇诺本。113年前，马斯登将赖麦锡（Ramuscio）的马可游记译成英文，大获成功，数年前，该译本在英国重印。而赖麦锡的版本虽说为意大利语，但根子上仍是庇庇诺的拉丁语抄本。最新的马可·波罗英语译本〔阿尔戈（Argonaut）出版社，1929年〕是伊丽莎白时代英文版的重印本，底本为卡斯蒂利亚（Castigliana）版本，这是质量糟糕的威尼斯语改本。在德国，莱姆克（Lemke）于1907年更新了布克（Bürck）的译本，这也不过是马斯登基于赖麦锡版本英译本的德语本。近八十年来，意大利仅有一个版本，勒莫尼尔（Le monnier）、松佐尼奥（Sonzogno）、拉特扎（Laterza）和阿尔卑斯之家（Casa Alpes）都曾推出过，此版本销量平平，近期已第十三次重印。这是空洞贫乏的概述，在相当数量的章节中并不忠实于底本。这不过是十四世纪初一位好心的佛罗伦萨读者为个人用途而发行的草本，在当时那个具有浓厚文化氛围，且致力于弘扬其荣耀的意大利时代来说，此版本显然当不起这位伟大旅行家的声名。

我曾在一本面向专业人士的专著中深入探讨过马可·波罗。据我的研究，我们必须承认，目前没有任何一部抄本准确还原了那部失佚的原始底本。大体来看，可将数目庞大的现存抄本分为两大组，它们的原型均源自同一个部分失真的改编底本。与第二组的原型相较，第一组的原型与此改编底本，进而与真本的距离要更远。第一组包括：F抄本（这是唯一一部相对完整，且从整体来看，并未摒弃原始语言的抄本，即十二世纪以法语创作的意大利作家们那具个人特色的混杂法语）和三个大家族抄本，可追溯至三份丢失的法语抄本（F^1、F^2和F^3），均与F本类似。F^1改编版本的法语较佳，现包括十五部抄本；F^2以托斯卡纳语创作，现包括十一部衍生版本；F^3则为威尼斯语本，其衍生抄本最为丰富多样（不计算印刷品，包括约八十个各种语言的抄本）。第二组又可细分为数个家族，可以追溯至同样散佚的原型：从内涵和材料来看，更加保守，因此我们能够很大程度地纠正F本及其同时代各兄弟抄本中的错误和缺陷，从而更接近马可的真本。第二组中最为重要的是我称之为Z本的安布罗西亚抄本，这个抄本的有幸发现让我得以补足马可文本的许多新细节，这些部分未曾面世，仍完全不为人知，具有重要意义。从某些方面来看，赖麦锡的《马可·波罗游记》属于此组，它基于一些现已失佚的抄本，其中就包括一部Z本的同时代版本。对赖麦锡所依据的各种底本进行考证，我认为普遍认为是由威尼斯出版商添入的许多段落实则是源自马可·波罗文本。

总之，如果我们将失佚的真本称为O本，以A和B命名上述两组，将这两组共同的真本称为O^1本，那么显然今天马可·波罗的编辑面临的任务只能是重构O^1：经由对A和B两组的批判性比较来实现。

我曾尝试应用这些标准，但只能得到一个如马赛克般重组的版本。我必须保留各种语言和起源元素的差别，还原它们最初的模样。在第十届意大利地理大会（1927年）上，我在介绍那个版本时，曾呼吁“某个高水平的罗曼语言学家能以统一的语言规范整合这些异质材料，将它们融合在一个现代版本中”。我补充道，那将是“马可著作的首个真正翻译”。 24

我在那次大会上表达的愿望却促使我自己来重新攻克难题。

无论读者今天对这结果的态度如何，我都很满意自己开始了这项事业。事实上，通过翻译，我能够继续和完善自己的语言学研究，并在重建马可文本中实现了最大程度的还原（与第一版相比，我改进了卷末注释；在注释对应的原文处以星号进行标识；其他优化之处，我将在其他文章中深入探讨）。最重要的是我收获了意料之外的巨大快乐，我终于能以一种统一且忠实的语言来重写马可的文本，也还原了它的艺术真实性。在第一版中，我已经竭尽所能让马可之书重获完整性。在此版本中，我妄想让它重获美丽。这是我们文学史上的一次真正意义的再度弘扬，迄今为止，我们的文学史只知道作为旅行家和科学家的马可·波罗，但不知道作为作家的马可·波罗，考虑到时代和流派，这一点不容忽视。如果不是十四世纪一位默默无闻的佛罗伦萨修道士满怀虔敬，逐字逐句地将《圣方济各的小花》（*Fioretti*）从拉丁语转译成托斯卡纳语，那么它必然不会在我们文学史上占有一席之地。我希望自己最终能成为马可著作的谦卑揭秘者。

出版马可·波罗这样的著作时，绝不能没有一流的评注。但本书已有相当篇幅，更何况对于许多读者来说，马可·波罗仅仅是一个简单的名字，我希望他们能以最轻松的方式欣赏它的美妙绝伦，所以这次，我决定放弃评注。读者可在历史及地名索引和地理地图中找到指导阅读的基本信息。尽管索引和地图超出我的专业范围，但我仍希望它们都出自我本人之手，以便让普通读者最大程度获益。但我衷心希望，在马可·波罗游记相关学科的最前沿与最优秀成果的推动下，能尽快出现真正意义上的评注，超越玉尔的经典版本。这个愿望在今天显得更加及时，也更加有理有据，因为不乏能够深入钻研的专家：我主要指的是那位杰出的汉学家，他在马可·波罗研究方面已经颇有建树，多年以前，他在法国学院任教时曾评论我们这位伟大作家的著作。

关于文本请参阅

Il Milione, Prima edizione integrale a cura di Luigi Foscolo Benedetto, Firenze, 1928（Comitato Geografico Nazionale Italiano,Pubblicazione. N. 3）.

关于历史地理阐释，主要参见以下版本：

W. MARSDEN, The travels of Marco Polo a Venetian in the Thirteenth Century, Londra, 1818.

G. PAUTHIER, Le livre de Marco Polo citoyen de Venise, etc.,Parigi, 1865.

H.Yule,The book of Ser Marco Polo the Venetian concerning the kingdoms and marvels of the East, 3.a ediz., Londra, 1921.

A. J. H.CHARIGNON,Le livre de Marco Polo, Pechino, 1924-28.

目　录

第 一 卷

引言

各位皇帝、国王、公爵、侯爵、伯爵、骑士和资产阶级们，不管阁下您是谁，要是您想听听这世界各地不同种族的神奇之事，那就请拿起书，开始读吧。你们将会了解到东方各地区的壮观奇景，这都是威尼斯人马可·波罗先生（Messer Marco Polo）的亲眼所见，他绰号“百万翁”，出身高贵，睿智多思。马可·波罗在书中次序井然地清晰描述了大亚美尼亚（Armenia）、波斯、鞑靼（Tartaria）、印度及百余个其他国家的情形。当然，有些事情他也未曾亲见，但他是听可靠人说的。不管见到什么，听到什么，我们都将一一记录下来，所以此书绝对正确与真实，没有任何谎言。

无论你们是亲自读或是听他人读，都请相信本书，因为书中一切都是真实的。诸位得知，自我们的主用他的双手塑造了我们第一位祖先亚当以来，没有一个基督徒、异教徒、鞑靼人、印度人或任何其他种族的人能像马可·波罗先生一样，对世界不同地区的民族有过如此深入的探索和如此深刻的认识。所以，这位马可先生以为，要是不原原本本地将他看到或听到的所有伟大奇观都书写下来，好让其他既未见也未听说的人也开开眼界，那就太可惜了。

诸位得知，为着能了解到这许多的事情，他在这些地方足足待了二十六年。后来，他进了热那亚监狱。在基督1298年期间，他把这些事情全都告诉了狱友鲁思梯谦（Rustichello Da Pisa）。

他只说出了记忆中的部分内容，那仅仅是他了解到的一小部分。

第一章　尼克、玛窦离开君士坦丁堡去世界探险

诸位得知，基督降生第1250年时，博丹（Baldovino）于君士坦丁堡称帝期间，蓬特·达·威尼斯先生（Messer Ponte Da Venezia）在那担任威尼斯最高行政官。马可先生的父亲尼克先生和尼克先生的弟弟玛窦先生这两位波罗兄弟也在此城。他们从威尼斯来这儿经商。毋庸置疑，他们也出身高贵，明智而审慎。兄弟俩商议后，决定去大海（Mar Maggiore）[1]做生意。于是他们购置了许多美丽的珠宝，从君士坦丁堡乘船去了苏达克（Soldaia）[2]。

第二章　尼克先生和玛窦先生离开苏达克

他们在苏达克逗留多日，决意拓宽经商范围。他们离开苏达克，上路了。他们骑马前行，未见任何值得记录的冒险经历。后来，他们行至西鞑靼（Tartari Occidentali）[3]君主别儿哥汗（Barca-Kan）处，他当时掌管着不里阿耳（Bolgara）及萨莱（Sarai）这两处地方。这位别儿哥对尼克先生及玛窦先生很是尊敬，因他们的到来感到由衷高兴。兄弟俩将所携珠宝悉数赠予别儿哥，别儿哥极愉快地收下，格外欢喜他们。他们所赠珠宝，别儿哥以双倍奉还。别儿哥将珠宝送去多地镶嵌，着实美丽。

1　即黑海。

2　今乌克兰克里米亚州南部。

3　即钦察汗国，金帐汗国。

兄弟俩在别儿哥国停留一年后，别儿哥与东鞑靼 (Tartari Del Levante)[1] 君主旭烈兀 (Alau) 开始交战。二王举全民之力对抗，双方都拼尽全力，生灵涂炭，民不聊生，最终旭烈兀取得胜利。战争爆发，只要在道路上走动，就有被抓的风险。兄弟俩无法往回走，只能前行。于是他们思索起来：咱们不可能带着商品返回君士坦丁堡，不如沿着东方继续往前，这样就可以绕回去了。他们为旅途做准备，离开不里阿耳。抵达一个叫兀迦克 (Ucaca) 的小镇，那是别儿哥汗领土的尽头。他们从兀迦克出发，经过底格里斯河 (Tigris)[2]，在沙漠中行走了十七天。途中未见城市和村庄，只见住在帐篷里的鞑靼人和他们的牧群。

第三章　兄弟俩穿越沙漠，抵达不花剌城 (Bucara)[3]

穿越沙漠后，他们到达了一座名为不花剌的城市，这是一座极为高贵伟大的城市。不花剌也是此国的名称，国王名为八剌 (Barac)[4]。此城是波斯全境最好的城市。兄弟俩到达后，才发觉既不能进，也不能退，就在此处居住了三年。

他们住在此地时，东鞑靼君主旭烈兀派使者去朝见鞑靼人

1　即伊利汗国。

2　马可·波罗两次提到“底格里斯河”，实际上都是指伏尔加河（参见伯希和《马可·波罗注》卷2“Tigri”条，第853页；冯承钧注、党宝海新注：《马可·波罗行记》，河北人民出版社1999年版，第34页）。

3　俄属突厥斯坦，位于阿姆河东岸，今乌兹别克的布哈剌。

4　察合台第三子贝达克之子。

共同的大君主，即统领东方与东北方向之间广阔土地的君主忽必烈。使者路过不花刺，见到了尼克先生与玛窦先生，感到十分惊奇，因他从未在此处见过拉丁人。他对两位商人说："先生们，要是你们肯听我一句劝，那你们必将荣禄丰收。"兄弟俩便说愿洗耳恭听，必倾力而为。使者说："先生们，你们知道鞑靼人之君主大汗从未见过拉丁人，他必定很想见一见。所以，要是你们肯随我去拜见他，我向你们保证，他会很高兴见到你们，你们将富贵无可限量。要是跟我一起，你们这一路也将安全舒适。"

第四章　兄弟俩听从大汗使者建议

兄弟俩听完使者的话，很是高兴，准备与他同行。他们与那名使者启程，朝着北方和东北方赶了一年的路，最后终于抵达大汗所在地。沿途见了不少伟大奇观和新鲜事物，但现在我们不在此赘述。因为马可先生，也就是尼克先生的儿子，也亲见了这些事情，将在本书后文中详详尽尽地一一说来。

第五章　兄弟俩拜见大汗

尼克先生与玛窦先生抵达大汗处，受到了隆重接见和热烈欢迎。大汗对他们的到来感到极为高兴。向他们请教了很多事情。头一件事便是君主如何明智治国，后又了解了如何交战并其他杂务，又询问了国王、亲王和其他勋爵的制式。

第六章　大汗就基督教询问兄弟俩

大汗随后问及教皇、罗马教廷及拉丁人习俗。尼克先生与玛窦先生此时对鞑靼语言已极为熟稔，又睿智博学，二人仔细回答大汗问话，告知真实情况，条分缕析，很是得体。

第七章　大汗命兄弟俩出使罗马教皇国

这位名为忽必烈的大汗，是世间所有鞑靼人的共主，也是那片广袤土地上各州、各国和地区的君主。他听完兄弟俩对拉丁人习俗清晰明了的介绍后，甚喜。大汗欲派使者谒见教皇，便请求兄弟俩陪同他的一名大臣一同前往。二人答说将忠诚完成所命之事。大汗于是唤来一位名叫阔阔台（Cogatal）[1]的大臣，命其与兄弟俩一同前往拜见教皇。大臣答道："大汗，我是您的臣子，必将竭力完成使命。"大汗又命人以突厥语修书教皇，将信交与兄弟俩及大臣，对三人交代了他对教皇的问候之语。诸位听着，上述文书内容及出使任务如下。大汗希望教皇派出百名知晓基督教律规的智者，他们应熟悉七艺，知辩论对答，可明明白白地向拜偶像教及信奉其他宗教的信徒们证明，其他这些律规不是神圣旨意，而是一种截然不同的东西，他们家中所藏或所拜奉的各类偶像都

1　详见伯希和注，第396—397页。伯希和认为该词应是蒙古语"kökötäi"的笔误，但汉文文献中未见忽必烈时期出使欧洲有名"kökötäi"者。伯希和认为"刺杀阿合马"一章中出现的"Cogatal"亦译自蒙古语"kökötäi"，冯承钧译为"火果台"，然而元代无此译名，此处均可修订为"阔阔台"。

是邪魔。总之，大汗希望教皇派出智者，以理性清楚分明地阐释出基督教律规优于他们所信律规这一道理。大汗还命兄弟俩带回耶路撒冷耶稣坟冢上方所燃长明灯中的圣油。

这便是大汗命兄弟二人出使的目的。

第八章　大汗赐予兄弟二人金牌

大汗对兄弟二人及官员交代了转达教皇的全部内容，随后赐予他们一块金牌，上书：所至之处，须供吃住，备马鞍及随从，护送前行。尼克先生与玛窦先生及另一名使者打点好行囊，做好万全准备，就去对大汗辞行。他们骑上马，踏上了旅程。三人已骑马行多日，但陪同兄弟二人的鞑靼大臣却病倒了，只得在当地一城中住下，结束了旅程。尼克先生与玛窦先生见其病情严重，只好离开他，再次出发。他们在所经之地都得到帮助，受到礼待。还有什么内容？他们日复一日骑马，最后来到了剌牙思(Laiazzo)。诸位得知道，他们艰辛跋涉，三年后才到达此地。要是遇上恶劣天气，风雪，或需渡河，他们便无法骑马前行。

第九章　兄弟二人抵达阿迦(Acri)

他们离开剌牙思，去了阿迦，于基督教降生1269年后的四月抵达此处。他们得知教皇已死。尼克先生与玛窦先生得知名为克雷芒(Clemente)的教皇已去世，遂前往拜见一位明智的主教，他是负责全埃及王国的罗马教廷大使。主教极有威严，名为梯博·迪·皮亚琴察(Tebaldo Di Piacenza)。兄弟二人告知了鞑靼人大汗命他们出使教皇国的原委。主教听闻兄弟俩所述，感到非常惊奇，认为这将给基督教带来巨大益处和无上光荣。他对兄弟俩说道:“先生们，你们知道教宗已逝。应等着新教皇就位，选出新教皇后，你们才可完成使命。”兄弟二人明白主教说得有道理，就答说，他们可趁教皇选举期间回威尼斯探亲。他们于是离开阿迦，前往奈格勒朋(Negroponte)。二人在奈格勒朋上了船，航行多日，终于到达威尼斯。他们得知尼克先生的妻子已亡，留下一个十五岁的儿子，名叫马可：就是此书所讲的那位马可。尼克先生与玛窦先生在威尼斯待了大约两年，等待新任教皇就位。

第十章　兄弟二人离开威尼斯回到大汗宫廷，尼克先生之子马可与二人同行

接上文所述，兄弟二人整整等了两年，但教皇仍未选出。他们自觉已耽搁太久，起意返回大汗宫廷。于是带上儿子马可，离开威尼斯。三人径直去了阿迦，又找到了上文提到的那位主教。兄弟二人与主教商讨良久，请他批准从耶路撒冷的耶稣坟墓长明灯中取些油来，因大汗自认母亲为基督徒，这是大汗对他们二人的请求。主教遂应允，三人离开阿迦，去耶路撒冷取了耶稣坟墓燃灯中的灯油。他们又回到阿迦的主教处，道:“先生，教皇仍未选出，我们打算返回大汗宫廷，因这实在耽搁太久了。”主教先生是罗马教会权威，他答道:“你们既想回大汗处，那我应允便是。”于是给大汗修书数封，证明尼克先生与玛窦先生已奉命到

此，因新任教皇未选出，未完成使命。

第十一章　兄弟二人同马可离开阿迦

兄弟二人拿着主教的信，离开了阿迦，动身返回大汗宫廷。他们跋涉多日，抵达了此前经过的剌牙思。三人刚达此地，就听闻上文所提的主教当选了教皇，号为“格里高利(Gregorio)”。兄弟二人大喜。不久后，这位新上任的教皇派遣使者来寻尼克先生与玛窦先生，使者到剌牙思，告知教皇旨意，假若他们尚未动身出发，就请归还谒见。兄弟二人仍在城里，其时他们途经的所有道路都被大汗的一位侄子给毁坏，无法通行。大汗侄子已皈依基督教，与大汗交战，正在被其属下所追捕。三人听闻此事，甚感欣慰，答说极愿返回。还有什么呢？亚美尼亚(Armenia)国王为他们备了一艘两桅帆桨战船，隆重地将他们护送至主教处。

第十二章　兄弟二人前往罗马教廷

他们抵达阿迦，极为谦卑地谒见了教皇。教皇以尊荣待之，隆重接见，为他们祝福。教皇为大汗另外修书，其中特恳大汗侄子阿八哈，即东鞑靼君主为基督教提供帮助，允其海上通行。教皇又为大汗准备了诸多水晶制品及其他珍贵礼物。他为尼克先生与玛窦先生挑出当地最有智慧的两位布道修士，一人名为尼克·达·维琴察(Niccolo Da Vicenza)，另一人名为古列尔莫·达·的黎波里(Guglielmo Da Tripoli)。教皇赋予两位修士特权，命他们为全权代表，凡教士或主教，他们可任凭心意决定是否赦免其罪行。教皇将国书与公文信交予二人，交代了对大汗所述之事。尼克先生与玛窦先生及两名布道修士拿着国书与公文信，接受了教皇的祝福。四人携着尼克先生之子马可一同出发。他们径直抵达了剌牙思，正逢巴比伦苏丹奔都黑答儿（Bondocdaire）举兵攻打亚美尼亚，此处已惨遭荼毒，使者们有性命之虞。见此情状，两位布道修士深感骇然，不敢前进，便言无法继续赴行。他们将所有特权文书及官家文件尽数给了尼克先生与玛窦先生，辞别他们，同圣殿骑士团大团长（Maestro Del Tempio）一道归还。

第十三章　兄弟二人及马可抵达开平府城（Chemenfu）[1]谒见大汗

尼克先生与玛窦先生及尼克的儿子马可上路了，骑行多日，历经寒暑，终于得以谒见大汗。大汗其时正位于一座名为开平府的城中，此城富饶壮大。三人沿途所见，将依次在后文中另述，不便在此赘述。诸位可知，他们艰苦跋涉，已整三年半。三人顶住风雪暴雨，蹚过大河，经受大风，寒冬可不能像盛夏一般骑行，所以耽搁许久。大汗得知尼克先生与玛窦先生归还，派出使者在四十日路程之外即前往迎接。三人沿途之中，人人都提供帮助，礼遇备至。

1　即上都，今内蒙古正蓝旗东闪电河北岸。

第十四章　兄弟二人与马可抵达大汗宫廷

还有什么？尼克先生、玛窦先生与马可抵达此大城，前往皇宫谒见。大汗身边侍从簇拥，三人跪于大汗身前，谦卑至极。大汗命其起身，隆重接见，热烈欢迎。他问候安好，询问出使情况。兄弟二人答说，见大汗强盛康健，便一切无虞。随后呈交教皇所备国书与公文信，大汗甚喜。他们又递交了圣油，大汗欣喜接受，珍爱有加。大汗见少年马可，便问及其身份。“陛下，”尼克先生答道，“这是犬子，也是您的封臣。”“欢迎。”大汗说。缘何赘述？总之，大汗及宫廷上上下下大举宴席，热烈欢迎两位使者的归来。他们所获礼遇与尊荣极多，三人留在宫廷，所受待遇优于所有其他官吏（barone）。

第十五章　大汗派马可出使

现在开始讲讲马可。尼克先生的儿子迅速掌握了鞑靼人的风俗、语言及文字，令人称奇。到达大汗宫廷不久后，他便已熟练掌握四种语言及对应的字母与书写。他拥有超乎常人的智慧与审慎，大汗见其为人善良，才华横溢，如此睿智，很是喜欢，命他出使相距六个月路程的哈剌章（Caragian）[1]之地。这年轻小伙是位极佳的使者。大汗从前便常派遣使者出使世界各地，马可屡次见到

1　即大理。

或听闻，要是这些使者回来后仅报告出使任务，对所拜访国家其他情况一概不知，大汗就会讥讽他们为蠢货和无知之人，大汗常说自己对那些遥远之地的奇闻异事和风土人情颇有兴趣，马可知道他的习惯，所以当自己奉命出使时，便对所遇奇闻及不寻常之事都格外留心，以便将来回禀大汗。他还为大汗收集了不少珍贵物什，大汗很是珍视（paolo-p13）。

第十六章　马可出使归来，呈报大汗

马可出使归来，觐见大汗，将出使任务一一呈报。他圆满完成使命，还讲述了沿途所见所有奇闻趣事及罕见之事。他讲得引人入胜，睿智清晰，大汗及其他所有听闻的人都深感惊异，他们互相谈论说："只要这年轻人能活着，将来必定会成为一位很有头脑的重要人物。"

还有什么？此次出使后，年轻的马可就被尊称为马可·波罗先生，本书往后都将如此称呼他。马可既聪明又稳妥，很当得起"先生"这词。

但何须赘述？马可先生在大汗宫廷居住了十七年之久。在此期间，他不间断地出使。每次他都收集各个地方的奇闻，熟练完成所有委派给他的任务。所以，但凡有重要使命，或需至遥远之地出使，大汗便会派他前行。马可先生圆满完成每项任务，他知道许多奇闻异事。大汗极欣赏马可先生的为人，因此很是喜欢他，和他甚为亲密，其他官吏都为之感到嫉妒痛苦。

总之，马可先生比别人更知道世界各地的奇异之事，这都是因为他对那些遥远地方的探究比所有人都要更为详尽，他的询问尤为仔细。

第十七章 尼克、玛窦与马可·波罗辞别大汗

正如诸位所闻，尼克、玛窦与马可·波罗在大汗宫中已逗留多日，有意返乡。他们数次诚恳请辞大汗，但大汗不愿放行，因他对这三人极为爱护，欲留其在幕府，无论如何绝不能答应他们的请求。

其时东鞑靼君主阿鲁浑（Argon）之妻卜鲁罕（Bolgana）王后已死。王后留下遗诏，非其族人，不得被立后，亦不得成为阿鲁浑之妻。阿鲁浑选出三名大臣，名唤兀鲁解（Oulatai）、阿必失呵（Apusaca）、火者（Cogia），派他们带着大队随从去拜见大汗，请求他能赐予亡妻卜鲁罕族中的王室子女。三位大臣抵达大汗宫廷，说明来意。大汗郑重接见，热烈欢迎。他唤来一位名为阔阔真（Cocacin）的贵妇，正是卜鲁罕同族。赐妃年方十七，容貌生得秀丽动人。大汗告知三人，这正是他们盼寻的女子。官员们甚喜。大汗另安排了一支豪华队伍，护送赐妃至国王阿鲁浑宫廷中。一切准备妥当，三位使者拜别大汗，仍沿原路返回。他们已骑行八个月，却逢鞑靼诸王爆发战争，前方道路受阻，无法再前行。这三位信使不情不愿地又回到了大汗宫中，将一路上发生的事情尽数说与大汗听。

恰逢马可先生刚沿海路从印度归来，他经过诸多罕见海域，正将旅途所见奇闻告知大汗。三位使者见尼克、玛窦与马可均为

有勇有谋的拉丁人，便打算让他们陪同着走海路。大臣们再次请辞大汗，恳求大汗允许这三位拉丁人和他们做伴，走海路归国。正如我适才所述，大汗很是喜爱三人，他极不情愿地同意了他们的请求，让这三位拉丁人伴同三位使臣一起护送赐妃。

第十八章　尼克、玛窦与马可三位先生拜别大汗

大汗见尼克、玛窦与马可行期将近，将他们召来，赠予两面御赐金牌，命所有封国允三人及其家人通行，食宿供应俱全。大汗派他们向教皇、法国国王、西班牙国王及基督教其他所有国王致礼。他接着备好十四艘船只，每艘配四根大主桅杆，每根桅杆又配十二面风帆（理应就此类船只适当解释，但不便于此展开，太占篇幅）。我还要跟你们说，在这些船中，至少有四到五艘船的水手有两百五十或两百六十名之多。

船备好后，三位使臣、赐妃、尼克、玛窦和马可辞别大汗，携大队随从登船出发。大汗为他们预备了足可享用两年的食物。还有什么？他们出了海，在海上整整航行了三个月，终于抵达南方一处名为爪哇（Giava）[1]的岛屿。此岛奇物甚多，将在后文详述。他们离开那岛，诸位可知，他们沿印度海足足航行了十八个月，终于回到起点（他们沿途遇见许多奇事，下文将详述）。等他们赶到时，竟知阿鲁浑已经过世了。

1　此处为小爪哇。

我诚实告诉诸位，他们登船时，除水手外，就有六百人之多。现已几乎全部死亡，仅余十八人。阿鲁浑的三个使者仅有一人幸存，即火者。随行的贵妇也仅余一人。

阿鲁浑已亡，现任君主名为海合都(Chiacatu)。三人请他保护赐妃，出使之事也移交他来处理。海合都将赐妃赠予阿鲁浑之子合赞，合赞其时正携六万随从守护波斯边境一处名为“独树”(Albero Solo)的关口。尼克、玛窦与马可先生照做了，完成后，他们又返回海合都处，以便从那上路。三人在此地逗留了九个月。尼克、玛窦与马可先生已护送赐妃，完成大汗交与他们的使命，便辞行上路了。诸位可知，海合都赐予他们四面金牌，每面长一肘，宽五指，重三到四磅。金牌上书，遵永恒圣父之命，大汗之名应被尊崇和赞颂，若有不从者，可将其处死，没收财产。四块金牌中，两块刻有矛隼，一块刻有雄狮，最后一块为净面。上书如下：三位使者所至封国，如同大汗本人亲临，应礼遇待之，供应马匹与食宿，护送前行。三人确实受到金牌保护，途经之处，马匹、食物及一切必需品都供应充足。我诚实告诉诸位，有的时候甚至有多达两百名的武士护送他们，或多或少依据需要来定，总可以护送他们周全。这种防护措施很有必要，因海合都并非合法君王，百姓时时刻刻想着反叛，要是百姓有了合法君主，情况自然不同。

我还要多说一句，此事关乎三名使者的荣誉，值得一提。诸位得知道，尼克、玛窦与马可先生在旅途中权力很大，现将述之。大汗对他们极为信任，宠爱有加，他将王后阔阔真及蛮子国王之女交给他们，委派他们护送她们至东鞑靼君主阿鲁浑处。三人遵命，正如上文所述，他们携大队随从及大量食物，护送王后及公主沿海路行进。两位贵妇诸事皆听从三位使者，他们将她们视作亲生女儿，护送周全。两位年轻貌美的贵妇将他们视作父亲，很是恭顺听从。三位使者将她们送至夫君处会合。[1] 我诚实告诉诸位，现任君王合赞的妻子阔阔真王后对三位使者尤为亲近(夫君合赞对他们的感情也不亚于她)，她如待父亲一般，愿为他们竭尽全力。见三人即将离去返国，她不禁悲伤哭泣。

上文中，我对诸位可述之事极为荣耀，三名使者从如此遥远之地护送两位如此重要的贵妇与夫君会合。此节暂且不表，继续讲述。还有什么？三名使者从海合都出发，开始上路，骑行多日，日复一日，终于抵达特拉布宗(Trebisonda)。他们自特烈比宗德途经君士坦丁堡，自君士坦丁堡前往奈格勒朋，从奈格勒朋返回威尼斯。此时正是耶稣降生之后的1295年。

现在，诸位已听完前言，即将迎来正文：即尼克、玛窦与马可先生沿途所见诸多奇闻异事。

第十九章　小亚美尼亚

诸位可知，世上有两个亚美尼亚，一大一小。小亚美尼亚当朝君王明智治国，臣属鞑靼王。此国城市村庄众多，物产丰饶，盛产奇珍异兽。但此地不洁，无益身体健康。此国的绅士们

1　B原注-p18。

旧时好战善武，现今却孱弱卑劣，皆是好酒之徒。此国海岸有一座名为剌牙思的城市，贸易发达。因为内陆所有的香料、丝绸金锦及所有珍贵商品都运至此城贩卖。威尼斯、热那亚及其他国家的商人们都会来此地购买货物，再售与世界各地。所有前往内陆之人，无论经商与否，都以此地作为起点。此国边界为小亚美尼亚，南方为应许之地，归撒拉森人掌管。北方为突厥蛮(Turcomannia)地盘，名为卡拉马尼亚(Caramania)。东方及东北方为突厥蛮、凯撒里亚(Casaria)、锡瓦斯(Sevasat)及其他诸多城市，隶属于鞑靼管制。西面临海，可由此去往基督诸国。

说完小亚美尼亚，现在来看突厥蛮。

第二十章　突厥蛮州

突厥蛮人分为三族。其首为突厥蛮(Turcomanni)人，崇拜穆罕默德，遵循他的律法。他们是质朴之人，语言粗陋，居住于牧草丰富的高山及平原，因他们以牧群为生(盛产名为突厥蛮马的骏马及质量上等的骡子)。其二为亚美尼亚(Armeni)人及与他们杂居的希腊人，他们居住在城市与村庄里，主要以贸易与手工业为生。因为这儿可制造出全世界最优良精妙的地毯，可加工出深红色及其他颜色的美丽绸缎，花色丰富，还可制作出其他许多商品。最著名的城市包括科尼亚(Conia)、凯撒里亚和西瓦思，此族还有很多其他城市与村庄，但我不便在此赘述，否则将太过冗长。他们归属于东鞑靼，国王挑选封王进驻，治理城邦。

说完此州，咱们来说说大亚美尼亚。

第二十一章　大亚美尼亚

大亚美尼亚是一个大州。起始点为阿儿赞干（Arzingan）城[1]，此地可制造出全世界最好的硬麻布，其他各式手工业也蓬勃发展，但不便在此赘述，否则将太过冗长。此地有地球上最美最好的喷泉。大亚美尼亚居民为亚美尼亚人，臣属于鞑靼。此处有许多村庄与城市，最好的城市是阿儿赞干，是大主教府所在地。采银的阿儿疾隆（Arziron）是第二大城，另外还有阿齐齐（Arzizi）城[2]。派卜斯（Paipurth）城堡（Castello）中有一家重要的银矿，此地是特拉布宗（Trebisonda）[3]至帖必力思（Toris）的途经之地。此州面积广袤。夏季时，东鞑靼全体士兵都居于此处，因为夏天时这里有着最好的牧原。因此，鞑靼人会带着他们的牲畜来此度夏。但冬天则不然，因为这里冬天大雪纷飞，气候太过严寒，牧群无食可吃。要是鞑靼人冬天来此地，都会去温暖的地方，那儿草木茂盛，适宜放牧。

我还要告诉诸位，大亚美尼亚中央有一座巍峨峻拔的巨山，形似大盆。传说，诺亚方舟曾在此停留，故而此山得名诺亚方舟之山。此山既高且宽，两天工夫都转不完一圈。山顶常年积雪，无人可攀登上去。夏季时，雪山之水融化滴落，浇灌了草木，邻近所有动物都会来这吃草。

1　今土耳其的埃尔津章。

2　即今土耳其凡省（vilayet of Van）的埃尔吉斯（Arjish），位于凡湖（Lake of Van）东北侧。

3　今土耳其东北部特拉布宗省，濒黑海东南岸。

大亚美尼亚东南方与一个名为毛夕里(Mosul)[1]的王国接壤，该国居民是信奉聂思脱里派及雅各宾教派的基督徒，后文还将详述。大亚美尼亚南部靠近穆什(Mus)及梅里丁(Meridin)[2]的城邦，将在下文介绍。附近城市数量太多，在此不便展开叙述。北方与谷儿只(Giorgiania)[3]交界，下文即将介绍。谷儿只边境有一处油井，涌出大量油水，一次甚至都需用上百艘船来装。这些油不可食用，反而是很好的燃料，也可涂抹在骆驼身上，治疗疥疮与头垢。不少人从远方慕名前来采油，那附近都只燃烧这种油。

现在，咱们暂且结束大亚美尼亚的介绍，接着谈谷儿只州。

第二十二章　谷儿只人、国王及其他诸事

谷儿只人有国王，名号皆为大卫·蔑里(David Melie)，即我们所说的“大卫王”，臣属鞑靼。旧时，此省所有国王出生时右肩上都有老鹰记号。此族人长相漂亮，骑射俱佳，是善武的勇士。他们信基督教，遵希腊法。头发蓄得短，留着神甫的发式。此州天险，道路狭窄，亚历山大大帝朝西方进攻时也无法穿越。一面是大海，另一面是崇山与密林，士兵无法骑马穿行。山海之间有一条极其狭窄的道路，长约四里格(Leghe)，小队人马便可抵御万夫之兵。也是这个缘故，亚历山大大帝也无法穿越此地。诸位可

1　今伊拉克北部。

2　今mardin。

3　今译格鲁吉亚。

知，亚历山大大帝在此地曾建筑起高塔和堡垒，免得这些人从这通行来攻打自己。此处得名“铁门”，也是《亚历山大之书》中所叙他在两山之间围困鞑靼人之地（准确来说，不能将其称为鞑靼人，因为那时尚不存在鞑靼人，他们是库蛮（Comani）[1]族及其他多类种族人）。此地有大量城市与村庄，盛产漂亮的织金锦，世所罕见。这儿有全世界最好的苍鹰，名为阿维基（Avigi）。此地物资极为富饶，以贸易及手工业著称。此州高山遍布，山谷狭窄，难以通行，鞑靼人从未完完全全地统治过此地。此处森林均为杨木。

这有一座名为圣列昂纳多（Leonardo）的修道院，有一件奇迹，我现在正要告知诸位。诸位可知，圣列昂纳多教堂有一片大湖，为高山之水。那座山上流淌下来的水中，全年之间连最小的鱼儿都没有。但自四旬斋第一天开始，鱼儿们便开始游来。整个四旬斋节，直到圣周六，即复活节前夜期间，湖中都聚集了大量鱼儿。而其余时间，一条鱼儿都见不到。

此州浸润在两片海域中。一面为大海，另一面为前言所述的岐兰（Gheluchelan）海（或称巴库Abaco海），背靠高山。海岸线约达两千八百英里，如同一个池塘，不与其他海域相通。最近的大海也相隔十二日日程。幼发拉底河（Eufrate）、底格里斯河（Tigri）、基训河（Gion）及其他许多河流皆流入此海。四面环山，亦有村镇。最近，热那亚商人也带着船队开始穿越此地。这儿生产一种名为岐里（Ghella）的丝绸。

1　即今突厥蛮。

那片海中有许多岛屿，人口众多，城市极美。鞑靼征服波斯州时，当地城市与村庄都共同自治，居民为避难逃亡至此。他们逃难至此地的岛屿与高山中，希望获得安宁。由此这里的岛屿也开始有了人烟。大海的鱼儿数不尽数，尤以鲟鱼、鲑鱼（在河口处）最多，还有其他肥美的鱼儿。

在此州中有一座漂亮的城市，面积宽广，名叫第比利斯（Tiflis）[1]。城市周边有许多附属于此城的村镇。居民为基督徒，即亚美尼亚人及谷儿只人，也有一些撒拉森及犹太人，但数量较少。此地加工丝绸布匹，也制作其他许多商品。此地居民靠手工业为生，臣属于鞑靼大国王。

咱们已经介绍了亚美尼亚北方接壤的地区，现在来看南方与东方的邻国。

诸位应注意到，每州我们都只介绍了两三个主要城市。还有许多其他城市在此不便展开叙述，因其未有独特之处。

第二十三章　毛夕里国

毛夕里是大国，种族众多，马上为诸位介绍。其中有一族人，即阿拉伯人，尊奉穆罕默德。还有另一族人，遵循基督教律（但与罗马教廷不同，其教义错误颇多）。我说的是聂斯脱利派（Nestoriani）、雅各派（Giacobiti）及亚美尼亚派。他们尊迦脱里克（Giatolic）为教宗，与罗马

1　B本注p23。

教皇一样，他可任命大主教、主教、修道院长及各级教宗人员，将他们派到世界各地，包括印度、契丹（Cataio）等地。教宗居住在报达（Baldac）[1]。诸位得知，我所介绍各个国家的基督徒们都是聂斯脱利派和雅各派。

那儿生产所有的织金锦，名为毛夕里（Mussolini）纱。此地有许多名为毛夕里商人的商贾，将大量珍贵香料、珍珠、织金锦等带到我们国家。

此国高山中居住着另一族人，即曲儿忒（Curdi）族，大部分为信奉聂斯脱利派及雅各派的基督徒，也有部分尊崇穆罕默德的撒拉森人。他们善武好斗，常凶残劫掠商人。

此州还有另一个州，名为穆什（mus）[2]及美里丁州。这儿盛产棉花，可制造硬麻布及其他多种商品。居民以贸易及手工业为生，臣属于鞑靼王。

现在咱们结束毛夕里国的介绍，来聊聊大城市报达。

第二十四章　大城报达

报达是一座大城，全世界撒拉森人的哈里发居住在此，正如全世界所有基督徒之首居住在罗马一样。这儿有一条极为宽广的河流，可至印度海。许多商人带着货品往来河上，诸位可知，自

1　即今巴格达。

2　即今土耳其穆什省（mus）。

报达去印度海需十八日路程。想去印度的商人们都会途经此河，抵达一座名为怯失（Chisi）的城市，自那进入印度海。我还要说，在报达与怯失之间，河边有一座名为巴士拉（Bastra）[1]的大城。城边的树林里生产全世界最好的枣子。报达可制造出各种质量的织金锦，如纳石失（Nassicci）、纳克、深红色紫锦及各式布匹，飞禽走兽图案的花式众多。所有从印度运往基督徒所在国家的珍珠都在报达钻孔。此地是所有科学研究的重要中心，尤其是穆罕默德教义、招魂术、物理、天文学、几何、面相术等。这是那附近最尊贵，最大的城市。

诸位可知，报达的哈里发拥有世人从未有过的很多金银珍宝，以下告知诸位原委。

鞑靼君主开始统治时，共有兄弟四人，大哥名为蒙哥（Mongu），为大汗。他们用武力征服了契丹及其他邻国。但并不满足于此，决意继续扩张，征服全世界。四兄弟将世界分成四方，一人前去攻打东边，一人去南方，另外两人去其他两方。旭烈兀刚好抽签分到了南方，鞑靼大君主旭烈兀是当今统治大王的胞弟，他召集大队人马，在沿途诸国大胆征伐。基督1255年，旭烈兀出兵攻打报达。他深知此城实力极强，人口众多，决定智取，而非强攻。他有十万骑兵及大量步兵。但他想要居住在城中的哈里发和他的人民以为自己军队数量不多，于是在攻城之前，秘密地在城两侧布兵，将大部分士兵隐藏在森林里，让其他部队直攻

1　亦称弼斯啰。

到城门之上。哈里发见敌寡，便很轻视，以为只消仰仗着穆罕默德军旗的威力，便可以将敌人全军歼灭，就毫不犹豫地带着人民冲出了城。见此情景，旭烈兀假装逃跑，将他们引诱到藏兵的森林里，围堵起来，一举击溃。哈里发被俘，城池也被攻陷。这还真是一桩奇闻，因为且不论步兵，报达的骑兵就有逾十万。攻下城市后，旭烈兀发现哈里发有一座宝塔，那里堆满了金银珠宝，任何其他地方都从未有过如此丰富的宝藏。旭烈兀见到这许多的珍宝，很是惊奇，派人传来哈里发，将他带到自己面前。他接着说："啊，哈里发，你积攒如此之多珠宝，究竟有何用途？你想做什么？你难道不知我是你的敌人，我带着大部队来废黜你吗？你既已知道，为何不拿上你的珠宝，将它们分给武士和士兵们，让他们守卫你和你的城池？"哈里发不知所答，缄默不语。旭烈兀接着说："啊，哈里发，我看你很是喜欢这些珠宝，那我就给你吃珠宝吧。"他于是拿住哈里发，将他困在那座宝藏塔里，命令不许给他任何东西，不给食物，也不给水喝，接着，他对哈里发说："啊，哈里发，现在你可以尽情地享用你的珠宝了，因为你再也吃不到任何别的东西了。"说完后就将他关在了塔里，四天之后哈里发去世了。要是哈里发能把珠宝都赠给他的士兵，好让他们守卫他的疆土和人民，那必然是更好的结局，他也不会到头来跟自己的人民一起全部被屠杀，失掉了一切。自此哈里发后，再无哈里发。

现在，我将给诸位介绍帖必力思。

我并未将报达人民及他们的习俗与诸多事情一一说尽，因涉及内容实在太多，就只好长话短说了。我还要补充一桩很大的奇事，请诸位仔细听来。

第二十五章　报达移山奇迹

我并不想漏掉报达与毛夕里之间发生的一桩大灵迹。

诸位可知，在基督降生后的第1225年，报达有一位极其憎恶基督徒的哈里发，他日思夜想，寻思如何才能逼迫本国所有基督徒变为撒拉森人，若不改教，就将他们全部处死。哈里发每天都同教内修士与谋士商量此事，他们都如他一样憎恶基督徒。世界上所有撒拉森人都对基督徒极端仇恨，这已是事实了。现在，哈里发和他的谋士们碰巧找到一段话，我现在正告知诸位。他们在一部福音书中读到，要是一个基督徒的信仰如同芥末粒大小，他只需祈祷上帝，就可将两座高山移在一起。找到此话后，他们几位都欣喜异常，因为他们认为这应该足以将全部基督徒们都转变成撒拉森人，或将他们全部灭绝。哈里发派人传来本国所有基督徒、聂斯脱利派信徒、雅各派信徒，他们人数实在众多。他们来到哈里发面前，哈里发给他们展示了福音书，命他们阅读。等他们读完后，哈里发质问这是不是事实。基督徒答说此为事实。“因此诸位说说，”哈里发说，“要是基督徒的信仰如同芥末粒大小，是不是只消对他的上帝祈祷，就可将两座高山移在一起？”“我们确定。”基督徒们回答道。“那么，这就是我给诸位提议的方法，”哈里发说，“既然你们基督徒人数众多，你们之间必定有人是有一点信仰的。我要告诉你们，要么就让你们看到的下面那座高山移动（说着将城市附近的一座山指给他们看），要么你们全部都得死。要是你们不能移山，那就证明你们一点信仰都没有。我就要把你们全部杀死，除非你们皈依到我们这好教派中来，信仰我们的先知穆罕默德给我们的律法。有了好信仰，你们就能得救了。我给你们十天时间。要是过了期限还不能做到，我就将你们全部杀死。”

哈里发不再说话，将基督徒们打发走了。

第二十六章　基督徒闻哈里发之言极为惊惧

基督徒听到哈里发的命令后，深感惶恐，对死亡很是恐惧。但他们仍对自己的造物主满怀信心，坚信他会在危难之际施以救助。所有的智者，即所有的教士都相聚商议，主教、大主教与神甫们人数众多，但他们只能祈祷主能大发慈悲，怜悯他们，在这即将到来的危难前给他们一个良方，好让他们在无法完成哈里发命令之后能免于惨死。还有什么？基督徒们日夜祷告，他们虔诚地对救世主，对这天地主宰祈祷，希望他能发慈悲，拯救他们于危难之中。

整整八天八夜，所有基督徒，不论男女老幼都在奋力祷告与祈求。当他们在祷告时，作为上帝使者的天使显现在一位极其善良的主教面前，对他说：“啊，主教，你到那位独眼鞋匠那儿去，你跟他说，让他祈祷那座山可自己移动。山马上就会移动起来。”

需要告知诸位，那位鞋匠是何人，他过着何种生活。

那是一位最诚实和纯洁的人。他持斋守戒，从未犯下任何罪过。他每日去教堂做礼拜，每日都分一点面包施舍穷人。他是这么善良的好人，过着如此神圣的生活，全世界都找不到比他更好的。我要告诉诸位他做的一件事，他也因此得了一个圣人的名号，人人都说他虔诚信仰，品行圣洁。

诸位可知，他多次听到别人念诵福音书中的一段话，要是眼睛让你看到丑闻，或是诱导你犯罪，那么就要摘除它，或是将它弄瞎，如此一来，你就不会再犯罪。某日，一位美丽的妇人来鞋匠店铺买鞋。店主想看看她的腿和脚，好知道哪双鞋合适。他要求妇人将腿和脚露出来，妇人马上就照做了。说实话，根本不可能找到比这更美的腿和脚了。上文已述，这位鞋匠是有德之人，但看到妇人的腿和脚后，还是深受诱惑。他的眼睛在看到这景象时确确实实地感到了愉悦。他让妇人离开，不愿再卖鞋给她。妇人离开后，他对着自己喊道："啊！你这不虔诚的叛徒！你在想些什么东西！这双让我丢脸的眼睛，我肯定要狠狠地报复了。"他毫不迟疑地抓起了一根棍子，仔细地削尖了，扎在一只眼睛里，让它在脑袋里迸裂了，那只眼就永远地瞎了。如此一来，正如诸位所闻，鞋匠的一只眼睛就失明了，这自然是圣洁美德之人。

现在言归正传。

第二十七章　主教见异象，知鞋匠祈祷可移山

主教多次见到上述异象，异象命自己叫来鞋匠，因他的祈祷将可移山。主教便将那多次显现的异象悉数告知其他基督徒。基督徒们一致同意召来鞋匠。

他们便让鞋匠前来。等鞋匠来后，对他说，希望他能祈祷上

帝，让山移动。鞋匠听主教与其他基督徒如此请求，答说自己并非有大德行之人，上帝不会因他的祈祷而完成如此大的壮举。基督徒们用最甜蜜的话语祈求他祈祷上帝。还有什么？他们再三哀求，鞋匠便答应了他们的心愿，决定对造物主祈祷。

第二十八章　基督徒祷告让山移动

那规定的期限到时，清早基督徒们便起来了。所有人，不论男女老幼都前往教堂，唱诵弥撒。弥撒诵完，对我们上帝祭祀之礼毕后，他们就开始走到那山耸立的平原去，高举着救世主的十字架。十万余名基督徒来到那块平地后，站在我们上帝的十字架前。哈里发带着一大群撒拉森人在那等候，人数之多，几乎让人不可置信。他们确定山一定无法移动，准备来屠杀基督徒。尽管对自己的造物主充满信心，但所有基督徒，不论老幼都惊惧不已。当所有基督徒与撒拉森人都聚集在平原后，鞋匠跪拜在十字架面前。他双手朝天，诚心祈祷救世主让那座山移动，可让那地方这许多的人免于惨死。祈祷完后，他对山说道："以圣父、圣子与圣灵之名，我命令你，因圣灵之力，从你现在所在的地方移动到那边去。"山马上就开始倾倒，前进了一英里路。

见此情景，哈里发与撒拉森人深感惊异，不少人甚至都皈依了基督教。哈里发本人也改信基督，但事归秘密。及至他死时，人们才在他脖子上发现了一架十字架。因此，撒拉森人没有将他和其他哈里发葬在同冢里，而是葬在了别处。

这奇迹的过程就如诸位所闻。为纪念鞋匠及所获恩典，基督徒、聂斯脱利派及雅各派信徒们每年都会庄严地庆祝此奇迹，节日前夕完全斋戒。他们对此纪念节日的观点一致。但基督徒、亚美尼亚人、聂斯脱利派及雅各派的信仰有诸多差异，通常仍是互相仇视的。

第二十九章　华贵之城帖必力思[1]

帖必力思是一座大城，位于一个名叫伊拉克（Irac）的州中。除帖必力思外，此州中还有许多城市村庄，但全州中帖必力思最为华贵。我正是要介绍此城。

帖必力思居民以贸易及手工业为生，此地盛产织金锦，价值极高。该城地理位置极佳，印度、报达、毛夕里、忽里模子（Cormosa）[2]及其他多地的商品都在此交易。数量众多的拉丁商人（尤以热那亚商贩居多）于此购买那些自远方运来的商品。此地还盛产珍贵宝石，来往的商人获利颇丰。

帖必力思人民贫贱，混杂了各种宗教的居民。这儿有亚美尼亚人、聂斯脱利派、雅各派、谷儿只人与波斯人，还有信奉穆罕默德的人，即该地居民，人称帖必力思人（Taurisini）。此城环绕着漂亮的花园，可供消遣，长满了美味的水果。帖必力思的撒拉

1　又译桃里寺。

2　此地元代有“忽鲁模斯”（《黄金华集》卷35《海运千户杨枢墓志铭》；《明史》亦同）；“忽里模子”（《元史·西北地附录》）“阔里抹思”（大德《南海志》）；“虎六母思”（《异域志》）；“哈儿马某”（《元史·阿儿斯兰传》）。

森人生性恶劣，不守信用。这是有缘故的。他们从先知穆罕默德那得到的律法有规定，对不信奉本教律法之人犯下的任何恶行，或是劫掠他们的财产皆非罪过。要是一位基督徒屠杀或伤害了他们，他们就会自视为信仰的殉道者。因此，要是当局不遏制他们，他们的恶行还会更多。全世界其他地方的撒拉森人也都是这副德行。他们超度自己的方法是临死之前找来神父，询问是否相信穆罕默德真的是上帝的使者，他们答说相信。他们轻易就能犯恶，又能被赦免，由此鞑靼人及其他许多族人都转信了他们的律法。

帖必力思与波斯相距十二日路程。

第三十章　圣巴尔萨默 (Barsamo) 修道院

在帖必力思有一座修道院，名为圣巴尔萨默，为纪念附近极受尊重的一位圣人而建。院内有一名修道院长及许多修士，身着加尔默罗会 (Carmelitani) 样式的教服。为使自己不懒惰，他们每日辛勤加工羊毛带子。行礼拜时，把带子置于圣巴尔萨默祭坛上。外出化缘时 (如圣灵教派修士一样)，他们会将带子赠予友人与绅士们，有助于缓解身体上的疼痛。为虔诚的缘故，人人都希望得到一条。

第三十一章　波斯大州

波斯是一个极大的州，旧时极为华贵重要，如今此地鞑靼人聚集，早已满目疮痍。

波斯境内有撒瓦（Sava）城，三位博士正是从此出发敬拜耶稣基督。城中有三个大坟冢，极为壮丽，三名博士葬于此。每个坟冢上方有一个方形房子，上方又有一个圆顶，做工极为精美。三个坟冢紧挨着，三副骸骨至今仍完整，头发胡须皆存。三人名为巴尔塔扎（Baldassare）、卡斯帕尔（Gaspare）与梅尔齐奥勒（Melchiorre）。马可先生向城中多人打听那三位智者的事迹，但无人知晓。他们只告诉他，古时有三位国王葬在此地。马可探听到的故事如下。

他在距撒瓦三日路程之外找到了一个名为阿塔佩里斯坦城（Cala Ataperistan）的村庄，用我们的话说，就是拜火者之村。这名字很是恰当，因为此村的居民都崇拜火。我现在告诉诸位他们为何崇火。村民们说，从前他们那国的三个国王去敬拜一个刚出生的先知。他们带了三样供品，分别为黄金、供香与没药，他们想知道这个先知究竟是上帝、尘世之王，还是医师。他们想，要是他拿黄金，就是尘世之王。要是拿供香，就是上帝。要是拿没药，就是医师。他们去了那婴儿刚诞生的地方，三王中年纪最小的那位独自去见他，他发现婴儿跟自己长得很像，年纪和身材都相仿。他走出来，深感惊异。之后，三王中年纪中等的国王进去了，发现婴儿外貌、身量、年龄都与自己相仿。最后，年纪最大的那位国王也去了，与之前两位国王所见相同。他走了出来，同样大惑不解。三人聚在一起，交流了各自所见的情景，感到更为惊异。三个人一起去见那婴儿，看到了他的面貌与年纪，原来他只有十三天大。他们敬拜他，敬献了黄金、供香与没药树脂。婴儿将三种供品都拿了，接着将一个合起来的小盒子给了他们，三个国王随后出发返回故乡。

第三十二章　三位博士敬拜上帝

三人纵马驰行多日，意欲知道婴儿所赠为何物。他们打开盒子，看见一块石头，着实深感震惊，一头雾水。婴儿赠石，代表希望他们对待新信仰的心应如石头一般坚固。三王见婴儿拿了三种供品，就断定他是上帝、尘世之王与医师。婴儿知三王心中已生发出信仰，便赠予石头，代表希望他们的信仰坚定恒久。三王并不清楚赠予此物的含义，拿起石头，将它抛在井里。石头掷在井里后，一道火光登时从天而降，直入井中。见此奇景，三王瞠目结舌，懊悔弃掉石头，他们已全然了解到此象征既大且善。他们立刻取火，带回本国，放在一座极为壮美富丽的教堂内。他们从未让火熄灭，如同上帝一般供奉。他们以此火烹煮和焚烧所有燔祭品。若火碰巧熄灭，他们便会去同教的拜火者那，请他们给一点教堂里燃烧的火焰，回去重新点燃自己的火苗。除我上文告知诸位的火焰外，他们从未以别种火来做引子点火。要找此火，他们常常需步行十日之久。

这便是此地区居民拜火的原委。我向诸位确证，拜火者人数众多。

这便是此村人对马可先生所叙述的全部故事。这也是完全的事实。诸位可知，三位博士分别为撒瓦、阿瓦（Ava）及柯伤[1]之人。

我已将此事一五一十告知诸位了，现在将介绍波斯其他城市

1　今伊朗卡尚。

及其风俗习惯等事。

第三十三章　波斯八国

诸位可知，波斯是一个极大的州，境内有八国。八国名称如下：自帖必力思出发遇到的第一国称为可疾云（Casvin）[1]，第二国稍靠南部，称为曲儿忒斯坦（Curdistan），第三国为罗耳（Lor）[2]，第四国为苏利斯坦（Sulistan），第五国为亦思法杭（Isfaan）[3]，第六国为设剌子（Serazi），第七国为孙思哈剌（Sonscara），第八国在波斯边境，为秃讷哈因（Tunocain）。所有王国皆朝南方，只有一国除外，即秃讷哈因，位于“独树”附近。

此八国盛产良驹，许多还运送至印度贩卖。诸位得知，此种骏马价值极高，一匹多半可值两百图洛银币（Tornese）。此地可产世界上最漂亮的驴子，一头可值三十枚银马可币。因它们善健走，可驮物。此外，它们所食不多，又可负重物。一日便可行远途，骡子与马都比不上。此处商贾在各州之间旅行时，需穿越干燥多沙的大沙漠，马匹无可为食。井水相隔极远，牲畜饮水需长途跋涉，此等辛苦，马儿无法承受。因此商人不愿骑马，宁可高价购得驴子。他们也骑骆驼，既可负重，花费又低廉，但速度逊于驴子。

1　今伊朗的加兹温。

2　今伊朗西部洛雷斯坦。

3　今伊朗伊斯法罕。

此八国居民带着上文所述的马儿去往印度海沿岸的怯失及霍尔木兹这两座城市，那儿有商人买马，再运至印度。正如诸位所知，商人们常以高价转卖（诸位得知，印度酷热，无法饲养马匹，也无法生出小马。若是有马出生，则如鬼怪般可怕，肢体残缺变形，一文不值）。

此八国人暴虐血腥，常互相屠杀。要不是惧怕当局，即东方鞑靼王，过往商人所受迫害将更重。鞑靼王严酷惩罚他们，他还下令，沿途危险路段，如商人提出要求，居民必须选派可靠引路人，负责将他们安全护送至别处。他规定，根据路程长短不同，向导所得报酬为两枚或三枚威尼斯银币（Grosso）。但即使有上述法律规定，若商人不配备武器或弓箭，也常会被杀害或受重伤。诸位可确定，他们全部都遵循其先知穆罕默德的律法。

各城里有许多商人与手艺人，以贸易及手工为生，他们可加工各式织金锦。此地盛产棉花、小麦、大麦、黍、稷等五谷杂粮，也出产葡萄酒及各式水果。有人不免会说，撒拉森人不喝酒，因教规禁止饮酒。咱们这样回答说，他们有法子注解律法文本。先拿酒在火上烫热，烧去一点酒味，酒便变甜了，就可喝酒而不违背教规了。因为他们不再称此为“酒”，最初的味道改变后，最初的名字也变了。

现在咱们结束此八国介绍，来看看耶思德（Jasdi）[1]城及所有事情与风俗。

1　今伊朗中部亚兹德城。

第三十四章　耶思德城

耶思德也是波斯城，壮美华贵，商业茂盛。此处盛产名为耶思德的丝绸锦缎，由商人运送各地，获利颇丰。他们尊崇穆罕默德。

从此地继续向前，在平原上骑马行七日，只有三处居民区可住宿。可骑马穿过许多漂亮的棕树林，林中野物极多。此处盛产山鹑与石鸡，骑马打这经过的商人常打猎取乐。此地还有极其漂亮的野驴。

七日后可至一个名为起儿漫（Cherman）[1]的王国。

第三十五章　起儿漫国

起儿漫同为波斯境内王国，旧时为世袭王朝。鞑靼人占领后便废除了世袭制，由鞑靼人选派官吏治理。此国生产名为突厥玉（Turchesi）的石头，数量极多，采于高山岩石中。此地还有许多钢脉及安答尼克（Andanico）矿脉。这里可制作各种武士马具，如马勒、马鞭、马刺、剑、弓箭、箭筒及各式使用的武器。妇人与少女善织锦，丝绸五颜六色，花案各异，虫鱼鸟兽应有尽有。他们为王室贵胄加工出繁复艳丽的帐幔，实在赏心悦目，又可加工出极为精

1　今译克尔曼。

巧的被子、靠垫与枕头。此国高山有世界质量最佳、速度最快的猎鹰，体型比游隼略小，腹部、尾巴下方及两股之间为红色。我向诸位确证，此鹰飞行极为快速，飞翔时无任何鸟儿可逃脱。

离开起儿漫市，在平原骑马行七日，时常见到大量村庄、城市与居宅。骑行旅途极为愉悦，因为可供狩猎的野物极丰富，山鹑也不少。

沿此平原骑马行七日，抵达一座极大的山峰。便开始下坡，下行两日，沿途到处可见各色水果。此地旧时有居民，现今已杳无人烟。放牧的牧民居住于此。自起儿漫城至此下坡，冬季极为严寒，身着厚衣皮裘尚难勉强抵御。

我还想告知诸位，起儿漫王国所做的一项实验。

诸位得知，起儿漫人极是良善谦卑，和平无争，尽全力互相协助。一日，起儿漫国王对谋士们指出："诸君，波斯王国与咱们毗邻，他们如此邪恶奸诈，总互相杀伐，而我们亲如一家，从不发怒，从未见丑闻。不知道此事原委，我很是惊讶。"智者答说是土地的缘故。国王于是派人去波斯诸国，尤其是去伊思塔尼国，因为正如上文所述，此地居民无恶不作。他遵照谋士建议，命人装了七艘船的土，运至王国里。此土抵达后，他命人如铺沥青一样，在几间常用大厅的地板上将土摊平，覆以毛毯，更加柔软，也不会弄脏来客。某日，这些大厅中举办一场宴会。第一道菜刚上，与会之人登时开始互斥互殴，亦有人丢命。

由此国王也就知道的确是土地的缘故。

第三十六章　哈马底(Camadi)城

038

如上文所述，下行两日，抵达一广袤平原，其上耸立着一座名为哈马底的城市，旧时华贵壮大，令人称奇，但鞑靼入侵，数次荼毒，已今非昔比。诸位须知，此平原酷热。

咱们要介绍的州名为留斡巴儿勒(Reobar)。此地产枣、天堂果、开心果及其他咱们这些寒冷国家所不产的水果。此地还产小麦及其他谷物。这儿有极多浆果，故而欧斑鸠数不胜数，而撒拉森人又厌恶吃斑鸠，因而此鸟真是多得无可尽数。此平原还有一些特殊鹧鸪，与其他国家种类不同。黑白混色，爪子与喙为红色。此地兽类与鸟类一样极为独特，如公牛的身子极大，肤色雪白，毛发短而光滑，这在炎热地区极为常见。牛角短而壮，并不尖。牛肩中间有圆形拱物，高约两掌。这可是世界最美之物。如欲驮物，便如骆驼一般跪于地。驮好站起，稳稳当当，其身强壮。此地还有同驴子一般大的公羊，尾巴大而宽，至少重三十磅，羊身肥，肉鲜美。

沿平原行，时常可见城市与村庄，四周由高大土堤环绕，可抵抗祸害当地的流匪哈剌兀纳思(Caraunas)。为何取名哈剌兀纳思？因其母亲为印度人，父亲为鞑靼人。这些盗贼去村里劫掠时，会施魔法妖术，将白天变成黑夜，只能看近物，人只能并排而立，否则无法看清对方。他们能让黑夜笼罩七日路程的范围，又对村子地形极为熟悉。制造出黑暗后便骑马并驰，人数甚至可达上万人，时多时少，总可占据整个被劫掠的平原。旷野里没有什么能逃出他们的抢掠，无论人兽还是物品。他们杀掉年老者，将壮年者卖做奴隶或用人。

他们的国王名叫那古荅儿(Nogodar)。他带着万名士兵投奔了自己那实力极为雄厚的叔叔，即大汗胞弟察合台(Ciagatai)。在与叔叔居住期间，他曾犯下大不忠之事，现告知诸位。叔叔察合台其时正在大亚美尼亚，那古荅儿离开叔叔，带着万名同样残酷与卑鄙的随从逃跑了。他路过巴达哈伤(Balascian)，途经一个名为帕筛(Pasciai)的州，又走过怯失迷儿(Chescimur)州，因道路狭窄险恶，他损失了许多士兵与牲畜。经过上述这些州后，他们自底里瓦儿(Dilivar)州深入印度，征服了一个同样名作底里瓦儿的地方。那古荅儿在此处定居，驱逐了极富饶强大的国王阿思丁·莎勒檀(Asidin Soldan)。那古荅儿带着随众在此生活，无所畏惧，与邻近其他鞑靼族都交战。他的人民是鞑靼白种人，与黑肤色印度女人通婚，生下的后裔便是哈剌兀纳思，即他们语言中所说的“混血儿”。哈剌兀纳思便是在留斡巴儿勒平原及其他地区劫掠的人。

他们在底里瓦儿定居，学会了巫术妖法，可让白天成黑夜。他们有时骑马去三十天，或四十天路程以外的地方劫掠，但多数时候去留斡巴儿勒地区。因为所有去霍尔木兹做买卖的商人在等待从印度过来的商人时，首先会在冬天将那些因为长途跋涉而变瘦了的牲畜送到留斡巴儿勒平原去，那儿草原丰美，可养肥动物。哈剌兀纳思正伺机埋伏，他们掠夺一切，要是无钱可赎，就将它们杀害或贩卖掉。

我已向诸位介绍了留斡巴儿勒平原及那变出黑暗去实施劫掠的人们(诸位可知，马可·波罗先生本人就几乎在这黑暗中被这些人给抓了去，亏得他逃进了一个名叫哥那撒勒迷(Canosalmi)的村子，但他的许多同伴都被抓或被卖，有人甚至还被屠杀了)。

现在接着讲其他内容。

第三十七章　大下坡(Grande China)忽里模子城

诸位得知，如上方所述，此平原朝南足有五日路程距离。五日之后，抵达另一长二十英里的下坡。道路难走，抢匪横行，极其危险。

抵达此坡下，见另一极漂亮的平原，名为忽里模子，宽两日路程。此地有美丽河流，盛产枣子及其他水果。产鹧鸪、鹦鹉及其他鸟类，与我国不同。

行两日后，抵达大洋海。海边有一座城市，名叫忽里模子，港口极好。诸位可知，商人从印度乘船而至，带来各式香料、宝石珍珠、织金锦、象牙及其他商品。他们在城里将货物卖给其他商人，这些商人随后又将货品销往世界各地，转卖给别人。此城商业茂盛繁华。下辖许多城市及村镇。此城为王国都城。国王名叫鲁墨耽·阿合马(Maimodi Acomat)。气候极为炎热，太阳炙烤，不宜健康。若外国商人在此死亡，国王便会没收其所有财产。

此地常以枣子及其他许多香料制造出一种味美的枣酒。初饮时，很不习惯，会剧烈腹泻。但随后此酒便会有益身体，使人长胖。他们不吃我们的食物，吃了小麦面包和肉便会生病。为着保持健康，他们吃枣子和咸鱼，即金枪鱼。他们还吃洋葱。这些都是有益健康的食物。

船只质量极差，常有海难发生，因为此类船不以铁钉固定，而是以线缝制。他们以印度坚果果皮制成绳络，果皮沤制后，便如鬃毛一般，可做绳索，缝制船只。在咸海水里不坏，质地极好。船只有一桅杆、一风帆及一船舵，无甲板。装载货物后，仅以一张皮子盖住货品，将准备带至印度贩卖的马匹放在覆盖好的货品上。他们没有做钉子的铁，便使用木钉和线缝。因此坐此类船只去航行的危险可不小。印度海常有大风暴，自然很多人都遭了难。

此地居民肤黑，崇拜穆罕默德。夏季天气酷热可致死，居民不留在城中。他们去城外河流与水源丰富的园林中居住。他们以棚架在水面上建筑了园林，一面搭在河岸，另一面以柱子钉在河床上固定住。为了遮阳，上方盖了带叶树枝。若不采用诸位即将听到的方法，仍无法抵抗酷暑。诸位得知，夏季时，从环绕平原的大沙漠处常会吹来一阵极热的风，可致死。人在风吹来时，必须赶快将脖子以下的身子都浸在水里，如此才能熬过这阵热风。

诸位想知道这风有多厉害，听听马可·波罗在此区域时发生的一件事就可知。

忽里模子国王久未对起儿漫国王进贡，起儿漫国王便派出一千六百名骑兵及五千名步兵，欲施突袭。他们途经留斡巴儿勒地区，其时忽里模子人都在城外乡村里居住。一日，起儿漫的士兵被引错了路，没找到应该过夜的地方，而是在距忽里模子不远的树林里休憩。次日早晨，他们正要上路，上文所说的那股风刚好吹了过来，把所有人都给闷死了，甚至没人能把这消息报告给国王。忽里模子人知道了这事，害怕他们的尸身污染空气，就去埋葬了他们。但这些尸身已被这巨大的热浪给煮熟了，人们拖着尸体胳膊放到坟墓里，胳膊都从躯干上掉了下来。他们只好在尸身附近挖墓穴，就地把尸体抛入里面。

此外，他们在11月播种小麦、大麦及其他五谷，3月时各处都大丰收。其他农作物也是如此，都在3月丰收。但3月后，土地上再没一丁点绿色，只有枣子可延续至5月。这是因天气太热，一切都干枯了。

我还要告诉诸位，他们不在船只上涂沥青，而是涂抹上一种鱼油。

诸位可知，不论男女，只要有人死了，此地都要行大丧。整整四年，寡妇都要哀悼亡夫，一天至少一次。亲戚邻里聚集在一起，大哭大喊，痛苦凭吊亡人。因不断有人过世，故而哀痛哭喊也总是不绝。此国的妇人极擅长哀哭，可花钱雇用她们吊孝，不论何时，她们都可为其他亡人痛哭。

现在咱们结束此城。暂时不讲印度，此后如时间与地点合适，还将继续介绍。现在咱们回到北方，跟诸位讲讲北方的州。咱们由另一条路回到上文所述的起儿漫城。我需要补充一下，入北方诸国只能取道起儿漫城。（方才介绍的鲁墨耽·阿合马国王臣属于起儿漫国王。）

从忽里模子返回起儿漫，沿途经过美丽平原，食物品种丰富。此地有许多热温泉。山鹑数量众多，价格低廉。此地还盛产枣子及其他水果。小麦面包味道苦涩，如不习惯，无法下咽。这是因水味苦涩。方才所述温泉水极热，可治疗许多疾病，对皮肤病尤为有效。

现在，咱们回到本书必须向诸位介绍的北方诸国。从头开始。

第三十八章　骑马经过野蛮贫穷之地

离开起儿漫城后，必须行七日难路。我告诉诸位这是何缘故。

头三天路上无水，即便有，也仅是点滴。此处水味咸，色如牧原草地一般绿，苦涩至极，无人可饮。喝一滴，便腹泻十余次。此水炼出的盐，人也只可尝丁点，同样可致腹泻。因此，从这地方骑行经过的人总随身带水。除非实在渴得难受，牲畜才会勉强喝下盐水。我跟诸位确证，它们也会猛烈腹泻。整整三天，沿路不见任何人烟。全是荒漠，没有一点植物，也没有牲畜，因为无以为食。

第四天方抵达一条淡水河。此河的确流淌于地下，但某些地方有裂缝及孔洞，能看到水流淌过去，即刻又钻进地下去了。这些地方水量极大，疲惫不堪的赶路人走过了干涸沙漠，终于可在这附近带着牲畜好好休整一番。

接下来的三天又只见干燥的沙漠。水跟之前一样苦涩。除野驴外，再无别的动物和植物，此处为起儿漫边境忽必南（Cobinan）城[1]。

第三十九章　壮大华贵的忽必南城

忽必南是一座大城，居民尊崇穆罕默德。此地盛产铁、钢及

1　今译为库赫博南，伊朗中部城市，是古波斯克尔曼州的边境城市。

安答尼克，可制造出既美且大的钢镜。此地可生产“土惕亚”眼药(Tuzia)，对眼疾极有疗效。还可生产矿滓(Spodio)，制作方式如下：他们从恰当的土矿里取出泥土，堆放在燃烧的火炉里，上置铁箅子。烟和湿气从泥土里蒸发出来，附着在铁箅子上面，由此形成了眼药。留在火中的泥土便是矿滓。

现在，咱们结束此城介绍，继续往前。

第四十章　穿越另一沙漠

离开忽必南后，必须骑行八日，穿越一个干燥的沙漠。没有任何植物，水苦涩难喝，与方才所述之水相似。因此行人须带足干粮与水，他们在当地的水里混上一点面粉，动物们可艰难吞咽下去。

八日后，抵达一个名为秃讷哈因的州。城市与村镇数量众多，位于波斯北方边境。此地平原广袤，上耸立着“独树”，基督徒们将其称为“枯树”(Albero Secco)。我给诸位讲讲此树的形态。它极大极粗，叶子一侧为绿色，另一侧为白色。结果实，与栗子壳相似，但内部中空。木头结实，呈黄色，外同黄杨。方圆百英里只有这一种树，只在十英里外一处有树生长。据此地居民说，这就是亚历山大大帝与大留士(Dario)交战的地方。气候宜人，不冷不热，因此城市与村镇中百物丰饶。此地居民均为穆罕默德教徒。人长得漂亮，女人尤其美丽。

现在咱们离开此地，介绍木剌夷(Muleete)，此前“山老”(Veglio Della Montagna)居住于此。

第四十一章 “山老”及阿萨辛

木剌夷是“山老”旧时居住之地（根据撒拉森律法，木剌夷也为异教名）。马可先生从多人那打听得这个“山老”的故事，他又转告给了我，现在要跟诸位讲讲。

在他们本地语言中，“山老”名为阿剌丁（Alaodin）。他在两座山之间的一个溪谷里着人建筑了一个漂亮的大花园，那是世人所能见到的最大最漂亮的花园。园内有世上最好的水果。还有最漂亮的房子与宫殿，世上从未见过，镶金装饰，绘以世上的一切美物。渠中流淌着酒、乳、蜜与水。园中有世上最漂亮的妇人与少女们，可弹奏任何乐器，歌声悠扬，善圆圈舞唱曲，胜过其他任何妇人。“山老”使他的人民相信此花园便是天堂的模样。穆罕默德让撒拉森们相信，到了天堂就能随心享有美人，河流流淌着酒、乳、蜜与水。“山老”正是以此方式筑园，他的花园建得与穆罕默德向撒拉森人许诺的天堂类似。这地区的撒拉森人果真相信此园便是天堂。

除那些愿成为阿萨辛（Assessini）[1]的人外，无人能入此天堂。入口有一座城堡，坚不可摧。只有闯过此城堡，方能入园。

“山老”将此地区所有十二岁至二十岁的年轻人，即所有具有作战能力的人都留在宫廷内。这些人很了解，也听人说过先知穆罕默德的话，即天堂便是以上文所述的方式建造的。他们由此

1 今意为“杀手/刺客”。

坚信不疑。

还有什么？“山老”随他的心愿，一次让四个、十个或二十个年轻人进入此天堂里。他用如下方式让他们入园。年轻人喝下一种饮料，立时酣睡。“山老”把沉睡的年轻人抬进了园中，接着等他们醒来。

年轻人醒来时，发现四周正是上文所述的这些美物，他们就当真以为自己身处天堂了。妇人与少女们终日陪着他们，载歌载舞，大举盛宴。他们跟美人们玩耍逗乐，想要的无不如意。若非强迫，他们决计不会自愿离开此处。

第四十二章 “山老”驯服并训练阿萨辛

“山老”的宫廷富丽堂皇，他过着养尊处优的生活，他让那些无知的人们相信，他们面对的正是一位先知。人们也当真深信无疑。

当“山老”需派出阿萨辛去某地杀某人，就会下令让一些年轻人喝下饮料。待其睡下，便把他们带到自己的宫里。年轻人醒来后发觉置身于“山老”宫中的城堡里，深感震惊，毫不乐意，因为他们绝不愿离开此前所在的天堂。他们立刻去见“山老”，极为谦卑恭敬，态度与那些相信他是先知的人无异。“山老”问他们来自何处，他们答说自天堂来。言说那便是穆罕默德对先祖们所宣之天堂，还告知了所见的种种情景。未在园内的其他年轻人听闻后，去那天堂的愿望尤为炙热，甚至甘愿死去，他们期盼着此日早些到来。

若“山老”欲暗杀某要人，就先测试阿萨辛们。他派部分阿萨辛到邻近杀害某人。他们立刻前去，奉行主所有的命令。杀掉此人后，他们回到宫廷（也有阿萨辛被抓或被杀，因此只有活命者回归）。那些侥幸逃脱者回到自己的主面前，告知命令已完成。“山老”表示热烈欢迎，因他在各人身后都布置了盯梢，向他报告了谁最勇敢，谁最会杀戮，故而他很是清楚谁最勇猛。

当“山老”想杀某要人时，或任何人时，便起用那些在测试中表现最佳的阿萨辛，派他们前去执行任务。他称，这是因为自己想要他们回到天堂里。阿萨辛们去杀人，若是死了，便会立刻回到天堂。接受“山老”命令的阿萨辛们喜不自胜，忠诚地执行任务。由此，若“山老”想要某人死，他便无可逃脱，诸位得知，不少国王和官员因恐惧被杀，都会对他纳贡，与他交好睦邻。这是因为那时候，各民族的忠心与意愿都四分五裂，缺乏统一主权。

第四十三章　“山老”被镇压

我已跟诸位介绍了“山老”及其阿萨辛们的情况，现在讲讲他如何被灭，被何人所灭。

但方才我漏了点内容，还要再补充一下。诸位得知，此“山老”还任命了两名副手，他们的行事与他完全一致。一个派到大马士革（Damasco），另一个派往曲儿忒斯坦。仅介绍到此，咱们接着来说。

诸位得知，耶稣1262年左右，东方鞑靼君主旭烈兀得知了此

“山老”所做的一切恶行，决意进行镇压。于是他召来一员大将，派他带上大部队前往此城堡。他们围攻城堡，但整整三年仍未能拿下。要是被围困的人们食物不断，士兵们将永无法得胜。但三年后，粮食短缺了。这位名为阿剌丁的“山老”和他所有的部下都被擒杀了。自此“山老”后，不复有任何“山老”或阿萨辛。他代表着“山老”罪恶统治的终结。

现在，咱们结束此话题，且听后文。

第四十四章 撒普儿干城(Sapurgan)(今为阿富汗北部席巴尔甘)

离开此城堡后，骑行经过美丽的平原、山谷与山坡，途经丰饶的草地、牧原及果园，物产极为丰盛。百物皆有，士兵们因而乐于在此休憩。此地宽至少六日路程。有城市村镇，人们信奉穆罕默德。时而可见荒漠，长约六十或五十英里。沙漠中无水，行人必须随身携水，牲畜则必须穿越沙漠，去到有水之地，才有水可饮。

照上文所述，走六日后，抵达撒普儿干城。此城物产极为丰饶。盛产世界上最好的甜瓜。干燥方式如下。先绕着周围切成条，形如皮带。接着放在太阳底下晒干，瓜片就变得比蜜还甜。诸位得知，此瓜片可换钱。居民在附近各处售卖，数量极多。此地还有许多野禽鸟兽。

现在咱们结束此城介绍，讲讲另一座名为巴里黑(Balc)的城市。

第四十五章　大而华贵之城巴里黑

巴里黑是一座壮大华贵之城。昔日更为壮大，更为华贵，但遭到了鞑靼人及其他种族人的荼毒破坏。旧时有许多漂亮宫殿及大理石屋宅，至今仍可见，但只剩得残破废墟。诸位得知，若城中之人所述为真，那么亚历山大大帝正是在此城中与大留士之女结婚。居民信奉穆罕默德。此城是东方鞑靼君主统治之边境，是波斯与东北境及东境分界之处。

现在咱们结束此城介绍，讲讲另一座名为塔里寒（Taican）的王国。

第四十六章　塔里寒国与盐山

离开上文所述城市，沿正东及东北方向骑行逾十二日，沿途不见任何人烟，因为强盗及军队残忍肆虐，居民恐惧，都躲进山中寨堡去了。此地水源丰富，野物极多，还有狮子。整整十二日路程中，找不到任何食物。因此骑行经过此地的旅人必须随身为自己及动物携带干粮。

十二日之后，抵达一座名为塔里寒的村堡。有一个贩卖五谷的大市场。此地极美，南方多崇山峻岭，均为盐山（其他山脉盛产杏仁及开心果，也是上好的商业），此地产世上最好的盐，附近各处方圆三十日路程以内的人都前来开采。盐质地极硬，须以十字铁镐挖采。此地盐量之大，足够全世界用到世界末日那天。

离开塔里寒城，沿东北方与正东方向之间骑行三日，沿途风景美丽，多有民宅，各式水果、牧草及葡萄丰富。居民信奉穆罕默德，凶恶好斗。他们嗜酒，可制作美味的煮酒，时常相聚饮酒。头上不戴他物，只缠绕一根长十掌的绳子。身上只穿狩猎得来的兽皮，他们鞣皮制成衣服与靴袜。人人都善于鞣制狩猎得来的毛皮。

三日后，抵达一座名为塞迦审（Scasem）[1]的城市。此城由伯爵统管（他还治理山上其他城市与村镇）。城中有一条大河穿流而过。此地有许多豪猪，猎人抓捕时，唤猎狗扑向前，豪猪缩成一团，以背上及两侧刺向猎狗，使它多处受伤。

塞迦审位于一个同样名为塞迦审的大州中。语言特殊。农民们带着牲畜居住在山上，在山里凿洞，建造出漂亮宅屋。这并非难事，因为此山非岩石，只是土质。

离开上文所述城市，骑行三日，不见任何居宅，食物与水皆无。行人必须随身携带干粮，牲畜则可尽享沿途丰富草场。

三日之后，抵达巴达哈伤州，现在告知诸位此地情形。

第四十七章　巴达哈伤大州

巴达哈伤是大州，人们尊崇穆罕默德，自有语言。这是大国，

1　玉尔等人以此地为《大唐西域记》之“讫栗瑟摩国”，即今吉什姆，阿富汗巴达赫尚省吉什姆州的州府；伯希和以其为《新唐书》之“塞迦审”与比鲁尼之“Skāšim> Iškāšiam”，为今日阿富汗之巴达赫尚省伊什卡希姆镇，姑取伯希和说（Henry Yule, The Book of Ser Marco Polo, the Venetian: Concerning the Kingdoms and Marvels of the East, London: John Murray, vol.1, 1903, pp. 155-156. Paul Pelliot, Notes on Maroco Polo, vol. 2, Paris: Imprimerie Nationale, 1959, pp. 826-827.）。

范围宽至十二日路程。国王世袭继承王位，祖先为亚历山大大帝及波斯大王大留士之女。为纪念亚历山大大帝，这些国王皆以撒拉森语之名“索勒哈尔奈(Zulcarnein)”称呼，即我们语言所说的“亚历山大”。

此州中生产一种名为“玫红尖晶石”的宝石，式样精美，价值连城。此宝石产出于岩石之中。需在山中心〔即在一座名为尸弃尼蛮(Sighinan)[1]的山中〕挖凿出大且深的沟渠，开采方式与银矿相同。但国王规定仅可官采。如其他人想去山上采“玫红尖晶石”，即刻会被杀。如有人想把“玫红尖晶石”带出王国，将有性命之虞，货物也将不保。国王将宝石送给其他国王、亲王与贵族，或是纳贡，或是送礼，或是售卖，交换得来金银。国王此举在于使“玫红尖晶石”保持如今的珍贵价值。毋庸置疑，如随意让人开采，运到世界各地，那宝石也就不那么值钱了，这将极大地损坏它的价值。因此，国王实施残酷惩罚，正是为了阻止百姓未得其许可进行开采。

此州另一座山中出产蓝宝石。开采方式与“玫红尖晶石”相同。此地还有一座山，山中产天蓝石，是世上最精巧、质地最好的天蓝石。此宝石在山里形成了矿脉，与其他石头一样。我还要补充说，其他山中也有丰富的银矿、铜矿及铅矿资源。

此地极严寒。出产骏马，行走迅疾，虽在高山奔行，但无需铁蹄。昔日，此地马匹都是自亚历山大大帝坐骑比塞弗勒斯

1　今帕米尔之锡克南。

(Bucefalo)（原意为“牛头马”）传下来的，所有良驹前额都有犄角，如它们的祖先比塞弗勒斯一般。只有国王的叔叔拥有此马，就算用世上一切东西来交换，他也不肯让。国王索要，却遭拒绝，他便出于报复杀掉了叔叔。愤懑的遗孀将此种马匹尽数宰杀，马种便灭绝了。

山中还有猎隼(Falconi Sacri)，品质极佳，速度极快。也有兰纳隼(Falconi Lanieri)，飞禽走兽颇丰，可供狩猎。生产优质小麦，大麦无麸。无橄榄油，只有芝麻油及核桃油。

国中山口坳窄，碉堡狭长，因而他们不畏惧任何入侵者。他们的城市与村镇耸立在大山上，地势险要。我告知诸位，他们的山是这副模样。峰峦雄伟，要从早爬到晚上，方可抵山顶。山顶有广袤平地，草木植被丰富，清澈泉水如河，自峭壁而下。水中有鲴鱼及其他鲜鱼。高海拔地区空气澄净，阳光普照。若是有人发热，染上了间日热、四日热、连续热，或任何一种发热，只消在这些高原上休息个两三天，疾病立刻消去，健康如初。马可先生说他亲身经验过此事。当他在那片地方时，曾染病几有一年。他接受建议，爬到山顶上才痊愈。此地还有两三座高山，富产硫黄，硫黄水永恒流淌。野公羊无可尽数，一群有四百、五百或六百之多。即便多有逮捕，其数量也未曾减少。

巴达哈伤人善射箭，好狩猎。布料匮乏，因此他们大多身着毛裘。贵妇们则身穿一种特殊的裤子，现告知诸位其样式。因为此地以胖为美，贵妇们用六十层、八十层或百层褶皱衬绒做成裤子或内裤，使臀部看起来很大。

我已跟诸位介绍了此国。现在咱们来讲讲一个古怪的民族，他们居住在南方，远在十日路程之外。

第四十八章　帕筛大州

正如上文所述，距巴达哈伤十日路程，在南方有一个名为帕筛的州，他们自有语言。居民拜偶像。皮肤为褐色，善巫术邪咒。男人耳朵上戴小圆环，脖子上戴着许多金银项链，以珍珠及宝石装饰。他们性情狡诈，颇有才干。此地极炎热，人们以肉及米为食。

现在咱们结束此州介绍，来讲讲另一个州，位于东南方向七日路程之外，名为怯失迷儿。

第四十九章　怯失迷儿州

怯失迷儿州居民也拜偶像，自有语言。他们如同召魔术士，拥有令人称奇的智慧。可让偶像说话。可施巫术变天，让暗夜降临。他们以魔咒及技巧变出各种魔法，若非亲眼所见，无法相信。诸位可知，他们是其他拜偶像者之首，此地为偶像崇拜发源地。

沿此方向继续前行，可抵达印度海。

怯失迷儿居民皮肤为褐色，身形消瘦。妇人也为褐色，但貌甚美。他们以肉、乳及米为食。气候温和，不冷也不热。此地有许多城市及村镇，也有树林、荒漠及许多极其险要的窄道，不惧任何外敌。他们自给自足，有自己的国王，依法治理。

他们有隐士，自成一派，住在自己的隐居地里，严格禁食禁水，极其纯净。他们以一种令人难以置信的审慎态度观照自身，不敢犯任何违背信仰的罪恶。信徒们将他们视为圣人。诸位可知，他们高寿。他们出于对偶像的爱而执行严格禁食。此地有大量修道院及寺庙，修道之人过着十分节制的生活，头顶削发圈，与我们的多明我教派或方济各教派类似。此州的人从不杀生，也不流血。部分撒拉森人与他们杂居，会代他们宰杀他们需要食用的动物。 054

我们国家出口的珊瑚主要在这儿售卖，比别地都多。

沿此方向继续前行十二日，抵达出产胡椒的地方，即婆罗门之国。但咱们不再往前，要离开此州及这片地方，因为我们现在还不想去印度。我们将在旅行的最后章节中，回过头来详细介绍印度的全部情况。现在咱们回到巴达哈伤的各州中来，因为我们只能由此继续往前。

第五十章　瓦罕州(Vocan)

离开巴达哈伤州后，朝东方及东北方向之间沿一条大河骑行十二日。此地区归巴达哈伤君主的兄弟统管，有许多村镇及宅区。居民骁勇善战，崇拜穆罕默德。

十二日后，抵达一个很小的州(四方皆只三日路程)，名为瓦罕。居民自有语言。他们没有君主，由一位称作“那奈(None)”的人治理，即我们所说的“伯爵”。他们臣属于巴达哈伤君主。此地多野兽；有各种可供狩猎的飞禽走兽。

第五十一章　帕米尔(Pamier)地区

离开上文所说的地方，朝东北方前行三日，穿越高山。需攀高山前行，人说这是世界上最高的地方。抵达山峰后，可见两山之间为大平地，有一个大湖泊，水流成河，极为美丽。这儿有世界上最美丽的牧场。只消十天，瘦骨嶙峋的动物就能肥壮。各种野物极为丰盛。野羊无可尽数，体型巨大，羊角长达六拃，最短的羊角也有三拃或四拃长。牧民们以羊角做碗，可盛食物。晚上，他们又以羊角做成篱笆，将牲畜们圈在里面。诸位可知，此地狼极多，它们吃了不少羊，羊角与羊骨头遍地都是。沿途垒成大堆，下雪时可给过路人指路。走十二日路，方能通过这名为帕米尔的平原。整整十二天中，不见任何人烟和草木，行人必须备齐干粮。空中不见有鸟儿飞，因海拔太高，气候太过严寒，我告知诸位，因这儿太寒冷了，火苗不如别处的清晰明亮，饭也煮不熟。

现在咱们结束此话题，讲讲其他的内容，沿着东北方向及东方之间前进。

第五十二章　博洛尔(Belor)地区

正如上文所述，十二日之后，还需在东北方及东方之间骑行四十日，穿越高山、斜坡及山谷，渡过许多川河及荒漠。旅途不见任何人烟及草木，行人必须备齐干粮。此地区名为博洛尔，居民住在极高的山上。他们拜偶像，极其野蛮。打猎为食，身着毛裘，性情邪恶。

现在咱们结束此地区介绍，讲讲可失合儿(Cascar)州。

第五十三章　可失合儿国

可失合儿昔日为王国，但如今臣属于大汗。居民崇拜穆罕默德。此地有许多城市及村镇。最大最华贵的城市为可失合儿，位于东北方及正东方之间。人们以贸易及手工业为生。有美丽的花园、葡萄园及农庄。土地肥沃，百物丰饶。盛产棉花，也出产亚麻及大麻。许多商人从此中心出发，去世界各地做生意。此地居民吝啬而贫穷，吃得很差，喝得也很差。居住在此地区的突厥人中也有聂斯脱利派基督徒，他们有自己的教堂和教规。此州的人们自有语言。州境长五日路程。

现在咱们离开此地，介绍撒麻耳干(Samarcanda)。

第五十四章　撒麻耳干城

撒麻耳干是一个华贵的大城市。居民为基督徒及撒拉森人。他们臣属于大汗的侄子(但他并不与叔叔交好，反而经常冲突)。此城位于西北方向。有许多美丽花园，平原上产世人所能想象到的各式水果。

城中曾发生一桩奇事，现在告知诸位。

诸位可知，多年以前，大汗胞弟察合台曾皈依基督教。他是此地区及其他城市的君主，撒麻耳干城中的基督徒们见自己的君主改信基督，很是欢欣雀跃，便在城中建筑了一座纪念圣施洗约翰的大教堂，此教堂也以其守护者命名。他们从撒拉森人那取来了一块极其漂亮的美石，作为正中间廊柱的基座，支撑着穹顶。察合台去世了。撒拉森人一直因那块被基督徒们放置在他们教堂中的石头而倍感痛苦，得知察合台已死，决意将石头抢夺回来。这是轻而易举之事，因为他们人数是基督徒的十倍之多。数名德高望重的撒拉森人前往圣约翰教堂，对基督徒们说将取回那曾经属于撒拉森人的石头。基督徒们答说愿付钱买下，无论何价，只请他们放弃石头，否则这将给教堂带来灾难。撒拉森人答说金银都不要，无论如何只要石头。还有什么？正如上文所述，大汗侄子为君主。他命令基督徒们，必须在两日之内将石头交还给撒拉森人。得知命令后，基督徒们痛苦不堪，不知所措。奇迹正是于此发生，诸君请听。诸位可知，在约定必须归还石头的那天早上，因着我们主耶稣基督的意愿，那位于石头之上的廊柱竟然自己抬了起来，在它自身与石头之间留出三拃的空间，柱子就这样支撑着，仿佛石头还在下方一样。从那天之后，柱子就这样永远留在那，至今也如此。不管在当时，还是现在，这仍是所听说过的最大奇迹之一。

现在咱们离开此地，介绍一个名为鸭儿看(Jarcan)的州。

第五十五章　鸭儿看州

鸭儿看州长五日路程。居民崇拜穆罕默德，也有部分聂斯脱利派的基督徒。他们同样臣属于上文所述的大汗侄子。此地百物丰饶，盛产棉花。大部分居民一只脚很大，另一只脚很小，但丝毫不妨碍走路。大部分人患有甲状腺肿，这是水质的缘故。

这地方没有别的内容值得在本书中介绍了，咱们离开此处，接下来讲讲忽炭(Cotan)[1]。

第五十六章　忽炭大州

忽炭是一个位于东方与东北方之间的州，长八日路程。臣属于大汗，居民崇拜穆罕默德。有许多城市与村镇，最华贵的城市，即王国都城，名为忽炭，这也是州的名称。百物丰饶，盛产棉花，也产亚麻、大麻与五谷。有许多葡萄园、农庄与花园。人们以贸易及手工业为生，并不善战。

现在咱们离开此州，介绍另一个名为培因(Pem)的州。

第五十七章　培因州

培因是一个长五日路程的州，位于东北方及东方之间。人们崇拜穆罕默德。臣属于大汗，有许多城市与村镇。最华贵的城市，即领域首府，名为培因。此地有河川，内有大量石头，我们称之为碧石与玉髓。百物丰饶，盛产棉花，人们以贸易及手工业为生。他们有一风俗，现为诸位介绍。若丈夫离开妻子远游，如需外出逾二十日，他刚一上路，妻子便嫁给他人，这是当地风俗所

1　忽炭，又译于阗、斡端，即今和田地区。

允许的。至于男子们，不论去何处，都可再娶妻。

上文所述诸州，从可失合儿至此，包括其他随后介绍的州，均同样属于大突厥。

现在离开此地，介绍一个名为车尔成（Ciarcian）的州。

第五十八章　车尔成州

车尔成是大突厥之州，位于东北方及东方之间。昔日华贵富庶，但遭到了鞑靼人破坏。居民崇拜穆罕默德。有许多城市及村镇，主要城市为车尔成。有大河，盛产质量极佳的碧石与玉髓。商人拿到契丹去售卖，获利颇丰。此州全是沙丘。从忽炭至培因，沿途只见沙丘。培因直至此地也只有沙丘。水质极差，味道苦涩。但在好些地方也能找到好水，味道甘甜。如遇敌军经过，他们就携妇孺及牲畜，在沙丘中行两三天，深入到有水源的地方，在那儿可带着牲畜过活。无人可知道他们究竟去了哪儿，因为风吹来后，沙子将沿途道路覆盖，抹灭了一切踪迹：仿佛没有任何人，也没有任何动物在此经过。因此，他们能抵御敌军。诸位可知，他们收割谷物时，因害怕军队，会将粮食藏到远离住处的沙漠里的洞穴里，每月再将所需食物带回家来。如果友军经过，他们只藏起牲畜，不叫他们夺去或吃掉，因为士兵们拿东西后可不会付钱。

离开车尔成后，骑行五日，只见沙丘，水质极差，味道苦涩。偶尔可碰见好的甜水。这地方没有别的内容值得在本书中介绍了。

五日之后，抵达一座名为罗不(Lop)的城市，该城位于大沙漠起始点，行人必须携带干粮穿过沙漠。咱们继续来讲点别的内容。

第五十九章　罗不城

罗不是大城，为一个名为罗不沙漠的大沙漠入口，位于正东方及东北方向之间。归属于大汗。居民崇拜穆罕默德。

诸位得知，准备穿越沙漠的行人在此罗不城中休息一周，为自己及牲畜补充给养。一周之后，他们为自己及牲畜带足一个月的干粮，离开此城，进入沙漠。

诸位得知，据说这大沙漠很长，需要一年才可从头走到尾。就是最窄的地方也需一个月路程。沙漠中全是高山、沙丘与山谷，找不到任何食物。冬季时骑行一天一夜后也可寻到饮用水。水虽不多，但也够五十到一百人及其牲畜喝了。在整个沙漠中，得走一天一夜才能找到水。有三四个地方的水既咸又苦，除此之外，其他水源都极好。共计有二十八处水源。因无以为食，沿途不见任何飞禽走兽。这儿发生了一桩奇事，现跟诸位讲讲。

诸位得知，夜间骑行穿过沙漠时，假若有人因困倦或其他原因，掉了队且远离了自己的同伴，当他想追上商队时，便可听见鬼魂对自己说话，如同同伴一样。有时还听见鬼魂叫自己的名字，他们时常会被这些声音引入歧途，再也找不见了。许多人都死了或失踪了。此外，白天也能听见这些鬼魂的声音。有不少次还听见了许多乐器的声音，尤其是鼓声。夜间骑行时，为了不掉队，最好是在牲畜脖子上系上铃铛。

行人们以这种方法极其艰难地穿越沙漠。咱们已介绍完一切内容，暂且结束。现在要跟诸位讲讲出沙漠时遇到的各州。

第六十章　唐兀州 (Tangut)

正如上文所述，在沙漠中行进三十日后，抵达一座名为沙洲 (Saciu) 的城市，此城归属于大汗。州名为唐兀。居民皆崇拜偶像。此地确实有一些聂斯脱利教派的突厥基督徒，也不乏撒拉森人。此地偶像崇拜者说一种特殊的语言。此城位于东北方及正东方之间。居民不以贸易为业，而是依靠种植谷物获利。

此地有许多寺院，供奉着各种流派分支的偶像。人们行大祭祀，很是尊敬和崇拜偶像。

诸位得知，那些有小孩子的人家都要饲养一头公绵羊来敬拜偶像。元旦，或是逢那保护小孩子的偶像过节时，那些饲养了羊的人家就把羊和孩子带到偶像面前，大人小孩都虔诚敬拜。敬拜后，就把整只羊都给烹煮了，接着极为恭敬地把羊肉放到偶像面前。他们诵念祷告，祈求偶像保佑孩子健康成长。他们说偶像已享用了精华。因此，他们取走供在偶像面前的肉，带回自己的家中，或其他中意的地方，招呼亲戚过来，愉悦而恭敬地把肉吃完。他们将羊头、羊脚、内脏、羊皮，还有一部分肉都留给了向偶像礼祭的祭司 (即和尚) 们。吃掉肉后，他们收拾好骨头，小心地装进盒子里。

诸位得知，世间所有偶像崇拜者，死后都会火化。诸位还得知，人们将这些偶像崇拜信徒从家里抬到必须火化的地方时，他们的亲戚会在沿途多处准备木头房子，顶上有顶棚，以织金锦覆盖。逝者被抬到这些装饰好的房子面前时，送葬队便会停下，人们在亡人身前抛下许多酒和食物。他们说，这是因为好叫亡人在阴间也获得同样的尊敬。来到焚化之所后，他们的亲戚便把用纸剪出的人、马匹、骆驼、公羊和如拜占庭帝国金币一般的大钱币跟着亡人一起焚化。他们说亡人在另一个世界里就会享有许多奴仆、牲口、公羊和钱币，跟他们以纸焚烧掉的一样多。此外，他们抬着亡人去焚烧后，会在亡人面前吹奏当地所有的乐器。

我还要跟诸位介绍一点。偶像崇拜信徒去世后，亲属们会请来占星师，报告亡人的生辰八字，即出生的时间，包括月份、日子和时辰。占星师（strologo）（即阴阳先生）听完后以巫术施占星法，接着算出亡人应该被火化的日子。请注意，有些时候规定是火化之前停灵一周，有些时候则是停灵月余，有时甚至是六个月。整个停灵期间，亡人的亲属们都需将尸体留在家中。他们决不敢在占星师算好的日子之前焚烧。因为占星师使他们相信，如果不是在亡人出生时的星象下，或是在一个至少不与其星象冲撞的时间，就绝不能让尸体离开家里。他们说，如果不这样做，那么亡人便会给家里引祸。他们认为家中常有魔鬼作恶，或是家中人被杀掉等大灾难的原因正是在此。允许火化的日子前，尸体都必须留在家里，亲属们以此种方式保存尸身。他们准备一个棺材，用手掌厚的木板钉好，再以沥青及灰浆黏合在一起，色彩富丽，将亡人放在其中，布置得极为考究。上方放上樟脑及其他香料，不让家中闻到任何臭味。停灵期间，亡人的亲属们，即留在家里的人，每天都要在一张桌上准备好食物及酒水，就好像逝者还活着一样。他们将食物放在棺材前面，留足亡人进食的时间。他们说亡人的灵魂会吃掉所有那些食物。他们照着这方法，等到火化那天。我还要跟诸位介绍一件事情。占星师常对亲属们说，不便将尸体从家门抬出去，因为这门与某个星象或其他事情冲撞了。因此亡人的亲属们便会将尸体从另一扇门处抬出去，他们常打掉墙壁，从新造的出口抬走尸体。世间所有偶像崇拜者都是如此。

现在咱们结束此话题，讲讲沙漠尽头西北方向的其他城市。

第六十一章　哈密州(Camul)

哈密是一个州，昔日是一个王国。此地有许多城市及村镇，最重要的城市名为哈密。此州位于两个沙漠之间，一侧为大沙漠[1]，另一侧为一个长三日路程的小沙漠。居民均崇拜偶像，语言特殊。他们以土地作物为生，食物与水皆丰富。他们将其售卖给打这方经过的行人。他们好娱乐，终日只是弹奏乐器、唱歌与跳舞，沉溺于身体享乐。他们也喜欢写自己的文字，热爱阅读。

诸位得知，如果有外地人在此地人家中留宿，主人会欢欣至极。他命令妻子对外地人绝对顺从，他离开家，忙自己的事情。他去庄园里待上两三天，从那为客人提供一切必需品，无需付钱。

1　即罗不大沙漠。

外地人与妻子留在家里，随心所欲，跟她共享睡榻，二人无所不乐。此城与此州中的男人们都是这样被妻子戴绿帽子（conci dalla sua moglie），但他们并不以此为耻。女人们容貌美丽，愉快享乐。

鞑靼君主蒙哥汗做国王时，得知此哈密地方将自己的妻子送给外地人玷污。蒙哥汗便以酷刑禁止他们在家中留宿外地人。哈密居民得知此禁令后，倍感痛苦。他们遵守国王规定，约三年后，他们发现土地再结不出如从前一样的果实，他们的家里发生了许多灾祸，就开始商议解决方法。他们找到了一个方法，现告知诸位。他们将一件十分美丽的礼物奉给蒙哥，求他让他们自己的女人遵守祖宗留下来的习俗。他们告诉国王，那是先祖留下来的习俗，他们的偶像喜欢他们将自己的妻子与东西供给外地人，因此他们的种植业才会如此昌盛。蒙哥汗理解了个中缘故，便道："既然你们想保留自己的羞耻，那就照做吧。"国王允许他们按照自己的方式行事。我跟诸位确证，此习俗从未被摒弃，至今仍在遵守。

现在咱们离开哈密州，讲讲位于北方及西北方之间的其他州。

诸位得知，此州归属于大汗。

第六十二章　维吾尔州（Icoguristan）

维吾尔是一个大州，归属于大汗。此地有许多城市与村镇，主要城市名为合剌火（Caracoco）。此城下辖许多其他城市与村镇。居民拜偶像。这儿也有许多遵循聂斯脱利教规的基督徒及不少撒拉森人。基督徒常与偶像崇拜信徒通婚。

据他们说，此地第一位国王并不是人，而是树皮上流出的汁液所结的树疣所诞，我们将此赘物称为“艾斯卡”(Esca)。后续所有国王皆为第一位国王的后裔。根据其教规习俗，此地区所有偶像崇拜信徒都极为睿智聪慧。他们坚持习练七艺。此地产五谷，酿美酒。冬天严寒，比世间一切地方都要寒冷。

第六十三章　欣斤塔剌思州(Chienchintalas)

欣斤塔剌思州也是一个位于沙漠(小于上文所述的两个沙漠)边境的州，为北方及西北方之间。长十六日路程。归属于大汗。此地有许多城市及村镇。居民分三类：偶像崇拜者、拜穆罕默德信徒及部分聂斯脱利教派的突厥基督徒。

此州北方边境一座高山内有极佳的钢脉及安答尼克(Andanico)脉，此山中还有矿脉，可产撒剌蛮达(Salamandra)布[1]。

诸位得知，撒剌蛮达布并非通常所说的那种动物[2]，而是另一种东西，现在跟诸位介绍。没有任何动物，或任何生物能在火中生存，这是尽人皆知的事实，因为所有动物都是由四种元素构成。因为人们对撒剌蛮达布没有任何确切的了解，曾经相信(至今仍相信)这是一种动物，但实际上这是另一种东西。我现在就要告知诸位。诸位得知，我有一位同伴，名叫祖立福合(Zurficar)，是一

1　即石棉。

2　此词意译为“火鼠”或“蝾螈”。

个极有能力的突厥人。他奉大汗之命，在此州居住三年，负责开采此撒剌蛮达布、钢材、安答尼克及其他资源。因为大汗派人去一个州中治理及掌管开采时，习惯一派便是三年。现在我的这位同伴跟我解释这件事，我本人也亲眼见到，我告诉诸位，从上文所述的高山矿脉中将其开采出来，用劲砸打，但它仍旧连在一起，形成如羊毛一样的线。因此，开采出来后，便将其晒干。随后放在铜制的大研钵中捣碎，再进行清洗。分出来的松软土壤毫无用处，弃之不用，而我上文所述的线便会留下来。这些线看似羊毛，将其小心谨慎地编织，制成布。如此制成的布并不洁白。但只消将其放在火里，等上一会儿，布便会洁白如雪。每当这些撒剌蛮达布染上污渍后，就将其放在火里，过一会儿，就会重新变得洁白如雪。

这便是有关撒剌蛮达布的事实，至于其他人所说的，不是谎言，就是无稽之谈。

我告知诸位，罗马城里现有一块撒剌蛮达布，是大汗命两位波罗兄弟做使者时，送给教廷的尊贵礼物，可包裹我们的主耶稣基督那块裹尸布。布上镶金铭文如下：“汝为彼得，在此石头上建筑我的教会。”

现在咱们离开此州，讲讲另一个位于东北方及正东方之间的地区。

第六十四章　肃州（Succiu）

离开上文所述的州，在东北方及正东方之间骑行十日。沿途不见任何人烟，即使有，数量也极稀少。没有什么值得在此书中记述的。

十日之后，抵达一座名为肃州的州，有许多城市及村镇。主要城市名为肃州。城中有基督徒及偶像崇拜信徒，且归属于大汗。此州及上文所述的其他三个州隶属于一个名为唐兀的大州。此地高山盛产大黄。商人买下，随后售卖至世界各处。请注意，去这些山里的行人们在沿途不敢用外地马，只敢骑当地马匹。因为此地有一种毒草，牲畜吃下后，蹄甲便会脱落。生长在当地的动物识得此毒草，厌恶而不食。人们以土地作物为生，不经营商业。此州各个地方都有益健康，人们皮肤为褐色。

现在咱们离开此处，讲讲另一座名为甘州(Campciu)的城市。

第六十五章　甘州城

甘州同样是唐兀的城市，极为壮大华贵，是全州的都城。居民崇拜偶像，也有崇拜穆罕默德者。有基督徒，他们在城中拥有三座华丽的大教堂。偶像崇拜者们以他们的方式建筑了许多寺庙，供奉着无可尽数的偶像。有几个神像有十步之大，为木制、泥塑和石刻制成。偶像镶金，做工极为精巧。大神像周围摆放着许多其他小神像，以示谦卑及恭敬。

此前我尚未告知诸位关于偶像崇拜者的各种情况，现解释如下。

诸位可知，偶像崇拜者中的僧侣比其他偶像崇拜者更有道德。他们虽不将奢淫视为大罪，但也不犯此恶。根据他们的良心，如果女子先来索爱，便可同妇人同寝，但如男子先对女人求爱，则是罪过。如果男子强奸女子，便会将其处死。他们的每个偶像都有自己的特定纪念日，正如我们对待自己的圣人一样。他们有一种标记祭神之日的日历，他们以太阴月为日历单位，正如我们的太阳月一样。有些太阴月中，有五天的时间，他们无论如何也不会杀走兽或飞禽，也不会吃在这五天中屠宰的肉类。在这五天中，他们的斋戒比平常更为严格。也有一派僧侣出于恭敬和虔诚，不论什么时候都从不吃肉。除上文所说时间外，非宗教人士平常不斋戒。

他们可娶三十位妻子，根据自己的资产而定，能养活多少，便娶妻多少。丈夫依照财富情况，给妻子牲畜、奴仆和金钱以充赠礼。相较于其他妻子，他们将第一位妻子看得最重。如果丈夫见某位妻子无用了，或是不喜欢了，完全可将其赶走，任凭处置。除母亲外，他们还可娶表姐妹和父亲的妻子。我们认为大罪恶的，他们反倒不以为恶。他们过着禽兽一般的生活。

但咱们已经就此闲谈太多了。姑且结束甘州及偶像崇拜者的介绍，来讲讲北方诸地。

诸位可知，尼克先生、玛窦先生及马可先生在甘州城中逗留了一年，他们所做之事在此不便记述。

咱们离开此地，朝北方走六十日。

第六十六章　亦集乃城(Ezina)

离开甘州城，骑行十二日，抵达一座名为亦集乃的城市，位于沙漠北方边界。隶属于唐兀州。居民崇拜偶像。有许多骆驼及其他牲畜。此地盛产良种兰纳隼及猎隼。他们以农业及畜牧业为生。不经营贸易。

行人需在此城中备足四十天的干粮，因为诸位得知，离开亦集乃后，需在沙漠中朝北方行四十日，沿途不见任何人烟及草木。除夏季外，无人可在山谷及高山中居住过活。此地有许多野兽，野驴尤多。水源丰富，鲜鱼极多。时常可见松树林。

骑行四十日后，抵达北面一座州。现告知诸位详情。

第六十七章　哈剌和林城(Caracoron)

哈剌和林城方圆三英里，全为木头及泥土制成，以土堡环绕，石头极少。附近有一座极大的城堡，内有一座华丽宫殿，城中君主居住于此。这是鞑靼人离开家乡后拥有的第一个住所。

现详细为诸位介绍鞑靼人情况，他们选举君主的方式及在全世界的扩张经过。

第六十八章　鞑靼人如何反叛长老约翰

诸位得知，昔日鞑靼人居住在北方，位于主儿扯(Ciorcia)及巴儿忽(Bargu)附近。那地区平原广袤，但渺无人烟，城市及村镇更是没有，但此地有好牧场及大河流，水源丰富。他们没有君主，只对一位大国王纳贡，他们称之为“王罕(Unc Kan)”，即我们语言所说的“大国王”。此王为长老约翰，全世界都传说他极有权威。

鞑靼人从牲畜中抽十分之一做纳贡，每十头牲畜进贡一头。鞑靼人口繁殖得极多。长老约翰知道他们数量如此之多，害怕会对自己不利，想将他们分散到多处去。他派自己的大臣去执行此任务。他们采取了这种方式。每当有臣属于长老约翰的君主反叛时，就选择一定数量的鞑靼人，每百人中抽调三四名，派去平乱。由此他们的势力就减弱了。长老对待别的事情也依循同样的方法。鞑靼人明白长老约翰的真实意图后，痛苦不已。他们集结出发，向北走到荒漠中，长老约翰再也无法进行加害。他们起义反叛，不再对他纳贡。由此度过了一段时间。

第六十九章　成吉思汗(Cinghiscan)如何成为第一任鞑靼大汗

基督降生后的第1187年，鞑靼人推举了一名国王，以他们的语言称之为成吉思汗。这是一位有勇有谋的才干之人。诸位可知，当他被推举为国王后，世界上所有鞑靼人，就连散落在遥远地方的人，也都归心于他，奉他为王。而这位国王也治国有方。还有什么？归顺他的鞑靼人无可尽数，令人称奇。成吉思汗见自己统领了这许多人，便发给他们弓箭和武器，出发去征服其他地区。我告知诸位，他们在短时间内便攻占了至少八个州。这不足为奇，因为在那时候，那些土地及州或是自治，或各自拥戴国王或君主，无法团结起来抵抗如此众多的军队。加之成吉思汗不伤民，也不夺物，只是带着他们继续去征服其他民族。正如上文所述，他以此法征服了许多民族。他们见国王贤明有德，便心甘情愿追随着他。

成吉思汗聚集了足可以覆盖全世界的民众，他便生出了征服世界的念头。

耶稣1200年，他派使者去觐见长老约翰，告诉他，自己想娶他的女儿为妻。长老约翰得知成吉思汗来提亲，愤怒地说："成吉思汗怎么这么无耻，竟敢来对我的女儿提亲？他难道忘记了自己曾经是我的臣属和我的仆人吗？你们回去告诉他，我宁愿看到自己的女儿被烧死，也不会把她嫁给他。你们代替我通知他，他反叛了自己的君主，是不忠诚的叛徒，当被处死。"说罢便立刻将使者们打发走，不想再见到他们。

听到这些话后，使者们迅速离开了。他们回到自己君主所在处，将长老约翰所说的话毫无隐瞒地原原本本告诉了他。

第七十章　成吉思汗召集人马攻打长老约翰

听到长老约翰说的羞辱之词，成吉思汗心中涌出一股热血，胸膛差点爆炸。他是大丈夫，如何可忍受这等屈辱。他一言不发，随后，为了让在场所有人都听见，他高声喊道，如果他不让长老约翰为他所说的羞辱之词付出沉重代价，便决不再称王。他说，会立刻让长老约翰知道，自己究竟是不是他的仆人。

于是，他召集了所有部下，做好战争准备，规模之大，是从未听过和见过的。他派人去告诉长老约翰，让他尽全力防卫，因为自己要率领全部兵马来攻打了。

长老约翰得知成吉思汗真的带着大队人马来攻打自己了，把这当成笑话，毫不在意，因为他以为那些人都不是善战之兵。但他仍决定竭尽所能，假使成吉思汗真的来，就将他捉拿起来，严酷处死。于是他召集了远方许多地方的全部军队，组成了一支所能想象的最大军队。

由此，两方军队都预备起来。为何如此赘述？成吉思汗带着全部部下，来到一片广袤的美丽平原。此地名为天德州（Tenduc）[1]，归属于长老约翰。他们在此扎营。军队人数众多，简直无可尽数。成吉思汗得知长老约翰即将到来，欣喜异常，因为他们驻扎在广袤的美丽平原，适宜作战。由此他便在那儿等待着他，迫不及待准备与他拼杀。

但现在咱们暂且放下成吉思汗和他军队的故事，回过头来讲讲长老约翰及他的部下。

第七十一章　长老约翰率部反击成吉思汗

书接上文，长老约翰得知成吉思汗率领所有部下进攻自己，他也率全军反击。他们来到天德州平原，在距离成吉思汗军营二十英里的地方驻扎。两方军队都在休整，等待交战的那天。

两支浩大的部队都驻扎在天德州平原上。一天，成吉思汗召来占星师，其中有基督徒，也有撒拉森人。他想让占星师预测，究竟是自己还是长老约翰能赢得战争。占星师各自施展法术、撒拉森人无法看清事情真相，但基督徒则清楚地向大汗展示出结

1　丰州，今内蒙古呼和浩特。

果。他们找来一根绿色杆子，砍作两半，放在两侧，不许任何人触碰。将一半杆子取名为成吉思汗，另一半命名为长老约翰。他们随后对成吉思汗说："大汗，请您好好看看这两根杆子，仔细观察，这根有您的名字，那根有长老约翰的名字，我们施法术后，哪根杆子跳在另一根上，哪方就会获胜。"成吉思汗答说乐意见他们施法，命令占星师们尽快给他展示。于是基督教的占星师们就拿起《圣经》赞美诗，诵念了诗篇，开始施法，那根写着成吉思汗名字的杆子，在没有任何人碰的情况下，就与长老约翰那根合在一起，跳在它之上。这是在众目睽睽之下所发生的。成吉思汗见此情景，欢欣不已。

自从他知道基督徒所说为真后，总是对他们极为尊敬。总将他们当作可靠的诚实人。

第七十二章　长老约翰与成吉思汗之间的大战

休整两日后，双方都武装起来，开始鏖战。这是世所能见的最大战役。双方都死伤巨大，但成吉思汗最终赢得了战役。长老约翰在此战中不幸身亡，他的死亡也标志着国土的失落，因为成吉思汗继续征伐，最终征服一切。诸位可知，此战役后，成吉思汗又统治了六年，他征服了许多村镇与州。六年之后，在围剿合州（Caagiu）要塞（castello）时，他膝上中箭，因而身故。这真是一大憾事，因为他英勇无畏，胸怀韬略。

咱们已介绍鞑靼人是如何推举出他们的第一位君王，即成吉思汗，还详述了他们在第一次扩张时如何战胜了长老约翰，现在跟诸位讲讲他们的风俗习惯。

第七十三章　成吉思汗嗣后的历代大汗

诸位得知，继成吉思汗之后，第二位大汗为贵由汗(Cuikan)。第三位君王为拔都汗(Batu-Kan)，第四位为窝阔台汗(Oktai-Kan)，第五位为蒙哥汗，第六位君王为忽必烈汗(Cublai-Kan)，他是当今圣上，也是迄今为止最伟大、最有权势的大汗。即便将其他五位大汗的权力联合起来，仍不如忽必烈。我还要告知诸位，就算将世上所有皇帝与君王的权力加起来，包括基督教徒与撒拉森人，他们也不及忽必烈大汗。我将在本书中清楚明确地给诸位证明。

诸位得知，所有出自成吉思汗后裔的大王均埋在一座名为阿勒台(Altai)的大山中。鞑靼人的大王不论在何处身亡，即使是距离此山百日距离之遥，也要被埋葬在此地。我要告知诸位另一桩奇事：这些大汗的灵柩被抬到山中来时，送葬人在沿途，比方说在距离四十日路程之时，会将遇见的人全部杀掉。他们杀害路人时，会说："请你们去阴间伺候我们的君王吧。"因为他们真的相信自己所杀之人将在另一个世界服侍自己的君王。他们依同理对待马匹。国王死后，他们会将君王最好的骏马全宰杀掉，好让他在阴间也能享有这些马儿。我绝没有撒谎，蒙哥汗去世后，将护送灵柩沿途遇见的两万多人全屠杀陪葬了。

既然咱们已开始介绍鞑靼人，我便要好好展开说一说了。

冬季，鞑靼人住在平原温暖的地方，那儿有草地及牧原，可饲养牲畜。夏季，他们居住在山顶及山谷寒凉的地方，那儿有水、树林及牧场，同样可饲养牲畜。原因在于，寒凉之地没有苍蝇和牛虻，也没有其他虫子来滋扰人和动物们。两三个月时间里，他们慢慢地从山脚往上放牧，因为动物太多，若总在同一个地方放牧，牧草将会匮乏。他们住在圆形的木头房子里，上方覆盖毛毡子。不管去哪，他们都把房子带着，放在四轮马车上。马车以木板榫卯相连，极为精巧，可轻松运输。每次扎营造房时，他们总把大门朝南开。他们的两轮小车漂亮极了，上方密密地盖着黑色毛毡，就算外面雨水不断，里头也断不会湿。他们用牛和骆驼拉车，将妇女、孩子们及他们的一切杂物都放在小车上。诸位可知，丈夫及家庭需要的一切事物皆由妇人们买卖和制作，男人们只管猎鹰、驯鹰、捕鹰及饲鹰。他们吃肉、奶及野物，也吃法老鼠，夏季时，这种老鼠在平原及任何地方都极多。他们还吃马肉及狗肉，总而言之，各种肉类都吃。他们喝马奶。无论如何都不会染指他人妻室，将此视为极为卑鄙粗俗的事情。妇人心地善良，对丈夫忠诚，精心料理家务事。他们嫁娶方式如下。此地为一夫多妻制，只要养得活，男人可随意娶妻，妻妾甚至可达百人。男方将彩礼给岳母，但女方无需给男方任何嫁妆。诸位可知，他们认为第一位妻子比其他所有妻子都要合法，都要好。正如上文所述，他们实行一夫多妻制，因此他们的子嗣比其他种族的人都要多。他们也可娶堂表姐妹，如果父亲死了，除了自己的母亲之外，大儿子可将父亲的妻子纳为己有。如果亲兄弟去世了，他们也可娶兄弟妻子。娶妻时，婚礼仪式极为隆重。

第七十四章　鞑靼人之神及他们的教规 (legge) 076

现跟诸位介绍他们的宗教。

他们说有一位天神，他们每日对天神焚香，所求只有聪慧与健康。他们还有一个地公神，名为纳赤该 (Natigai)，可保佑他们的子嗣、动物与粮食。他们对神明很是恭敬尊崇。家中供奉着所有神明。他们以毛毡及棉布做神像，奉在家里。他们还为这些神明造了妻子与孩子，将妻子放在左侧，孩子放在前面。他们对神明极为恭敬。吃饭时，会把肥肉抹在神、神妻及孩子们的嘴唇上。接着，取一点肉汤，洒在家门外面，好让其他鬼魂也能享用。他们相信，如此供奉后，神及他的家人便都可来吃饭了。接着，他们开始吃喝。

诸位得知，他们喝的是马奶。但我得告知诸位，他们将其制备得如同白葡萄酒一般。味道极好，名为忽迷思 (Chemis)。

他们的服饰如下。富人们身着富丽华贵的织金锦，身披紫貂、白鼬、松鼠及狐狸皮裘，他们的器具样式精美，价值连城。

他们以弓弩、刀剑及锤棒为武器，但主要使用弓弩，人人善射。他们身着以牛皮及其他熟皮子制成的铠甲，结实牢固。

他们骁勇而善战。他们是世上最能吃苦的士兵，请诸君听听详情。如有需要，在驻扎或跋涉时，除一丁点马奶及其他所能捕到的野味外，他们常会整整一个月不吃任何食物，他们的马儿单吃所能找到的草料便够了，无需为它们准备麦子或稻谷。他们对首领极为顺从，如有需要，可整夜都穿着铠甲骑在马上。马儿总在吃草。世上没有比他们更能吃苦耐劳的军队，他们所需最少，最擅长征服土地。

他们以如下方式排兵布阵。诸位得知，如果一名鞑靼首领上战场，假设他率领十万名骑兵，便会按照下法布阵。每十名、每百名、每千名、每万名骑兵都选派一名长官，如此一来，首领只需跟十人交代即可。万夫长也只需跟十人交代，千夫长也只需跟十人交代，百夫长亦是如此。由此，人人都有可报告的长官。假如十万名士兵的头领需将一支部队派到某处去，他便会命令万夫长派出一千名士兵。万夫长命令千夫长派出百名士兵。千夫长及百夫长命令百夫长及十夫长派出相应份额的士兵。人人都即刻知晓自己的职责，依责行事。他们在执行命令时，极为顺从，诸位得知，他们将“十万人”称之为“秃黑”(Tuc)，“万人”则为“土绵”(Toman)[1]，“土绵”能以千计、以百计，还可以十计。

士兵行军时，不管是在平原，还是在高山上，他们都会派遣两百名先锋军先行两日。在后方及侧翼也布置了同样数量的先锋队，以防军队遭遇突然袭击。军队长途远征时不会随身携带任何睡觉所用的物件。正如上文所述，他们主要以马奶为生，每人大约有十八匹公马及母马。如果一匹马疲倦了，就换上第二匹。他们带着两个皮质小桶(bottacci di cuoio-张-皮? p.112)，将所饮的马奶置于其中。他们还带一个小钵子(pentolo-张-陶器罐或称之为小酒桶caratello)，用来煮肉。如果没有这些容器，他们就掏空牲

1　意为“一万”。

畜的肚子，倒上水，将想要烹煮的肉块放在里面。准备好之后，他们就把它放在火上面煮熟，连肉带器一起吃掉。他们带着一个小帐篷，用于避雨。我还要补充一点，如紧急时，他们可骑马纵驰连续十日，不进食，不生火，只饮马血。他们给马儿放血，再喝掉。他们还随身带着干奶块，和面饼一样硬。干燥方式如下。先把奶煮开，将表面上浮聚的奶脂撇开，盛在另一个罐子里，奶脂撇去后，才可干燥。接着将奶放在太阳下晒干。行军时，就随身带十磅（Libbra）奶块。要是想吃了，就在早上掰半磅奶块，将它放在一个皮囊形状的小长颈大肚皮酒瓶里，里面放水，水量随意。骑马时，奶在长颈大肚酒瓶里和水碰撞溶解，便可喝了。

当他们与敌军交手时，以如下方式获胜。他们不以临阵逃跑为耻，不停地转移进攻点。他们将马儿驯服得极好，可四处转移，如狗一样机敏。被围困逃跑时，他们仍可勇猛作战，如同正面冲锋一般。他们会在逃跑时突然回马射箭，这如雨一般密集的箭阵可杀死敌人的许多兵马。如果敌人以为自己真的将他们击溃了，那他可就大错特错了，敌方许多兵马都会被屠杀于地。鞑靼人见已经屠杀了敌军的许多兵马，便回转过来集中火力猛攻，由此他们赢得了许多战役，击败了许多民族。

上文所述均为真正鞑靼人的风俗与习惯。但我还应告知诸位，如今他们已经混杂了别的种族。在契丹的鞑靼人奉行偶像崇拜者的风俗习惯，但大多已背叛了自己的教义。东方的鞑靼人则与撒拉森人习俗类似。

他们的司法执行方式如下。如所盗之物价值不高，便无需执行死刑，行杖刑，根据偷盗物品的价值，鞭打7下、17下、27下、37下、47下，以10叠加，直至107下。许多人被这样打死了。要是偷盗了马匹或其他值得判死刑的物品，就以刀将他从中间劈开。如果他可以偿还所盗之物，若照盗窃物的九倍进行赔偿，便可以活命。但谋杀者，罪无可赦。即便只是做了要攻击的动作，他的手掌也会被剁掉。如果打伤了他人，便要依据原样被打伤。

拥有许多牲口的人，都会在兽身上印上自己的记号，如壮马、牝马、骆驼、公牛、奶牛，或其他肥壮动物等。接着放它们在平原和高山上吃草，无需人看守。如果牲畜们混杂在一起，便可按照记号将其归还给主人。而母绵羊及公绵羊（另一词为becco-古托斯卡纳语为montone同义），他们则派人看守起来。他们的牲口全都肥壮美丽。

我方才遗忘了另一件极其特殊的风俗，现要告知诸位。诸位得知，如果一位父亲的儿子早夭，或是在待娶之前过世，另一位父亲的女儿在待嫁之前早亡，两家人便会联姻，将那夭亡的女孩嫁给那夭亡的男孩。他们订立婚书，将它焚烧。他们相信焚烟会飘到空中，来到阴间的孩子们那，孩子们便会得知自己的婚姻，做起了夫妻。他们会举办隆重婚礼，大行盛宴，在各处都撒上他们席上吃的酒肉，相信他们的孩子们在阴间也会吃。他们还做另一件事。他们在纸上绘制出仆人、马匹、帷幔、拜占庭金币及其他家具，将它们焚烧了。他们说，所有这些画出来并烧掉的东西，他们的孩子在阴间也能享有。自此之后他们便会成为亲戚，尊重姻亲，就如同他们孩子还活着一样。

我已清楚向诸位介绍了鞑靼人的风俗习惯，但还有一件神奇的事，我没有提，即关于大汗（所有鞑靼人的大君王）及他那壮丽的皇宫。我会在恰当的时候，再在本书中介绍。因这些太过奇伟的事情，实在无法被忽略。但现在我不想中断叙述，还是回到咱们开始介绍鞑靼人时所说的那个大平原。

第七十五章　巴儿忽平原及居民的各种风俗

正如上文所述，哈剌和林及阿勒台是鞑靼人大汗陵墓所在地。离开此地，沿北方骑行，途经一片名为巴儿忽的平原。此平原长逾四十日路程。居民名为蔑克里惕（Mecrit），是蛮野之人。他们以狩猎为生，鹿是这儿最多的动物。居民也用鹿做坐骑。他们捕鸟为生。有许多湖泊、池塘及沼泽。平原北面与大洋海（Mare Oceano）接壤。盛夏时，这些鸟儿正换毛，会在此片水域中停留。它们的羽毛全都褪去后，不能再飞，人们就可随意猎取它们。居民还以捕鱼为业。他们的风俗习惯与鞑靼人相同。他们臣属于大汗。不产粮食与酒。夏季野兽飞禽丰富。但冬季气候太过寒冷，不见任何鸟兽。

骑行四十日后，抵达大洋海。游隼在山中筑巢。诸位得知，这些地方没有任何活的生物，人、兽和鸟皆无。只有一种游隼所食的巴儿格儿剌黑（Bargherlac）。这种鸟儿大小像山鹑，爪子像鹦鹉，尾巴像燕子。飞行极为迅捷。如大汗想得到这种筑巢的游隼时，便会派人到这儿来抓取。

此海域岛屿中有矛隼。诸位得知，此地处于极北，就连北极星的位置都偏南一点。诸位还得知，出生在这些岛屿中的矛隼无可尽数，大汗可随心猎取。诸位不要以为那些基督教国家带给鞑靼人的矛隼是进贡给大汗的，实则是献给东方的阿鲁浑及东方其他国王的。

咱们已详细介绍北方诸省及大洋海等地。接着讲讲在朝见大汗途中所遇到的其他州。先回到前文所述的甘州。

第七十六章　额里湫大国（Erginul）[1]

离开上文所述的甘州，行五日路程，沿途可听见鬼魂说话，尤以夜间为多。朝着东方骑行五日，抵达一个名为额里湫的王国。该国臣属于大汗，隶属于唐兀大州，该州下辖许多王国。居民为信奉聂斯脱利派的基督徒，偶像崇拜者及撒拉森人。有许多城市，最主要的城市为额里湫。咱们离开此城，沿东南方向行走，可抵达契丹。

沿东南方朝契丹地区行走，有一座名为西宁州（Silingiu）的城市。西宁州也是该州的名称。此地有许多城市及村庄。同样隶属于唐兀，臣属于大汗。居民拜偶像，属撒拉森人和基督徒。此地盛产野牛，如大象一般大，美丽至极。除背部外，野牛周身都长着黑白相间的毛，毛长三掌，细如丝绸。马可先生曾将

1　即凉州，今甘肃武威。

这种毛带回威尼斯，凡见过此宝贝的人无不称奇。他们也将此野牛驯化繁殖，故而此牛数量极多。牛可驮物，可耕作。我向诸位确证，这种牛的力气是寻常牛的两倍。

此地出产世界上最好最细的麝香。制法如下。这儿有一种小兽，同羚羊般大小，脖子（张错译为尾巴）与爪子与羚羊类似。毛皮很厚，与鹿相似，头上无角。有四颗牙齿，两颗在上方，两颗在下方。牙齿长三指，极细，上牙下垂，下牙上龇，极为美丽。麝香以此种方式得来：每到满月之时，此兽脐带位置的皮肉之间会长出一个血袋。猎人抓住它，将此血袋连同皮毛一齐割下来，取出血袋，放在太阳底下晒干。其中之血便是麝香，味道浓郁。此兽数量极多，肉质鲜美，所得麝香正如上文所述一般，质量极佳。马可先生曾将此兽的脑袋与蹄爪带回威尼斯。（作者注释）

居民以贸易及手工业为生，粮食作物丰富。此州广二十五日路程。此地有一种雉，是我们国家的两倍大。大小如孔雀，尾巴最长可为十掌（palmo-张-虎口），最短可为七掌。也有大小及外观与我们国家相似的雉。还有其他各式鸟儿，羽毛极其美丽，色彩鲜艳。

正如上文所述，此地居民拜偶像。他们身形肥胖，小鼻子，黑头发，面部无须，只有下颌处有几根毛。女性只头上长毛，周身皆无毛。肤色雪白，皮肉美丽，身材相当完美。居民沉溺于感官享乐。他们行一夫多妻制，并不违背他们的律法和风俗。能养活多少，男子便可娶妻多少。诸位得知，如果一位女子美貌，但出身低贱，仍可因美貌而嫁给大贵族或大人物。她的母亲获得大笔财产，赠礼数额据婚约而定。

现在咱们离开此处，讲讲另一座位于东方的州。

第七十七章　额里合牙（Egrigaia）州[1]

离开额里湫后，沿东方骑行八日，抵达一座名为额里合牙的州。此地有许多城市与村镇。隶属于唐兀，主要城市名为哈剌善（Calacian）[2]。居民拜偶像，但也有信奉聂斯脱利教派的基督徒，他们拥有三座教堂。他们臣属于鞑靼人的大可汗。此城可制作出世上最佳且最美的驼毛呢制品，也可以白色骆驼毛制作白色驼毛呢制品，漂亮至极，质量上乘。此种呢制品数量极多，商人们销往世界各地，主要贩卖至契丹。

现在咱们离开此州，讲讲东方的天德州，咱们已进入长老约翰的领地。

第七十八章　天德大州

天德州是朝向东方的一个州，有许多城市与村镇。此地归属于大汗，因为长老约翰的子孙都臣属于大汗。主要城市名为天德州。此州君王为长老约翰后裔，他也是长老约翰名为阔里

1　额里折兀勒，《元史》作“也吉里海牙”，《秘史》作“额里合牙”，即今宁夏银川。

2　即贺兰山，今宁夏银川。

吉思 (Giorgio)，替大汗治理此地。但他并不掌管属于长老约翰的全部土地，仅负责一部分。此地君王均为长老约翰族裔，请诸位注意，大汗常将自己的女儿或是亲属女儿嫁给他们为妻。诸位得知，长老约翰是基督徒，故而此地居民多数也皈依基督教。

此省出产一种可提取出青金石的矿石，质佳量多。也制作五颜六色的优质驼毛呢制品。居民以放牧及土地作物为生，也从事商业及手工业。

正如我对诸君所述，统治者是基督徒。但也有偶像崇拜信徒及撒拉森人。这地有一种名为阿兀浑的人，即我们所说的“杂种人”。他们其实是两种人通婚后所生，即天德州中拜偶像教徒及崇拜穆罕默德的人。他们是此国中最漂亮、最聪明，也最善于经商的人。

诸位得知，当长老约翰统治鞑靼人，并管辖其他与天德州接壤的州及王国时，此州是其所据要地。他的后裔至今仍居住在那儿。本书前文已介绍阔里吉思，正如上文所述，他也是长老约翰族裔，是自他之后的第六代君王。这便是我们通常称呼为歌革 (Gogo) 及玛各 (Magogo) 的地方。他们称为汪古 (Ung) 及蒙古 (Mungul)。这是两个州，每州都有一类特殊人种，汪古中为峨格，蒙古则为鞑靼人。

第七十九章　宣德州 (Sindaciu) 城及其他地方

离开天德州，进入另一个州，广七日路程。

沿此州向东，往契丹骑行七日。沿途见到许多城市与村镇，居民为撒拉森人及拜偶像者，也有部分信奉聂斯脱利的突厥基督徒。他们以贸易及手工业为生。此地出产金锦，我指的是极细薄的纳石失(Nassiccio)及纳克(Nacchi)，也有各式丝绸。我们产各种羊毛布，他们便产各种织金锦。他们臣属于大汗。有一座名为宣德州的城市，可生产军队所需的各式用品。此州山中有一个名为银府(Idifu)的地方，有一个好银矿，藏银丰富。此地有各类飞禽走兽，猎物极多。

现在，咱们离开此州及此城，继续骑行三日。

第八十章　察罕脑儿城(Ciagannor)

骑行三日，抵达一座名为察罕脑儿的城市，即我们所说的“白色池塘”。大汗在此地有一座大宫殿。诸位得知，大汗很愿意在此城的皇宫中居住，因这地有大量湖泊及川河。天鹅遍地，平原美丽，有大量鹤、雉、山鹑及其他鸟类。这儿有如此好的捕鸟条件，大汗很是中意此处，常在此游乐散心。他带着矛隼(girifalco)与猎鹰，常能捕捉到许多鸟儿，欢愉至极。

这儿有五种鹤，我将一一给诸位介绍。第一种周身漆黑，与乌鸦一样，身形极大。第二种周身雪白，长着美丽的翅膀，羽毛上遍布着圆眼睛图案，如孔雀一般，但色为金，熠熠生辉。脑袋为红黑色，脖子为黑白色，是五种中最大的。第三种与我们的类似。第四种较小，耳旁为长长的红黑羽毛，极为美丽。第五种周身灰色，头部红黑，极为精巧，身形很大。

大汗在此城附近的一个山谷里饲养了大量石鸡（我们所说的大山鹑）。到了夏天，他命人为这些山鹑种下许多稷黍谷子及这些鸟儿喜欢吃的其他草料，下令不许收割，只让鸟儿饱餐。冬天时，大汗便命人在地上播撒稷黍。鸟儿们久已惯见播撒粮食，不管在何处，只要听得信号，便会立刻飞去。大汗命人造了许多小房子，鸟儿们在夜间可在此栖息，许多看守的人也住在其中。大汗来此地时，便可随心猎取。冬天，鸟儿便养肥了。因这儿极为寒冷，大汗冬季并不居住于此。但不管他居住在哪里，都会让骆驼将鸟儿驮回自己的宫殿里去。

现在咱们离开此处，继续向前，朝北方及东北方之间行走三日。

第八十一章　上都城（Ciandu）及大汗的雄伟宫殿

离开上文所述之城，骑行三日，抵达一座名为上都的城市。此城是当今大汗，名为忽必烈汗者所建。忽必烈汗在此城中命人以大理石及普通石头建筑了一座雄伟宫殿。各个大厅和房间皆镶金雕花，绘着飞禽走兽、虫鸟花鱼等各式图案，画作精美秀丽，引人入胜，令人惊叹。宫殿高大华丽，富丽堂皇。宫殿的确是耸立在城里面，但一侧宫墙与城墙相邻，从城墙此处开始为第二道墙，环绕十六英里，内有许多喷泉，川河与草地。仅可从宫殿进入此围墙内。大汗在宫内豢养了各种动物，如马鹿、黇鹿、狍子等，可供关在宫里的矛隼及猎鹰食用。光是矛隼，就有两百只。大汗本人也会每周一次亲自来这欣赏这些鹰。他来这围墙花园时，常将一只豹子置于马臀后（portando con se' un leopardo sulla groppa del suo cavallo）。高兴起来，他就会放出豹子去追逐马鹿，或黇鹿，或狍子，再拿给饲养在围墙里的矛隼吃。大汗以此为乐。

诸位得知，此围墙花园里，有一个美丽的树林。大汗命人在此建筑了一座宫殿，全为竹子制成。此宫类似敞廊（loggia-张-亭榭），以镶金雕花的柱子支撑。每个廊柱上方都有一条周身镶金的大龙，尾巴与身体环绕着廊柱，龙头上有两爪，分别朝左面与右面，支撑起屋顶。宫殿内部也镶金雕饰，飞禽走兽等图案制作极为精美。屋顶也以竹子制成，雕饰得密而厚，可不受水浸。现告知诸位，他们如何以竹子建宫殿。诸位得知，这些竹子大逾三掌，长十至十五步。将其由这节至那节对半切开，由此形成了两片屋瓦，这些竹子制成的屋瓦极为巨大，甚至可覆盖一整间房子，极为坚固。自然，每片屋瓦都是以钉子固定，足可御风。大汗的宫殿制作极为巧妙，用两百条丝带将其捆扎固定，如有需要，可完全拆除。

一年有三个月，大汗留在此地，即六月、七月及八月。此时气候不甚炎热，玩乐消遣颇多。只有这三个月中，这竹子宫殿才会耸立，其余时间里，都是拆除的。正如上文所述，此宫极为巧妙，可以随意拆除与安装。但在八月的第二十八天，大汗会离开上都和自己的宫殿。每年都是在这一天离开。现告知诸位原委。诸位得知，大汗饲养了无可尽数的公马及母马，公马白如雪，母马也没有染上任何其他颜色。牝马有逾万匹，只有皇室，即成吉思汗族裔，才可享用白色牝马的马奶，确切来说，是名为火里牙惕(Horiat)的一族才有权饮用此奶。这是成吉思汗给此族人的特殊礼待，因他们旧时曾帮助大汗打赢一场战役。诸位注意，这些白色牝马驰行时，享受极大殊荣，无人敢穿过马群，即使最有权威的贵族也不可。必须等它们通过，或是走到马群前头方可通行。占星师及偶像崇拜教徒曾对大汗说，每年的八月二十八日，他必须向空中及地上洒一点奶，好让鬼魂们来饮用。偶像崇拜教徒对他说，非得如此，鬼魂才会保佑他所有的一切，他的百姓、妇人、鸟兽、粮食及其他一切事物。因此为了祭祀，大汗必须离开此地，前往另一个地方。

但咱们暂不离开此地。我先跟诸位讲讲此前忘记的一桩奇事。诸位得知，如果大汗所住宫邸处遭逢下雨、多云或是其他恶劣天气，他会召来能干的占星师及术士，请他们凭借智慧及法术从宫殿中赶走乌云或是任何坏天气。他的宫殿上方总是晴空万里，而坏天气都去了别处。施法的能干之人称为吐蕃(Tebet)及怯失迷儿人两个种族，他们是偶像崇拜信徒。无人比他们更擅长妖魔法术。他们所作奇迹均为魔鬼之术，但他们让其他人相信自己是因为神圣或是上帝而成。这些巫师污秽不堪，毫不在意自己的尊严，满脸污泥，也不在乎人们如何看待自己。他们从不洗澡，也不梳头，最是龌龊恶浊。他们还有如下习俗，如果有人被处以死刑，被政府处置后，他们会将尸体拖走，烹煮食用了。但如果是自然而亡，他们便不会吃。

诸位得知，这些八合失(Bacsi)，即上文所述的能干巫师，可做成大奇迹，请诸君听来。大汗坐在主厅桌子旁，桌子高逾八肘，大厅中间地板上放几个灌满酒、奶及其他美味饮料的杯子，与桌子相距达八步。我在开头已介绍，这些称为八合失的能干巫师可施奇幻巫术，让那些装满酒水的杯子从地板上抬起来，使其在没有任何人碰及的情况下，来到大汗面前。大汗喝完各杯后，它们又会回到原处。这是在万人眼前所做之事。那些精通巫术之人必然会跟诸位说这是极有可能的。

我还要告知诸位，这些八合失逢偶像祭日时，便去谒见大汗，对他说："陛下，神明祭日将至。"接着说出他们所在乎的神明，说："您知道，陛下，要是此神没有接到供品，便会引来坏天气，会破坏咱们的东西，牲畜粮食都会遭殃。因此我们请求陛下您赐给我们许多黑头公羊，还赐许多沉香檀香以及其他各样东西，好让我们能对神行大祭礼，让他保佑我们及我们的牲畜与粮食。"八合失也会将这些话对大汗周围的贵族及朝中各臣说一遍，这些人又会将此事奏明大汗。由此他们就有了大祭神所需的一切物品。八合失有了一切所需的东西后，他们便会歌唱宴礼，欢天喜地。他们焚烧上等香料，香味极佳。他们煮肉，敬在神前，在各处洒上肉汤，他们说，神会来享用。由此，他们便在祭日敬拜了自己的神。诸位得知，每个神都有自己特定的祭日，正如我们的圣人一样。

他们的寺庙雄伟壮观，有些庙极大，如同一座小型城市，寺内有两千名僧侣，依照他们的方式修行，服饰比其他人更为朴实，他们剃头剃须。他们祭祀各种神明，礼仪之大，世所未见，点灯歌唱，奢靡无比。此外，在上文所述的八合失中，根据他们的教义，也有人可娶妻。他们正是如此做：娶妻，大肆繁衍子嗣。

诸位得知，还有一种僧人，名为先生(Sensin)。他们行大戒，根据他们的教义，过着艰苦的生活，现告知诸位。诸位得知，他们一生只吃糟糠麸麦，即谷子的糠皮。他们将糠皮放在热水里，浸泡一会儿，等整个精华部分，即白色的面粉都脱去，就只吃糠皮。正如上文所述，他们除此之外，别的绝对不吃，即便如此，一年中还有很多时候，他们的断食还要更为严苛。他们有许多大偶像，有时他们也拜火。值得一提的是，其他僧人将这些过着如此严苛斋戒生活之人视为帕特里尼（Paterini）[1]，因为他们敬拜神明的方式并不相同。他们各个教派之间存在巨大差异。先生绝不会娶妻，他们也剃发剃须。身着大麻质地的黄黑色僧服，不可穿丝绸衣服，也不可为别的颜色。他们睡在席子，即木质格子上。他们所过的生活极为严苛，实难想象。

他们的寺庙及偶像都是女性名字。

现在，咱们离开此地。跟诸位讲讲所有鞑靼人的大可汗的雄伟壮举，我说的是名为忽必烈的尊贵大汗。

1 指异端。

第 二 卷

第八十二章　与名为忽必烈汗的当今大汗相关的壮举，贤明执政治国及其伟大征服

现在，我将在本书中告知诸位，当今君临之大汗所做的种种奇事与大奇迹，他名为忽必烈汗，即我们所说的“忽必烈—万主之主”。他绝对当之无愧。因为古往今来，从我们的先祖亚当直到现在，没有任何一个君王比他拥有更多的人口、土地和财富，这是尽人皆知的事实。此非虚言，我将在本书中向诸位清楚证明，毫无疑问，他是世上所存在过的最大君王，今日仍君临执政。诸位自会明白原委。

第八十三章　大汗叔父乃颜(Naian)叛乱

诸位得知，忽必烈是成吉思汗皇帝的直系后人，是那所有鞑靼人共同君王的直系后裔。他是第六任大汗，即第六任所有鞑靼人的大王。他于基督1256年继位。那是他执政的头一年。他有勇有谋，睿智英明，以此得位。他曾与兄弟及亲属们争夺王位，但他以英勇获胜。诸位得知，依照法律，他的执政合乎法理。他开始继位至今(即1298年)，已有四十二年。他的年纪应不小于八十五岁。

在继位称王之前，他几乎参加了所有战争。他骁勇善战，统率有方。但成为国王后，他只在1286年征戎一次。现告知诸位原委。

忽必烈汗有一位叔父，名叫乃颜。他年纪轻轻便已统率了许

多领土。实力雄厚，可集齐四十万骑兵。昔日，他的祖先臣属于大汗，他本人也臣属于大汗。但正如上文所述，他正当壮年，刚过而立之年，他见自己统率了如此多的土地，甚至可集齐四十万骑兵作战，便想脱离大汗，篡夺王位。于是他派遣使者去觐见海都（Caidu）。海都是极有权势的大王，是大汗侄子，但已反叛，与大汗交恶。乃颜将反叛大汗之意告知海都，他与海都可分别从两侧进攻大汗，由此夺得土地与王位。海都同意了。他承诺将在约定好的时间集结兵力，反叛大汗。诸位可知，他也可武装十万骑兵。还有什么？乃颜及海都这两位大将都集齐了大量骑兵与步兵，准备开战，反叛大汗。

第八十四章　大汗反击乃颜

大汗得知此事后，并不心惊，他贤明而骁勇，武装起了自己的人马。他发誓，如果不能将这两名反贼处死，将永不戴王冠，放弃一切权力。他马上便在通往乃颜及海都的路上布置起了探子，不让任何人知道他的行动。他立刻下令，命距离汗八里（Cambaluc）城方圆十日路程之内的人们以最快速度集结起来。诸位得知，他仅在二十二天之内便完成了作战准备，行事秘密，除他的谋臣之外，任何人都未曾有半点消息。他召集了三十六万骑兵及十万步兵。他并未集齐大部队，只预备了自己身边的士兵。他总共有十二支部队，人强马壮，但都在遥远之地，正在沿途征伐新的土地，无法及时赶来。假若他集齐了全部士兵，那骑兵将无可尽数，人数之多，实难想象。他聚集的三十六万骑兵全是他的左右侍卫，如猎鹰人等。如果他召集那些长久驻守在契丹州的军队，那将需要三四十天，作战计划必将泄露。而海都及乃颜也会联合起来，躲到堡垒之处，他们就会占据有利地形。但大汗却想趁乃颜尚孤立时尽快实行突袭。

既然咱们在介绍大汗军队，我还想告知诸位一件事情。诸位得知，在契丹、蛮子及其余地方的所有州中，有许多不忠不信之人，一有机会，他们便会叛主。因此，必须在每个州（即有大城市及人口众多的地方）屯军。士兵们待在乡下，距离城市四五英里之遥。城市不得有城门或城墙，没有任何可阻挡士兵随意进入城市的障碍。每两年大汗便要换兵，也会更换统率的首领。在此约束之下，人们便安分守己，绝不会反叛或是做出别的事情。大汗常将本州的收入拨给这些军队，除此之外，他们也以牲口为生，数量众多。他们将奶卖到城里，去那儿购买必需品。这些军队分散在不同地方，范围为三十、五十或六十日路程不等。要是大汗想召集军队，仅一半士兵的数量便可令人称奇，不可置信。

正如上文所述，大汗组织起了这些士兵后，便请求自己的占星师占卜算算是否能打败敌军，是否可制服他们。占星师们答说敌军将任凭大汗摆布，于是他便带着所有部下，开始行军。疾驰二十天后，他们来到一处大平原，乃颜带着自己全部人马，共计四十万骑兵都驻扎于此。某日破晓之际，当敌军毫无察觉时，大汗便占据了所有道路，任何经过的人都会被拿住，因此敌军对他们的进攻毫不知情。大汗的人马到达时，乃颜正在帐篷里和爱妻同眠享乐。

乃颜驻扎在平原，大汗的人马便待在平原的山后。忽必烈让自己的部队休憩了两天。

第八十五章　大汗与叔父乃颜之间的战役

还有什么？到了决战日，黎明时分，大汗出现在乃颜屯军平原的小土丘上。乃颜与他的部下安然自若，万万想不到会有军队袭击自己。他们确信无人敢来攻打自己，稳如泰山，军营竟然没有哨兵，后方及前方均未设巡逻军。

正如上文所述，大汗位于小土丘上，站在一个放置于四头大象上的瞭望楼里，那儿有许多弓弩手及弓箭手。他们高高扬起那面绘着太阳及月亮的军旗，以便四处都能瞧见旌旗。四头大象身上披着极其坚固的熟牛皮，覆以织金锦。

他的军队排列成三十队，每队有万名士兵，都配有弓弩。大汗将部下分成三支，两翼极尽延长，可包抄乃颜的军队。他们在顷刻之间便完成了排兵布阵。每排骑兵前面还有五百名步兵，配有短矛和刀。他们的作战方式如下。每当骑兵准备冲锋时，每名步兵都会跳到附近的马背上，位于骑兵之后，与他一同出发。停马之后，他们就跳下马来，以短矛刺杀敌军马匹。

大汗的士兵在乃颜军营四周排布妥当，准备与他决战。

乃颜与他的士兵看到大汗和他的部队包围了军营，震惊恐慌。他们跑去拿武器，迅速组织起来，极睿智而有序地进行排兵布阵。

双方都训练有素，只待开战。如果有人那时在那儿，将会看到和听到许多风笛（zampogne-张未译）和许多乐器，尤其是一种双弦乐器，乐声十分悦耳，士兵们高声歌唱。诸位得知，鞑靼人有如下习俗。他们排列好准备战斗，等待首领发出开战信号，即鼓声。等待鼓声时，他们大多会奏乐歌唱。这就是为何四处会响起此起彼伏的乐声与歌声。

双方都准备起来，大汗战鼓奏响。先在右翼，后在左翼。战鼓鸣起，士兵们便毫不迟疑厮杀起来，以弓箭、刀、锤、矛（但矛数量不多）、弓弩及步兵的许多武器进行战斗。还有什么？战争已经开始，残酷而可怖。诸位应当瞧瞧那刀光剑影，整个空气中都飘满了弓箭，如下雨一般。诸位应当瞧瞧那武士与战马是如何倒地，哀鸿遍野，响声震天，仿佛听见雷神怒吼。诸位得知，乃颜是经受洗礼的基督徒，他在作战时带着绘有基督十字架的军旗。

为何如此絮叨？诸位得知，那是世所未见的最危险、最可怖的战役。就算在我们那，也从未在战场上见过如此多的士兵，尤其是骑兵。双方都死伤无数，让人瞠目结舌。战争从早晨持续到了下午，因为乃颜对自己的子民极为宽宏大度，部下特别忠心，负隅顽抗，因对他的爱，宁愿战死也绝不临阵脱逃。但最后大汗还是赢得了战争。乃颜及部下见已经不可能抵抗，便开始逃跑，但也无济于事。乃颜成为俘虏，他所有的大将与臣子都对大汗缴械投降了。

第八十六章　大汗处决乃颜

大汗得知乃颜被俘后，立刻下令将其处死。他们以此种方式处死乃颜。他们将乃颜紧紧地包裹在一条毯子里面，甩来甩去，到处乱撞，将其处死。这是因为他们不想看到皇室之血洒在地上，也不希望太阳与空气见到此血。

大汗以上文所述的方式赢得了战役，乃颜所有的臣民及贵族都尊敬大汗，宣誓对其效忠。他们来自四个州，我将对诸位一一介绍。其首为主儿扯，第二个为高丽 (Cauli)，第三个为巴儿斯豁勒 (Barscol)，最末为西京德宁州 (Sichintingiu)[1]。

第八十七章 大汗护卫基督十字架

大汗赢得战役，乃颜被杀。参加此战的多类信徒，撒拉森人、拜偶像者、犹太教徒以及那些不相信上帝的人们都取笑乃颜绘在旌旗上的十字架，他们责备基督徒士兵："你们有见到你们上帝的那个十字架帮助了基督徒乃颜吗？"这种种讥讽和嘲弄最终传到了大汗耳朵里。但大汗听闻后，严厉斥责了那些在他面前嘲笑十字架的人。他将那儿的许多基督徒召来，安慰他们说："你们上帝的十字架未能帮助乃颜，这是再自然不过的事情了。因为它是好的十字架，只会做有德的正义之事。乃颜是不忠不义之人，他背叛了自己的君王。因此他所遭遇的一切是最正确的事情。你们上帝的十字架没有帮助他违背正义，这是对的。因为它是有德的

1 这一地名为二名所组成：Sichin即西京，在元代指大同；Tingiu指德宁州，即今艾不盖河（Aybag Gol）河畔的敖伦苏木（Olon Süme）遗址的行政地名。故"Sichintingiu"汉译名为"西京德宁州"。见艾骛德撰，马晓林译：《马可·波罗的汉语-蒙古语地名——以"州"的转写为重点》，徐忠文、荣新江编：《马可·波罗扬州丝绸之路》，北京：北京大学出版社，2016年，第98页。

十字架，除了善事，不会做别的。”基督徒们回答大汗：“伟大的陛下！您说的是绝对的真理。十字架绝不会如叛臣贼子乃颜一般卑鄙不忠。他是罪有应得。”

这便是大汗与基督徒关于乃颜旌旗上十字架所交谈的内容。

第八十八章 大汗为何未皈依基督教

乃颜以上文所述方式被击败后，大汗回到了都城汗八里，在此恣意享乐，欣喜愉悦（大汗无需处置另一名反叛大将，即名为海都的君王。因为他听到乃颜被击溃屠杀后，便一蹶不振，不再作战，至今仍惊惧恐慌，害怕自己落得同样的下场）。

大汗于11月回到汗八里，在此逗留，直到2月及3月，即我们的复活节才离开。他知道这是我们最主要的节日，便召来所有基督徒，希望他们能带来四种福音书。信徒们将书带到大汗前面，他命人数次焚香，大行祭礼，接着虔诚地亲吻了此书，也让在场所有的达官贵族照做。诸位得知，这是大汗在基督教主要节日，如复活节、圣诞节时惯常的行为。在撒拉森人、犹太人及拜偶像信徒的主要节日时，他也同样隆重行礼。有人询问大汗为何如此，他回答说：“这是四位受到全世界的尊崇与恭敬的先知。基督徒们将基督耶稣奉为他们的上帝，撒拉森人的上帝为穆罕默德，犹太人的上帝为摩西，偶像崇拜者为释迦牟尼佛（Sagamoni Borcan）。释迦牟尼是第一个被当成偶像的人。我对这四位上帝致敬，我尊敬他们，也崇敬那天空至尊及最真之理。我祈求他可辅助我。”从他的行为来看，大汗自然是认为基督教信仰是其中最真最好的，认为它只做仁善及神圣之事。他绝不允许基督徒将十字架放在自己面前，因为一个如基督一样伟大的人是在十字架上被鞭挞与屠杀的。有人或许会说：“如果他认为基督的信仰是最好的，那么为何他不拥抱此信仰，成为基督徒呢？”大汗曾派尼克先生及玛窦先生出使教廷，据他们说，原因如下。他们有时会就基督信仰和他讨论。大汗于是说：

“你们将以何种方式要我成为基督徒？你们看，住在这儿的基督徒们是如此无知，他们不懂做任何事情，也不能做任何事情。可你们看，那些拜偶像教徒却能随心施法。我坐在桌旁时，没有任何人碰，那些放在大厅中间的酒杯盛着好酒就能到我身边来，我就喝下了。他们能将坏天气从任何地方赶走，还能做成许多奇事。你们知道，他们的偶像能告诉和预示他们想要做的一切事情。现在，假设我皈依了基督信仰，做了基督徒，我的臣子和其他那些不拥有同样信仰的人自然会对我说：为何我要去接受洗礼和基督信仰？您在他身上看到了什么样的能力与奇迹？这些拜偶像信徒会说，他们所做之事是因为圣德或是神力。那我该如何作答？必将引起众怒了。这些拜偶像者可以依靠技艺及学识做成这些奇事，兴许也能轻易地就让我死掉。你们去找你们的教皇，代我祈求他派给我通晓贵教律法的百名智者，当着这些拜偶像信徒的面，做出他们所做成的那些事情。让他们说，其实他们也懂得，也有能力做成同样的事情，但他们并不愿意，因为那是依靠魔鬼的技艺或是邪恶鬼魂所做成的。他们可约束拜偶像信徒的能力，不让他们在智者面前做成此类事情。那么，当我们见到这些，便去斥责他们及他们的教规，我便会洗礼。我接受洗礼后，我所有的达官贵族都会洗礼，此后他们所有的臣民也都会洗

礼。由此，这里的基督徒将会比你们国家的还要多了。” 100

正如咱们在本书开篇所述，假如教皇真的派人对他们传布我们的信仰，大汗自然便能皈依基督教了。因为，他的确是有着强烈意愿的。

现在诸位已经理解大汗为何只征戎一次，而在面对其他战役及公事时，他都派自己的子嗣与贵族去处理。只有在那场战役中，他想亲自出征，不让旁人代劳，因为他认为那次叛乱尤其危险严重。

现跟诸位介绍他如何犒赏此战中的有功之臣，如何惩罚那些胆怯懦弱之徒。

第八十九章　大汗犒赏有功之臣

诸位得知，大汗有十二位官员，都是有勇有谋之士。他们的职责在于探听了解将领及士兵的行为，尤其是战役及其他行动中的表现。他们会将情况报告给大汗。

现在，大汗已知晓谁在战役中表现英勇，将百夫长提升为千夫长，千夫长提升为万夫长，根据他们的级别大加赏赐，如银杯、号令牌、上等盔甲、金银首饰、珠宝翡翠、骏马等。诸位得知，百夫长持银牌，千夫长持金牌或镀金银牌，万夫长则持金牌，上方刻有狮首。我告知诸位这些号令牌的重量。如为百夫长或千夫长，牌子重一百二十萨觉(Saggi)，那面刻着狮首的牌子重二百二十萨觉。所有令牌都刻着一句戒令：“伟大天神及吾皇所享伟大恩典，请护佑大汗之名。反叛者皆被屠毁。”此外，持有号令牌者不仅享有特权，还需依据级别承担对应责任，咱们还要就此多加叙述。诸位得知，有大权者，如统率十万士兵的大统领，或大部队的总将军，持有一面重达三百萨觉的金牌，上方所刻铭文如上文所述，铭文下方绘有狮子，上方刻着日月。他们享尊权，可号令，或行大事。每次骑行时，持此尊贵令牌者头上必须打一把小伞，以示尊荣。每次坐下时，都必须坐在银座上。大汗还会赐予绘有猎鹰的令牌，此牌仅赐给最有权的官员，他们可如大汗一般享有全权。持绘猎鹰令牌者可号令任何亲王竭尽全力护卫自己安全。如他需派遣某位信使送信，甚至可借用国王的骏马。我强调“国王之马”，便是指他可借用任何人的马。

现在咱们结束此篇，回过头来说说大汗的伟大事迹。我已告知诸位他的家族谱系及年纪，现在讲讲他的容貌及举止。

第九十章　大汗容貌及举止

名为忽必烈汗的万主之主容貌如下。他身量适中：不高不矮，中等个子。身上有肉，但不过肥，四肢皆得宜。脸色白里透红，如玫瑰花一般。黑色眼睛漂亮极了，鼻子俊俏，比例适当。

他有四位妻子，皆为正室（四位妻子的长子可在大汗去世后合法继承王位）。她们全称为皇后，加以封号。各位皇后都有自己的寝宫。各人皆有三百多名美丽优雅的奴婢伺候，也有不少太监及许多其他男女仆从服侍。这四座寝宫中，每宫都有一万人。大汗想宠幸某位妻子，便会命人将其带到自己的房间，有时也会亲自去妻子的寝殿。

除妻子外，他还有许多妃嫔。我告知诸位挑选及分派的方 102
法。诸位得知，有一个州，居民为名为弘吉剌(Ungrat)的鞑靼人。城名同样为弘吉剌。此地女子容貌美丽，皮肤白皙。如大汗合意，通常每隔两年，他会派使者去这州选秀。让他们依照特定的选秀标准，挑选出最漂亮的处女，四百或五百，或多或少，依他心情而定。秀女依照如下准则选定。大汗使者抵达此州后，召来此地所有少女。委派评判官对女孩们进行一一评估，评判身体与四肢的各个部分，如头发、面庞、眼睫毛、嘴巴、嘴唇及其他部位，他们观察全身比例是否适宜。他们以克拉(Carati)进行打分，如十六、十七、十八、二十不等，评分多少依据她们的容貌而定。如果大汗下令带回评分为二十或二十一克拉的女孩，便必定选派那些评定为此分数的少女。少女们抵达大汗面前后，其他评判官将再次评估。大汗从中为自己挑选出三十或四十名得分最高的处女。将这些选中的女孩一一派给大臣的妻子们，让她们同寝，请她们仔细审核女孩们是不是处女，是否各个方面都完全健康。看看她们睡觉时是沉睡还是打呼噜，看看她们呼出的气息是香甜还是恶臭，检查她们是否某个部位散发臭味。经过严格筛选后，那些各个方面都被评定为美丽健康的少女就可以服侍君王，服侍方式如下。六名少女留在君王寝宫中，服侍三天三夜。她们与大汗同寝，满足他的一切需要，大汗可随心所欲。三天三夜后，又召来六位少女。如此往后，每三天三夜便换一批女孩。所有人都被宠幸后，又从头开始。的确，有些女孩会一直留在君王寝宫里，其他人则住在隔壁屋里。如果君王需要从外面拿点东西，如食物或酒水，君王寝宫里的少女们便会命令隔壁屋里的少女们准备，她们会立刻照做。由此，服侍君王的便只有这些女孩。其他评估较差的少女则被派给君王其他妃嫔，让她们学习缝纫，剪手套(原文为剪-似不合逻辑-张为织手套)或是其他尊贵的工作。如果某位贵族要娶妻，大汗便会赐他一名少女，并大办妆奁。如此，他让所有女孩都风光出嫁。但有人兴许会说："此州的女儿们都被大汗夺走了，他们难道不会怨恨吗？"当然不会，相反，他们将此视为无上的荣耀与恩典。那些生了漂亮女儿的父亲，若是大汗能纳为妃子，他们是十分高兴的。因为他们说："要是我女儿的生辰八字不错，君王便可更好地替她完成好命，让她风风光光地出嫁。而这是我所不能办到的。"如果女儿行为不端，或是遭遇坏事，父亲便会说："她遭遇此劫，是因为生辰八字不好。"

第九十一章　大汗子嗣

诸位得知，大汗的四位正室共育有二十二个儿子。长子名为成吉思(Cinghis)，纪念贤君成吉思汗。他可继承大汗王位，成为整个帝国的君王。父亲尚在位时，他便被奉为君王。但他去世了，留下一个名为铁木耳(Temur)的儿子。他将继承大汗王位，成为整个帝国的君王。这是极其自然的事情，因他是大汗长子的儿子。我告知诸位，这位铁木耳有勇有谋，身经百战。

诸位得知，大汗的妃嫔共育有二十五个儿子，均骁勇善战，享有大爵位。

四位正室所生的儿子中，有七位是大州及王国的君王。他们都贤明有德，治国有方。这是自然不过的事情，因为我向诸位确证，他们的父亲大汗是最英明之人，在任何方面都最有天赋，是百姓及帝国最好的明君，是鞑靼人有史以来最有才干之人。

我已跟诸位介绍了大汗及他的子嗣，现在讲讲他如何临朝及他的习惯。

第九十二章　大汗皇宫

诸位得知，一年中的12月、1月与2月这三个月，大汗居住在契丹都城汗八里中，他的皇宫位于此城，现与诸位介绍。

城市四周筑有第一道方形围墙，边长为八英里，城墙旁为深沟，每侧中间设有城门，四面八方拥过来的人都从此门进入。另有个宽一英里的空间，士兵于此驻扎。还有一堵四方形的城墙，长二十四英里（这才是真真正正的城墙，后文将详述。大汗皇宫正是位于这第二道城墙里，但要想进入皇宫，还得穿过两道围墙）。

当先为一堵方形大围墙，每侧长一英里，总周长为四英里。墙极厚，高逾十步，均为白色，筑有城堞。此墙四角有四座大宫殿，富丽堂皇，保存着大君王所有的军械，包括弓箭、箭袋、马鞍、马勒、弓弦及其他军用品。每侧中间还有一座与四角宫殿类似的宫殿，共计八座宫殿，堆满了大君王所需的供给品。诸位得知，每座宫殿中只有一类物品。比方说，一座藏着马勒、马鞍、马镫及其他骑马所需的用具，另一座宫殿藏着弓箭、弓弦、箭袋、箭头以及其他射箭所需的用具，另一座宫殿中则藏着盔甲、轻胸甲以及其他以熟牛皮制成的用具。朝南侧的城墙设有五扇门，正中为一扇大门，只有大汗进出时才开启。此大门两侧设有两扇较小的门，供其余人进出。另外还有两扇较大的门，设在朝向四角的边上，也是供其余人进出。

此城墙之内还有一堵矩形城墙，四周也有八座宫殿，与前述类似，均藏着大君王所需的各种装备。朝南侧的城墙也设有五扇门，与前一堵城墙相似。这两堵城墙其余三侧仅设一门。

大君王的皇宫耸立在这层层城墙中，其样式如下，请诸君听来。

这是世所能见的最大宫殿。

皇宫北面与上述最后一道城墙接壤，宫殿南部前方设有一块空地，可供官员与士兵散步。空地仅有一层，但地面比四周高出十掌，屋顶极高。一堵宽两步的大理石围墙环绕整个宫殿，与空地齐平。皇宫建筑在此围墙之内，宫殿之外的道道围墙几乎构成一个门廊，围绕四周。人们可在此漫步，眺望外面情景。围墙外围是一个漂亮的廊柱阳台，可凭栏休憩。每侧宫殿都筑有一个大理石大阶梯，可经此梯从空地上到大理石围墙，进入皇宫。大厅及房间的墙壁金碧辉煌，华丽富贵。墙上绘有女人、骑兵、龙、飞禽走兽及其他各种图案，讲述着动人故事。屋顶以同样方式雕饰，珠围翠绕，美轮美奂。大厅宏大宽广，可供六千人用膳。皇宫房间多到无可想象。皇宫富丽堂皇，实世所罕见。即使世上还有可建筑此宫者，也绝无法建得如此奇巧。屋顶上釉，五彩斑斓，朱红色、绿色、天蓝色、黄色等不一而足，细腻丰富，如水晶般熠熠生辉。即便远隔数米，也可窥其光辉。诸位得知，此屋顶结实坚固，经年不坏。

此外，皇宫后方还有不少大屋宅，房间及大厅，保存着大汗的私人用品。这是他的宝库，藏着金银珠宝、珍珠首饰、金银杯子等。众妻妾妃嫔住在此地，大汗也命人在此制备他私人生活所需的用品。他人无法进入此地。

上文所述的两堵城墙之间为花园，绿树成荫，动物品种众多，包括白鹿、可制麝香的小兽、狍子、黇鹿及其他各种美兽。两堵围墙之间的空间百兽遍布，仅留出可供人通行的道路。绿草如茵，路面铺有石板，比地面高出两肘。泥土不污，雨水不淹。水流入周围草地，土壤肥沃，草木繁盛。

我还要告知诸位，大汗命人在北面距离皇宫一箭之遥之处，在上文所述两堵围墙之间建了一座小山。山高百步，周长逾一英里。山上生长着永不落叶的常青树。诸位得知，如果大汗听得某处有一棵好树，不管在哪里，都会派人寻来，连根拔起，带着旧土，让大象驮到这座小山上。不管树木尺寸多大，大汗都会命人带到宫殿来。由此，此地汇集了世上最美的大树。我还要补充，大汗将碧翠的天青石（原文lapislazzuli）土撒在山上。终年树木青翠，山坡碧绿。满目所见，皆是绿色。此山由此得名“青山”。

山顶上耸立着一座恢宏美丽的宫殿，周身翠绿。我向诸位确证，那山、那树并那宫都赏心悦目，令人心旷神怡。大汗建筑此山正是欲营造美景，令观者神清气爽、悠然自得。

两堵围墙之间，靠近西北方向有一个人工湖，碧波浩渺，深渊宽广，构思精巧。工匠们掘湖取土，建筑了上文所述的小山。一条较小的河流流入此。大汗命人在湖中饲养了各种鱼儿。牲畜在此饮水。正如上文所述，一条小河由此流出，在上文所述小山附近形成一个小水域，构成了另一片深广的湖泊，处在大汗皇宫与儿子成吉思宫殿当中。建湖所掘之土同样填入了上文所述的小山上。湖中也有许多鱼儿。大汗取鱼，无可竭尽。小河从第二片湖泊中流出，继续前行。但在小河流入与流出的地方，设有铁丝与铜丝网，没有鱼儿可逃出。湖上还有天鹅及其他水鸟。两宫之间架有一座桥。

第九十三章　太子皇宫

大汗命人在上文所述皇宫附近别建一座宫殿，与自己的皇宫完全一致。他为即将继承王位的王子所建，此宫完全仿照皇宫样式建筑，外观与规格完全一致，同样有围墙。波罗兄弟离开大汗皇宫时，上文所述的铁木耳便居于此。他是成吉思的儿子，王位继承者。忽必烈汗去世后，他可称帝，在生活任何方面都保持了大汗水准。他已有帝国玉玺，但大汗尚在位时，他无法享有如大汗一般的绝对权力。

诸位已了解皇宫情况。现在说说这些宫殿所在的大都(Taidu)大城，介绍此城建筑原因及方式。

第九十四章　大都大城

诸位得知，此地有一座壮大华贵的古城，名为汗八里，即我们所说的“君临城”。占星师告知大汗，此城将叛乱，将给帝国造成大祸。他便命人在城附近别建一城，与旧城仅隔一河。大汗下令，命所有此州原住契丹人离开旧城，居住在他刚建筑的新城中。旧城极大，而名为大都的新城无法容纳如此众多的居民，因此大汗将自己信赖的忠民留在旧城中。

现跟诸位讲讲大都规模。

此城为方形，周长二十四英里，每边完全相等。以土墙环绕，基座宽十步，高二十步。城墙上下宽度并不相等，自基座往上，逐渐变细，墙顶厚度仅为三步。全城筑有白色城堞。设有十二道城门，每扇城门上方都有一座美丽的大宫殿。四个角都有一座宫殿，由此城墙每侧均有三扇门及五座宫殿。宫内建有许多极大的大厅，藏着保卫城市的武器。

城市道路又直又宽，一眼可从头望到尾，从每扇门都可看见对侧的大门。此地有许多漂亮的宫殿、旅舍及房子。每条主道任何地方都建有各式房屋与商铺。所有建筑民宅的土地都又方又直，每片地上都有宏伟壮观的宫殿，建有独特的庭院与花园。这些土地都分配给各家族中的家长，如另一家的家长则拥有另一片土地，如是往下。每片方形土地附近都有美丽的人行道。全城到处都是方形，仿如一个象棋棋盘。此城如此富丽堂皇，美轮美奂，无法以语言准确描述。

城市中央有一座宏大的宫殿，上悬大钟，每夜鸣钟三次，即为警告，从此刻起开始宵禁，禁止走动。鸣钟三次后，除必要急事，或生病、妇人分娩等外，无人再敢在城中走动。出去时须打着灯笼。

诸位得知，城设十二扇门，每扇门都须由千人把守。这并非为惧怕来犯，实则为尊敬居住在城内的大汗，也让盗贼无法在此地作恶。此外，因占星师之言，大汗对契丹人民还是有点怀疑的。

城外，每扇门外都有大集镇，或是大居民区，每扇城门的集镇都与另外两扇邻近城门的集镇相邻。长三四英里，由此那些集镇居民要多于城镇居民。每个集镇，或居民区，距离城市一英里之遥，开设有许多漂亮的客栈，从世界各地来的商人都在此留宿。各种人都住在特定的客栈，就好比我们说，一个住着伦巴第人，一个住着德国人，另一个住着法国人。每区有两万五千名妇女，包括集镇、新城及旧城都算在内，她们做肉体生意。妓女们有一个总司令，每百人及每千人都有一个首领，但所有人都听命于总司令。这些妓女设有首领，每当使者去大汗朝中办事，他们便会停留在大都，一切开销均由官家负担，享有极大荣耀。首领有义务每晚给这些使者及他所有的随从敬上一名妓女，每晚更换。妓女不领任何报酬，因为这是为大汗纳贡的方式。

我还要告知诸位，守卫们终夜在城里骑行，三四十人一队。他们到处巡查，看是否有人在不恰当的时候（即鸣钟三下后）还在城中走动。如果他们发现有人违规，便会立刻将其抓起来关进牢房。早晨，相关官吏会负责查办，如发现此人犯有某种罪行，便可根据严重程度，对他行相应的鞭刑。有时也有受不住这鞭刑而毙命者。他们便是以此种方式实施惩罚，不希望人们互相屠杀。因他们的八合失，即那些有才干的占星师曾说，杀人流血是不好的。

咱们已介绍大都城，也提及大汗对契丹居民总有怀疑，现讲讲契丹城如何想要反叛。

第九十五章　大都契丹居民叛乱 110

诸位得知，正如上文所述，大汗任命十二人可随意处置所有土地官爵等其他事情。大汗任命的十二人中有一位名为阿合马(Acmat)的撒拉森人，他最是精明能干，所以比旁人更有权力和威严。大汗对他极为宠爱，甚至任其为所欲为。人们在他死后发现这位阿合马以巫术迷惑了大汗，让他对自己所说的任何事情都完全信任和密切注意。由此阿合马便可为所欲为。大汗派给他所有的官吏，他可惩罚所有作恶之人。每当他想处死某个仇人，不论是非曲直，都去对大汗说："陛下，某人当处死，他如此如此冒犯了尊驾。"大汗便对他说："那便依你之见吧。"阿合马便立刻将其处死。人们见他权倾朝野，大汗对他所说之事绝对信任，无人敢忤逆。无论官位高低，人人都惧怕他。他在大汗面前控告某人当处死，而那人是无处说理的，也无法同任何人去进行申辩，因为无人敢与阿合马作对。由此，许多人都无辜枉死了。此外，如他想要某个美貌女子，那是没有不得的。要是女孩未嫁，他便娶做妻子。如果已婚，则以别的方式使她顺从。如果阿合马得知某家人生了个漂亮女儿，便派自己的爪牙去和那女孩的父亲说："你打算做什么？你有一个这么漂亮的女儿，就把她许给伯罗(Bailo)(他们将阿合马称之为伯罗，即我们所说的"副王")吧，我们就会让你当三年官。"于是父亲就把女儿许配给他。阿合马去对大汗说："某个官职有了空缺。某人可胜任。"大汗答说："那便依你之见吧。"于是阿合马立刻将某个官职派给某人。由此，半是出于做官的渴望，半是出于惧怕，这个阿合马就占有了所有的美貌女子，或是娶来做了妻子，或是恣意玩弄。他约生了二十五个孩子，他们都在朝廷做大官。有些孩子打着父亲的旗号，和他一样奸淫掳掠，无恶不作。想要做官者，须给他送大礼，阿合马得以大肆敛财。

这人就这样继续统治了二十二年。最后，这地方的百姓（即契丹人）见阿合马对族中女子奸淫掳掠，霸道强占，对男子凌辱蹂躏，无法无天。他们实在忍无可忍，决心杀掉他，反叛朝廷。百姓中有一位名叫陈箸（Cenciu）的契丹人，他是千夫长。阿合马强奸了他的母亲、女儿与妻子，他愤懑于心，决心与另一位名叫王箸（Vanciu）[1]的契丹人联合起义，他们打算等大汗在汗八里逗留三月离开此城、前往上都休憩三个月后开始反动，那时大汗的儿子成吉思也会离开此地，回到东宫。只留下阿合马负责守卫和管理此城。如遇难题，阿合马可上报给上都的大汗，听候他的决定。王箸及陈箸商定好后，决定让当地最重要的契丹人也加入进来。大家一致同意将行动通知其他许多城市中的友人。他们约定了叛乱的日子，看到烟火信号后，预备将所有长有胡须的成年男子都杀死，随后对其他城市发出同样信号。他们将所有长胡须的男子都杀了，是因为契丹人天生不长胡须，而鞑靼人、撒拉森人和基督徒们面部都有须。诸位得知，所有的契丹人都憎恶大汗的统治，因为他们让鞑靼人和回教官吏管理他们，将他们当奴隶对待，他们已忍无可忍。大汗并非契丹州的合法统治者，他以

---

1 据蔡美彪《马可 · 波罗所记阿合马事件中的Cenchu Vanchu》一文考证，此处的“千户”（Cenciu）和“万户”（Vanciu）分别指王箸和张易。

武力征服此城，对当地百姓并不信任，而是让鞑靼人、撒拉森人和基督徒们、自己的随从亲信及那些不是契丹州居民的官吏统治他们。 112

约定行动的日子到了，晚上，王箸与陈箸闯入宫殿。王箸坐在龙椅上，在身前燃起许多烛火。他派人去找住在旧城里的阿合马伯罗，说大汗儿子成吉思已于夜间归来，召他立刻觐见。阿合马听闻后，大吃一惊，但仍马上动身，因为他十分惧怕成吉思。他抵达城门，守城长官是一位名叫阔阔台(Cogatai)的鞑靼人，统率着一万二千名侍卫。阔阔台询问道："您这时候上哪儿去？""去觐见成吉思，他现在回来了。""这怎么可能？"阔阔台说，"我怎么不知道太子来了？"他派一队人马跟着前去。诸位得知，契丹人的想法是：只要杀掉了阿合马，其余人都能搞定。阿合马立刻进入宫殿，他见烛火辉煌，便跪在王箸面前，以为那是成吉思。陈箸早就拿着一柄剑等在那了，即刻将他的脑袋斩了下来。阔阔台守在宫殿入口，见此情景，大声喝道："有反贼！"他朝坐在龙椅上的王箸射出一箭，将他杀了。阔阔台命侍卫捉拿住了陈箸，外出者格杀勿论。契丹人见鞑靼人已发现了计划，而他们又群龙无首，一个被杀了，另一个被押进大牢了。他们只好退回家里，不敢给其他城市报信，叫他们遵照约定进行叛乱了。

阔阔台立刻派信使去见大汗，禀告了发生的事情。大汗答说会仔细查办契丹人，论罪行罚。次日早晨，阔阔台审查了所有的契丹人，将许多叛乱首领都给治罪或斩杀了。大汗得知其他城市也参与了谋反，便同样严加查办。

大汗回到汗八里，想知道引发动乱的原因。他发现那可恶的阿合马及他的儿子们作恶多端，犯下了上文所述种种罪行。他和他的七个儿子恶贯满盈，娶妻无数，强占许多民女。大汗便命人将阿合马聚集在旧城中的宝藏全部运到新城，与自己的宝藏放在一起。他发现阿合马堆金积玉，无可尽数。大汗于是下令将阿合马的尸身从坟墓里挖出来，当街示众，让狗撕食。那些同阿合马一样行径的儿子们也都被活剥处死。

大汗接着想起对于这些可恶的撒拉森人来说，任何罪责都是合乎教义的，他们可以屠杀所有异教徒，由此那可恶的阿合马及他的儿子们并不认为自己犯了罪。大汗由此对此教派心生憎恶，深感鄙夷不屑。他召来撒拉森人，禁止他们做其教义允许做的许多事情。大汗责令他们必须依据鞑靼人律法娶妻，不得再按他们此前吃肉的方法屠杀牲畜，而应剖腹取肉。

上述事情发生之时，马可先生正在此地。

现在咱们离开这儿，回到此前中断的内容。咱们已经介绍了城市情况，现在讲讲大汗如何执政及其他相关事情。

第九十六章　大汗有一万二千名侍卫

诸位得知，大汗为了彰显自己的威严，派一万二千名侍卫守护国家。这些侍卫被称作“怯薛丹”(Chesitan)，即我们所说的“君王忠臣侍卫”。诸位不要以为大汗设立如此多的侍卫是因为惧怕谁，这只是为展示大汗威权而设。

这一万二千名侍卫有四位首领，每三千人选派一位首领。三千侍卫守护皇宫，长达三天三夜，其间他们在宫内吃喝。三天三夜后，此批侍卫离开。换另外三千名侍卫，再守护三天三夜。如是往复，等四队侍卫都已经轮过班了，又从头开始，终年皆如此。白天，那余下的九千名不当值看守的侍卫也留在皇宫里，如需为大汗办公务或私事，便可外出，但必须有正当理由，且须征得首领许可。如某位侍卫发生严重事情，比方说父亲、兄弟或某位亲属将死，或是自己遭遇了灾难，无法马上回来，他必须向大汗请假。到了晚上，这九千名侍卫方可回家。

第九十七章　重要场合时大汗如何列席

大汗朝见群臣及赐宴时情形如下。

大汗桌席位置最高，他坐在靠北位置，面向南方。左首为正宫，右首为他所有的儿孙及皇亲，位置稍矮，他们的头部与大汗双脚齐平，其中太子位置略高于其他人。其他官员所坐桌席位置更矮。妇人席位安排同样如此。所有儿孙及皇亲的妻子都坐在左首，位置更矮。接着是官员及贵人的妻子，桌席位置又矮一级。大汗为每个人都规定了正确的位置。诸位不要以为人人都可坐在桌旁用餐，大部分官员及贵人坐在大厅地毯上，没有任何桌席。桌席摆放得当，大汗对殿内情况一目了然。大殿之外又有四万多人用餐。许多人带着厚礼来觐见，从遥远的地方献来奇怪的物品。又有一些人曾经做过官，现在还想再任。这些人恰好赶在大汗上朝用膳的时间来了。

大汗所坐大殿中央有一个富丽堂皇的方盒，每侧宽三步，精雕细刻，镶刻着优雅的动物图形。中间挖空，立着一个镶金金色大缸，容量与大酒桶相当。每个角上都有一个小缸，容量与木桶相当，里头装着各式美酿，如马奶、骆驼奶等。方盒里放着大汗接受他人供酒的所有杯子。以大金杯取酒或美酿，可供九到十人同时饮用。每两人旁放一个大金杯，每人又有一个带把手的金杯，从大金杯中取酒。妇人饮酒同样如此，每两人旁置大金杯，每人以带把金杯取用，与男子相同。

诸位得知，这些大金杯与带把金杯都价值连城。我向诸位确证，大汗有许多金银杯子，若非亲眼所见，绝无法相信。

诸位还得知，有一些官员专门负责为来国的外国人安排座次，他们不懂宫廷礼仪，这些官员在大殿内来回穿梭，询问坐在桌席的西洋人有何需要。如有人要酒、乳、肉或是其他东西，他便立刻让侍从们送来。

在大殿所有大门旁及大汗所在的其他地方都立着两名形如巨人的看守，分立两侧，手中执仗。他们不让任何人触碰门槛，必须跨过门槛进入。如果有人不小心触碰门槛，守卫便要剥去他的衣服，如要取回，则需支付赎金。如不愿剥去衣服，便需按照规定接受鞭刑。西洋人不懂得此禁令，有一些官员专门负责向他们解释，担任引导。这是因为触碰门槛会带来厄运。但出大殿时，因为常有人喝醉，无法看清四周，因此禁令便无需强制遵守。

我还要告知诸位，另有许多大官员专门负责管理大汗的酒水与食物。诸位得知，他们用一些漂亮的织金锦将嘴巴与鼻子都蒙起来，呼出的气体便不会污染大汗所享用的食物与酒水。

大殿内设有各式乐器，如大汗欲饮酒，众乐便齐奏。一位侍从递上酒杯，接着立刻退后三步，跪在地上。大汗持盏时，所有的官员及殿内所有人都必须跪下，以示恭敬。接着大汗饮酒。大汗每次饮酒时，都必须照上文所述方式行礼。

我不打算介绍食物，众所周知，席间必是玉盘珍馐，琳琅满目。

我还要补充，只有带着自己的正室，官员武士们才可赴宴，妻子们与其他贵妇共餐。

吃喝完毕，桌席撤去。一群杂耍艺人进入大殿，在大汗及所有人面前表演各种杂技及其他节目。大汗满心愉悦，乐乐陶陶。在场所有人都其乐融融，笑逐颜开。随后人们散去，每个人都回到自己的客栈或家中。

第九十八章　大汗办大寿宴

诸位得知，所有鞑靼人都过生日。大汗生日为阴历九月二十八日，他的生日宴会是此地除新年外最大的宴会，请诸君听来。

生日那天，大汗身披华丽的金锦衣，一万二千位官员与武士都身着同样颜色与制式的服装。仅颜色制式与大汗一样，虽同是织金锦，但锦缎品质稍次。人人都佩大金腰带，此华服是大汗赐给他们的礼物。我向诸位确证，光是衣服上的宝石和珍珠装饰就价值一万拜占庭金币。价值如此之高的服装并不稀罕。因为大汗每年会赠十三套华服给一万二千位官员与武士，与大汗本人所穿极为相似，价值千金。世上再无任何君王有能力做此盛事，实在令人称奇。

诸位还得知，生日那天，世上所有鞑靼人及他统管的所有州郡都会送来贵重的贺礼，礼物价值依据官职及规制而定。那些想谋官的人也会送来厚礼。大汗委派十二名官员专门为他们应需安排官位。那天，所有的偶像崇拜信徒、基督徒、撒拉森人及所有不同信仰的人都会对他们的偶像虔敬祷告、祈求、唱诵、点灯与焚香，好让他们保佑大汗，祝愿他长寿延年、幸福安康。

大汗生日便是以上文所述方式庆贺。咱们已详尽介绍，现讲讲他们在元旦时所过的另一个大节日，名为“白节”。

第九十九章　大汗庆祝元旦

诸位得知，他们的元旦在2月。大汗及所有的臣民都以此方式庆贺，请诸君听来。

大汗及所有臣民，不论男女老幼，只要资金足够，都身着白衣。这是因为，他们认为身着白衣是吉祥之兆。在新年第一天穿白衣可为全年带来好运与幸福。那天，大汗统管的所有州郡及王国都会给他献上珠宝玉器、金银财宝、绫罗绸缎等大贺礼，愿他们的大汗全年都享有不尽的财富，幸福愉悦。我还要告知诸位，官员、武士及所有人都会相互赠送白色礼物。他们互相拥抱，兴高采烈，互相说着祝福，就好像我们会对彼此说：“祝你幸福安康，新的一年里一切遂心。”他们祝福彼此，新年昌盛幸福。

诸位得知，人们会在那天献给大汗十万匹上等的白马。就算不是每个地方都洁白，大体上几乎算得上雪白了。此地盛产白马。他们献礼大汗时有如下习惯，假如敬献者有能力，会以所赠之礼的九倍数进献。比方说，献马则应送九匹马的九倍，即八十一匹。如果献金，便要九九八十一块。如献锦缎，就要九九八十一匹，其他所有礼物皆如此。 118

那天，大汗所有的大象都会出来游行，共五千多头，全都披着华丽锦缎，上绣飞禽鸟兽等图案。每头大象背上都负着两个巧夺天工的精巧盒子，装着大汗的杯碟器皿及其他白宫所需的华丽器具。还可看到无以计数的骆驼，也都披着华丽锦缎，背上驮着庆典所需物品。它们都在大汗面前游行经过，这是世所未见的最美盛会。

新年清晨，摆宴之前，所有国王、公爵、侯爵、伯爵、男爵、武士、占星师、医师、猎鹰人，以及其他达官贵人、地主、财阀、将军们都聚集在大汗的大殿里。不能入殿者则留在殿外，好让大汗能见到他们。他们排布的次序如下：首先是所有的子孙及皇亲，接着是各位国王与公爵，随后是下一级爵爷，依次排列。待所有人都落座，人人都坐席后，一名高等主教会高声说道："跪拜！"听到此号令后，所有人都立刻跪下，前额伏地。为大汗祈福，将他视作上帝一般崇敬。教士说："愿上帝保佑吾皇万岁，福禄安康。"所有人答说："愿上帝保佑。"教士又说："愿上帝保佑吾皇帝国繁荣富强，国泰民安，和平昌盛。"所有人答道："愿上帝保佑。"如此敬贺四次后，主教走至一个金碧辉煌的祭坛，上置一面朱牌，刻着大汗名字，还有一座华丽香炉。教士恭敬地点燃朱牌和祭坛，在场之人都照做，接着回到原位。

如此之后，上文所述献礼者开始进献，他们所献贺礼价值连城，宏伟豪华。大汗会将进献礼物样样检视，随后摆席开餐。餐桌布置好后，各人按照上文所述方式安排座位。大汗坐在最高位置。左首为正宫，再无他人。其后为其他人，依循上文所述座次。正如上文所述，妃嫔坐在皇后那侧。他们以诸位所知的方式开始用膳。宴席结束，杂耍艺人逗乐，全宫上下皆其乐融融。最后，所有人都回到自己的客栈或家中。

诸位已知晓新年所办的白宴。现在回到咱们此前所述大汗的尊贵习惯，部分官员在隆重节日时需身着特定制服。

第一百章　一万二千名官员参加大汗宴会时的制服样式

诸位得知，根据大汗命令，鞑靼人依照阴历在全年隆重庆祝十三个节日。上文所述的那一万二千名官员都必须参加，他们名为怯薛丹，即“君主忠诚护卫”。大汗给人人都赐予十三套衣服，颜色各异，仅用于上述节日。这些衣服价值千金，镶嵌着宝石珍珠及其他华丽饰物。这一万二千名官员还有一条雍容华贵的金腰带。此外每人还有金考布锦（Cammucca）靴袜，精美绝伦，以银线织就。守卫们身着锦罗玉衣，光彩照人，穿戴后神似帝王。这十三个节日都有对应的制服。这类服装都是常备的。但诸位不要以为他们每年都要更换。这些华服甚至可历经十年不坏。大汗有十三套与官员们完全一样的服饰。颜色相同，但更为华丽名贵，价值更高。大汗在每个节日都身穿与守卫相同的服饰。

现在我已告知诸位大汗给一万二千名官员制备十三套衣服，共计十五万六千套。单是衣服的价值便无法估量，而腰带与靴袜更是价值连城。大汗此举是为让自己的节日更为壮观盛大。

我之前忘了一件令人难以置信的事情，此事值得在本书中一提，现补充如下。诸位得知，一头巨狮曾被带到大汗面前。见到他后，狮子便匍匐于地，极为谦卑恭敬。可以说，狮子也奉大汗为主人。这狮子身上并无枷锁，它就这样安然立在大汗面前。这绝对是一件令人瞠目结舌的奇事。

现在，咱们结束此题，讲讲大汗狩猎的宏大场面，请诸君听来。

第一百零一章　大汗命臣民猎捕

诸位得知，当大汗于12月、1月与2月这三个月在大都城过冬时，命都城附近六十日路程之内的居民都必须狩猎与捕鸟。他规定每一位封主与地主都必须给他送来管辖之地的所有（或大部分）大兽，如野猪、鹿、黇鹿、狍子、熊等其他野兽。他们以如下方式奉送。州的每位君主召集来当地所有猎人，他们一同出发，到处寻找野兽，四处围堵，或放出猎狗，或以弓箭射杀动物。由此，人人都照上文所述方法捕猎，他们将奉给大汗的野物剖膛破肚，取出内脏，放在小车上，运给大汗。那些居住在距城三十日路程之内的人们以此方式捕猎。他们运送的动物数量巨大。而那些距离较远的，在三十至六十日路程之间的居民则因为路程遥远无需运送动物，只需将所有的兽皮奉给大汗，通常已经过加工和鞣制，大汗以此制备所有军械用品。

诸位已知晓大狩猎的方式，现说说大汗所豢猛兽。

第一百零二章　大汗训练雄狮、猎豹、山猫与猎鹰狩猎

诸位得知，大汗豢养了许多猎豹，极善于狩猎追捕。他还豢养许多山猫，都训练有素，是最佳的狩猎帮手。他圈养了多头大狮，体型比巴比伦雄狮还要大，皮毛顺滑，黑红白相间的条纹毛色美丽。可训练它们去猎取野猪、野牛、熊、野驴、鹿、狍子及其他野兽。我向诸位确证，雄狮狩猎绝对是奇观。雄狮围猎前，大汗命人将每头狮子关在一个笼子里，放在小车上，旁有一条小狗，这是为避免雄狮太过凶猛或愤怒，当它扑向野兽时，将无法被束缚。请诸君注意，需将它们置于野兽上风，如果野兽闻见气味，一定会逃命，而不会留在原地了。

大汗还豢养了大群猎鹰，训练它们去猎取狼、狐狸、黇鹿及狍子。它们是绝佳的猎手。那些被训练捕捉野狼的猎鹰体型格外大，性情也更凶猛。不论多大的狼，都无法逃脱它们的利爪。

诸位现已知晓此情，先讲讲大汗豢养的许多猎狗。

第一百零三章　两兄弟管理猎犬

诸位得知，宫廷官员中有两位兄弟，名为伯颜(Baian)与明安(Mingan)。他们官职为贵由赤(Cinuci)(注：讹写，本应为Cuiuci，意为“快行者”)，指“猎狗看顾”。两兄弟每人都管理着一万人，这两万人分别穿着红色与黄色的制服。每当大汗要狩猎时，便让两队人马分别穿上对应的制服。这一万人中有两千人每人分别看顾着一两条或更多条猎犬，因此猎犬数量极多。大汗狩猎时，两兄弟带着自己的

万名士兵及五千条藏獒分列两侧。人人都朝着一个方向走，相隔 122
不远，所围范围为一日路程，随后再一点点聚拢起来，沿途任何野兽都无法逃脱。猎犬与猎人围猎的场景实为今古奇观。我向诸位确证，大汗与官员们在围猎场中奔驰，猎狗如箭飞奔，四处突围，追扑熊、鹿或其他野兽时，绝对是热烈壮阔的场面。

此外，从10月开始直至整个3月，两兄弟还需每日供给大汗千头鸟兽，除鹌鹑不算。他们还需尽力供给鱼儿，数量按照一条为三人够吃的量来计算。

我已告知诸位看顾猎犬的情形，现讲讲大汗在其后3月所做之事。

第一百零四章　大汗狩猎捕鸟

正如上文所述，大汗在12月、1月及2月时留在城里，3月后离开城市，朝着南方走两日，位于大洋海不远。大汗带着一万名猎鹰人，他们豢养着五百多头猎鹰与许多游隼及猎隼。他们还圈养了大量苍鹰，可在川河中捕鸟。诸位不要以为他让附近所有这些猎鹰人都聚集在一起，而是将其四处分散，按照百人、两百人或更多的人数来分组。各组猎鹰人分别捕鸟，随后将捕来的大部分鸟儿奉给大汗。

此外，大汗带着猎鹰和其他鸟儿去捕鸟，随从不少于一万人，两两一组，名为脱思高儿(Toscaor)，即我们所说的“看守者”。他们的任务便是“看守”，他们散在四处，两两一组，看守范围极大。每人都有一个哨子和一个帽子，如有需要，便可唤来鸟儿，将其擒住。如大汗放出自己的鸟儿，无需人跟随鸟儿。因为正如上文所述，看守分散在四处，紧盯着鸟儿，四处跟着。如果鸟儿有何需要，他们便会立刻行动。

大汗及其他官员的鸟儿爪子上都绑着一块小银牌，上面写着主人和看守的名字。由此，鸟儿被抓后，人们便可知晓其主人身份，将其送还。如果不知道鸟主人身份，便应将它交给一位名为孛兰奚(Bularguci)的官员，即“失物看守”。人们捡到的任何东西，如马匹、刀剑、鸟儿等，如找不到失主，便立刻将失物送至此官员处，由他负责看管。如果没有及时上交失物，便会被视为贼。失主都去找官员；如果寻到了失物，官员便立刻归还。他常住在军营最高的地方，插着一面旗帜，丢失和捡到物品的人可一眼望到。由此，丢失的任何物品都可找到或拿回。

当大汗在大洋海附近朝南行进时，沿途从不乏狩猎捕鸟的壮观场面。世上再无同等乐事。四头大象背负一个精美的木头房子，这是大汗的休憩之所。房内铺着镶金锦缎，外面则盖着狮皮。大汗常因馋獠生涎而去捕鸟，总住在此房中。他带着自己最好的十二头猎鹰住在里面，里头还有许多给他逗乐和做伴的官员及贵妇。大汗在大象屋子里，如果听得周围骑马的官员喊道：“陛下！有鹤飞过！”他立刻掀开房上盖物去看飞过的鹤，他放出自己那最喜欢的猎鹰，它们与灰鹤缠斗，总能得胜。大汗无需离开卧榻便可观战。其他官员和骑兵围着大汗骑马行。我觉得，古往今来，没有任何一个人有大汗这样的能力，可活得如此恣意快活，可如此轻易地获得这样的欢乐。

大汗前行既久，抵达一个名为哈察木敦(Cacciar Modunn)的地方。大汗本人，所有子嗣，官员及妃嫔的帐篷都已驻扎于地，共计逾一万，华丽精巧。现告知诸位大汗帐篷的外观。

帐篷数量极多，请诸君听来。大汗临朝的帐篷硕大无朋，可容纳千名骑兵。门朝南开，帐篷内，官员及其他人员位于其中，如同大殿。另有一座帐篷，与第一个帐篷相连，门朝西开，大汗居住其中，这是专供大汗所用的大殿(loggia)。大汗想与某人谈话，便召他进来。大殿后方为一间富丽宽大的大厅，为大汗寝殿。另外还有其他房间和帐篷，但都不与大帐篷相连。上述两个大厅及房间外观如下。两个大厅都由三根镶金的熏香木廊柱支撑，巧夺天工。外面覆盖着美丽的狮皮，红黑白条纹相间，巧妙相叠，不受风吹雨侵。厅内全覆着世上最富丽，价值最高的白鼬及紫貂皮。诸位得知，一张制成皮裘的紫貂皮，如果是质地上乘的，价值两千拜占庭金币，如果是寻常质量的，则价值一千金。鞑靼人将其制为皮毛之后。大小与一只鼬(faina)相同。大汗两个大厅所覆毛皮精雕细刻，令人称奇。大汗的寝殿与两个大厅相连，外覆狮皮，内铺白鼬及紫貂皮，华贵富丽。两个大厅及房间均以丝绳束紧。这三个帐篷价值万金，小国王甚至无力负担。

其余帐篷位于上述大殿周围，装潢与布置皆得宜，大汗妃嫔也有华丽帐篷，矛隼、猎鹰及其他鸟兽都有帐篷。还有什么？营中人数众多，实不可思议。又有人不断从各方赶来。大汗带上了所有的随从，还有太医、占星师、猎鹰人及许多其他官吏。一切井然有序，如置都城。

诸位得知，大汗在此地住到春天，约莫是我们复活节的时候。在此期间，他常去湖泊和川河中捕鸟，追捕灰鹤、天鹅及其他各种鸟儿。大汗的随从散在四处，给他捕来许多禽鸟走兽。他终日在此嬉戏，这是世上最大的乐事。如果不是亲眼所见，世上无人相信，狩猎的盛大场面与乐趣恣意比我告知诸位的还要大。

我还要补充一点，没有任何商人、手艺人、农民敢于在大汗统治境内豢养猎鹰、苍鹰或其他适合捕猎的鸟类与猎狗。除在猎鹰人首领处登记，或是有特权外，没有任何官员、武士或其他贵族敢于在大汗居所附近狩猎捕鸟，范围可为五日、十日、十五日或二十日路程。但在约定的范围之外，所有其他的州郡，都可允许狩猎，可随意豢养猎鸟与猎狗。诸位还得知，在大汗统治的所有领土，自3月至10月，没有任何国王和官员敢于抓捕或猎取野兔、黇鹿、狍子、其他鹿或其他动物，以让它们繁殖。大汗规定，违抗禁令者将受重罚。我向诸位确证，人们对大汗命令极为遵从，常有野兔、黇鹿及其他上文所述野兽挡住去路，但无人敢触碰或伤害它们。

大汗在此居住至咱们的复活节，随后他带着全部随从离开此地，径直沿原路回到汗八里城，在路上仍是不停狩猎捕鸟，恣意享乐。

抵达汗八里都城后，大汗仅在他的主殿逗留三日，于此举行盛大朝会及宴集。他与妃嫔嬉戏逗乐，享乐至极。大汗在这三日中的庆典庄严宏大，实为奇观。

诸位已知大汗自哈察木敦归还后如何狩猎、临朝及宴会，现讲讲进入汗八里的许多人及珍物。

第一百零五章　人群及宝物聚集至汗八里城中 126

诸位得知，将内城与城外十二扇门对应的十二个大集镇都算上，汗八里的屋宅及居民多到无可尽数。集镇中的人口尤其稠密，商人及其他来汗八里办事的人居住在家里或酒店，这实在是车水马龙、人声鼎沸。此地人口众多，一来是因为这是大汗所在城市，二来是因为此地为商业枢纽，吸引了众多商人及其他各类人。请诸位注意，集镇的屋宅及宫殿华丽名贵，可与城市媲美，除大汗皇宫外。此外，城中不许埋葬死人。如果逝者拜偶像，便送至火葬场，去距离集镇最远的地方焚烧。对其他身份的亡者也同样处理，运至杳无人烟的地方埋葬。城中不许办不吉利的事情。我还要告知诸位，城中不得有妓女，即出卖肉体的女性，她们只能留在集镇中。妓女们人数众多，无可想象，不少于两万人。来来往往的商人和外地人络绎不绝，妓院也生意兴隆。妓女们人数已如此之多，诸位便可了解汗八里城中究竟有多少人。

诸位得知，世上再无城市汇聚了如此多的价值连城的稀世珍宝。请诸君听来。汗八里城荟萃了来自印度的稀世珍宝，如宝石、珍珠及其他当地特产，还有从契丹及其他州运来的昂贵宝物。这是因为大汗居于此，城中贵妇、官员、士兵及居民人数众多，每逢大汗举办盛宴时，又有大量人群从外地拥入。因此，汗八里荟萃了最稀奇、最昂贵、最丰富的宝物，比世上其他城市都要多。这儿买卖的商品也比别处要多。就比方说，每日有千多辆运送丝绸的小车进入汗八里。此地盛产织金锦，各式绫罗绸缎几乎全为丝制。丝绸产量丰富，不产亚麻，而棉花及大麻较少。此

127 外，汗八里附近有两百多座城市，距离远近皆有，居民来此售卖商品，购置必需品。汗八里是贸易中心，这不足为奇。

我已清楚告知诸位上述情况。现在讲讲铸币及汗八里城中铸造的硬币。我将向诸位明白地阐述，大汗所铸钱币及真实开销远远超过前文所述，本书亦无法描述其数量。

第一百零六章　大汗下令流通纸币而非硬币

诸位得知，大汗铸币厂建于汗八里城。铸币厂建造巧妙，大汗可谓是最高超的冶金师。现跟诸君介绍。

铸造钱币方式如下。先取下树皮，更准确地说，是取下桑树树皮（那用于制成丝绸的蚕便是以桑树叶为食）。随后将树皮及树干之间那层薄嫩树皮剥去，切碎捣烂，加入胶水调和。再将胶状物捻成与纸叶相似的纯黑色叶片。最后将叶片剪成大小不同的小叶子，均为矩形。最小的值半枚小图洛银币（Tornesello），较大者价值一枚小图洛银币、半枚大银币或一枚大银币（等于一枚大威尼斯银币）。也有价值两枚、五枚和十枚威尼斯银币（Grossi）的，价值一枚、两枚、三枚……至十枚拜占庭金币的。这些叶子全都刻上了大汗印玺。诸位得知，这些钱币的权威与神圣如纯金币或纯银币一样。负责铸币的官员在每张钱币上签署自己的名字，印下自己的官印。钱币完全制备好后，铸币官员的总管受大汗旨意，将所授官印压上朱红色印泥，印在钱币上，由此朱红色印章的形状便印在了钱币上。此张钱币便是合法的。制假币者将被处以极刑。大汗所铸钱币数量极多，甚至可买下当世所有钱币。

按照上述方法铸造好钱币后，大汗便会以此支付所有款项。128
在所有州、王国及他统治的任何领土上，都可通行。无人敢拒绝，否则将丢掉性命。此外，大汗所有臣民，不论国别种族，都乐意以此纸币来支付。因为不管去何处，他们都可使用此钱币购买任何物品，包括商品、珍珠、珠宝、金、银等。他们以这些钱币买下所有需要的物品。价值十个拜占庭金币的钱币连一个拜占庭金币的重量都不到。

诸位还得知，成群结队的商人会在一年当中多次将珍珠、宝石、金银、织金锦等珍物运至汗八里，进贡给大汗。大汗选拔出精通商贸之道的"十二能人"，负责管理此类贡品，命令他们审查商人带来的物品，以合理价格支付。"十二能人"审查物品，凭良心合理估值，以上文所述的钱币支付，商人常能获利。他们欣然收下钱币，因为在大汗领土中的任何支出皆可以此支付。如某地无法用大汗纸币支付，"十二能人"便以适宜他们当地的商品买下所贡之物。我向诸位确证，商人在一年中数次所纳贡的物品价值高达四十万拜占庭金币，大汗均以上述纸币偿付。

此外，一年当中，大汗数次派人在城中张贴布告，命百姓将所藏珍珠宝石金银等上交大汗铸币厂。人人都照做。他们用无可尽数的宝物换取纸币。大汗由此便拥有了王国所有的金银珠宝。

另有一事值得一提，现补充告知。如纸币因使用太久而撕破或磨损，可将其上交铸币厂换得崭新的，但需支付百分之三的利息。此外，如需制造某物，如餐具、腰带或其他，需购买金子或银子，可携带纸币前往大汗铸币厂，从铸币厂厂长处购得金银。

所有军队均以此纸币发放饷钱。

我已跟诸位解释，为何大汗的财富不能不是当世最多。此外，世上所有亲王的财富全加起来也比不上大汗。

我已详尽阐释了大汗如何铸造纸币，现讲讲汗八里城中执行大汗命令的官吏。

第一百零七章　掌管大汗一切事务的两位官员领事

正如上文所述，大汗委派“十二能人”负责与军队相关的一切事宜，如派往何营，更换或调动将领，根据战役重要程度配备多少士兵等。他们需清楚何人骁勇善战，何人怯懦无当，提拔英勇者，贬黜懦弱者。如果某千夫长在某次战役中表现懦弱，那么上述官吏便会认为他不称职，将其降至百夫长。如果某人在战役中表现英勇，他们便认为可将其提拔一级，升迁为万夫长。但任何决定均须经过大汗同意。假设他们想贬黜某人，对大汗说：“某人无法胜任某个职位。”大大汗便答说：“那便将其降级。”他们照做。如某人有功，可被提拔，他们便对大汗说：“某人是千夫长，可胜任万夫长。”大汗同意后，他们便将与此级别相当的令牌交给他。此外，大汗丰厚赏赐，勉励他人效仿。

这十二官员所在官府名为“台”(Thai)，意为“最高院”，即指除大汗之外，他们不从任何人之命。

除上文所述官员外，大汗还选拔了十二名大官员，负责与三十四个州相关的一切事务，现告知诸位他们如何办事，如何构成。

我先告知诸位，此十二名官员居住在汗八里城中的一个大宫殿中，宫殿富丽堂皇，内有许多大殿及办事处。为每个州都委派一名判官，配有许多书记。他们居于此宫的对应办事处中。每名判官和书记负责处理所负责州中的一切事务。他们听从上文所述十二名官员的指挥。

诸位得知，这十二名官员权力极大，请诸君听来。他们有权选派这三十四个州的州长。如果他们认为某人可胜任州长一职，便上呈大汗。大汗同意后，根据其职位，赐予金牌或银牌。除军队事务外，他们还负责上述各州的征税、收入及其他诸事。

上述十二名官员所在官府名为“省”（Scieng），意同为“最高院”，即除大汗外，他们不从任何人之命。他们所居之宫亦称为省。

上文所述两院，即台及省，除大汗外，再无人在两院之上。此两院是大汗宫廷中权势最大的部门，两院官员有权给信赖的亲信大量好处。此外，台，即负责军机事务的部门，比其他部门均要尊贵重要。

暂且不为诸位一一介绍这三十四州的州名，将在后文分章叙述。现在咱们结束此题，讲讲大汗如何派遣钦差，如何在沿途为他们补给马匹。

第一百零八章　从汗八里城通往多州的驿道

诸位得知，汗八里城中修有多条通往各个州的驿道。即一条通往某州，另一条通往另一州。每条大道都以对应的州名命名。大汗沿途设置，让钦差们骑马行驿道，沿途补给一概不缺。大汗派遣钦差的方式令人称奇，驿站设置独具匠心。

诸位得知，大汗钦差沿上述驿道从汗八里出发，骑马行二十五英里，最后抵达一个站(Janb)，即他们所说的补给站，我们所说的“马驿站”。此地有一座华丽的大宫殿，专供大汗钦差所用，内设舒适床铺，上盖丝绸被褥。一位尊贵钦差所需要的一切无不应有尽有，就连国王都可在此下榻安睡。钦差还可在此地找到奉大汗之命饲养于此的四百多匹骏马，这是为可能路过的钦差而专门预备。

通往州的主路上，每隔二十五或三十英里便设有上文所述驿站，钦差在所有驿站内都能找到三百或四百匹骏马。宫殿之美正如上文所述，旅舍规格极高。大汗所有州及王国的驿站设置均一致。

如驿道途经荒寂或多山之地，沿途并无房舍或人家，大汗同样命人修筑驿站，配备有其他驿站所设的宫殿、补给物、马匹及用具。但各驿站之间相隔更远，通常为三十五英里，甚至可达四十英里。大汗命人在此居住，耕种土地，为上述驿站提供补给。大村镇由此形成。

由此，大汗钦差可去往任何地方，每日都有留宿之地，驿站均有马匹预备。古往今来，的确从未有任何一位皇帝或国王，乃至世界上任何一个人，有能力实现如此宏伟与豪华的布置。光是专供钦差使用而饲养的骏马就有二十万匹。此外，正如上文所述，还建有一万多座富丽堂皇的宫殿。实在令人叹为观止，无法以语言准确形容。

有人或许会疑惑，大汗如何找来这许多的办事人，他们又以何为生？这是因为所有偶像崇拜信徒和撒拉森人，按照各自经济状况，每人可娶六个、八个甚至十个老婆。因此，他们子嗣众多。一家里常有三十多个孩子，都跟着父亲充军。这是因为他们妻室众多。但我们实行一夫一妻制，假使妻子不育，做丈夫的这辈子都没有子嗣。因此我们的人口不如他们的多。他们的食物品种丰富，鞑靼人、契丹人及蛮子州中的人主要吃米、黍和粟。这三种谷物，在他们的土地上，每斗就能种出百斗来。他们不食面包，仅用三种谷物加奶或肉烹煮。小麦产量不如上述谷物高。他们将收割来的小麦做成面饼（原文为lasagne-烤多层面片饼？）或其他面食。凡是可耕种的土地都不会荒废。他们的牲口大量繁殖，打仗时，人人都带着六匹、八匹或更多的马儿。因此，诸位可明白此地为何人口如此众多，他们物资为何如此丰富。

另有一事与上文话题有重要关联，此前忘记，现告知诸位。诸位得知，各个驿站之间，每隔三英里有一个小村庄，有四十多间农房，也居住着大汗钦差。但他们不骑马，而是步行送信。现跟诸位介绍。他们束着一根挂满铃铛的大腰带，叫人远远地就能听见。他们跨大步，但只奔三英里。抵达三英里之时，另有一位全副武装的信使在此等待，因他远远地就听见了铃声。上一位信使刚到达，第二位便接过带来的物品，从书记员处接过一张小条，奔跑三英里。他随后见到另一位信使，与自己此前一样在此等候。由此，这些徒步信使可让大汗在一天一夜的时间里得到十日路程之内的消息。这些徒步钦差在一天一夜中可至十日路程的地方，在两天两夜中能带回二十日路程之外的消息，在十天十夜中可带回一百日路程之外的消息。我向诸位确证，这些信使还常能在一天之内给大汗送来十日路程之外的水果。比方说，早晨他们在汗八里采摘下当季水果，傍晚便能抵达大汗所居的上都城，两城相隔十日路程。每个相隔三英里的驿站都分派一名书记员，负责记录上一位信使抵达及下一位信使出发的日子与时辰。每个驿站设置均相同。另设督查，每月对这些驿站进行检查。如发现有人玩忽职守，便会实施惩罚。

大汗不向信使及驿站之人收税，从税赋中拨给他们俸禄。

关于上文所述为信使饲养的大量马匹，现跟诸位介绍大汗制定的方法。他自忖：驿站附近为哪座城市？随后令该市市长派行家核查此城可为驿站饲养的马匹数量。如他们说可养百匹，那便下令在驿站中放置百匹。接着核查邻近其他地方，包括村镇可养马匹数量。规定每个地方需饲养可负担的数量。如驿站分界处有两座城市，各城市之间便约定各自所应饲养的数量。这些城市从上交给大汗的财政收入中拨款饲养马匹。由此，如某人税赋可饲养马匹数量为一匹半，则必须以此比例为邻近驿站贡献。诸位得知，城市并不总在驿站中饲养四百匹，每月仅派出两百匹，让另外两百匹休养。每月末，将养肥的马儿置于驿站中，让其他马儿休养。如此轮换。如骑马及徒步的信使们会途经某处河流，或湖泊，邻近城市必须为其提供三四艘船只。如信使需途经荒无人烟的沙漠，骑马行数天穿越，邻近城市便必须为大汗钦差提供马匹、粮食及护卫，护送其通过沙漠，但此类开销由大汗负责。

驿站以上述方式设置。大汗无需为马匹饲养花费钱财，仅将自己的马匹提供给无人区的偏远驿站。

诸位得知，如有紧急情况，如必须将某地或某官员叛乱立刻上报大汗，或是将其所需信息送达，骑马钦差可日行两百甚至两百五十英里。现解释如下。如想以此速度在一日之内骑马行上述距离，信使携刻有矛隼的令牌，沿途展示，表明自己有要事需疾驰。如有两位钦差，出发地又有两匹强壮快速的骏马，他们便将马肚子整个包起来，绑住马脑袋，拼命疾驰。到达下一个驿站附近时，他们就远远地吹响号角，让人提前预备好马匹。驰行二十五英里之后，信使们可找到两匹预备好的骏马，它们已经过充分休整，速度极快。信使们立刻跃上马鞍，毫不停留。他们刚跳上马，便即刻开始全速奔跑。信使们片刻不停，抵达下一个驿站，在此找到预备好的马匹，他们同样飞快地跃上马鞍，开始上路。如是奔驰，直至晚上。这些信使由此可日行二百五十英里，将消息带给大汗。如有急需，甚至可日行三百英里。如遇上极为紧迫的事情，他们在夜间也会骑马行。假如月光不明，驿站人员便燃灯引路，将他们带至下一个驿站。但相较于白日，信使在夜晚疾驰时速度较慢，这是为了照顾举灯奔跑引路而无法快行的驿站人员。 134

这些信使很受重视。

已跟诸位详细阐释信使相关问题，现讲讲大汗每年对臣属的两次仁善之举。

第一百零九章　大汗救助百姓

诸位得知，大汗素爱派遣信使去所有封地、国家与州，了解粮食收成情况，是否遭受了恶劣天气、蝗灾或其他灾害。如果某地受灾，粮食匮乏，大汗不仅免除当年应缴税款，还会打开朝廷粮仓，让他们得以继续播种，也有粮可食。这是大汗的大仁善之举。

夏天，大汗关心粮食。到了冬天，他就关心牲畜。如果他派出的信使们了解到死了牲畜，或是因为某些原因丢失，便将朝廷从各州中按照十分之一比例抽取的牲口拨出部分，救济他们，且免除当年所有税赋。

论及税赋，现跟诸位介绍大汗的另一件特殊之事。假如一个人或是一群人的一群母绵羊、公绵羊或是其他任何种类动物被雷电劈中，不论牲口数量多少，大汗都会三年免征十一税。假如一艘满载货物的船只被雷电击中，大汗也不征收所得税。因为大汗认为被闪电击中是不祥之兆，他觉得“神痛恨某人，便以闪电击打他”。因此他不愿那被神怒所击的物品进入国库。

诸位已知大汗如何救助百姓，现介绍其他内容。

第一百一十章　大汗沿路植树

诸位得知，大汗下令在主路（即钦差商人及百姓所行的驿道）两侧种上树木，每棵树间隔两步。这些大树拔地参天，远远地就能看见。大汗希望人们可由此辨明方向，不会迷路，希望他们沿荒漠行走时，可发现这些大树。这对于商人及赶路人来说，是莫大的安慰。

因此，只要土壤适宜，大汗便命人在所有州及王国的主路种上树。假如道路途经多沙的荒漠之地，沙石太多而无法种树，那

么大汗便让人制备石头路标与廊柱，为人们指引方向。他派官员维护这些道路状况。 136

此外，占星师及算命师曾对大汗说，种树之人可长命百岁，这也是他种树的原因。

已跟诸位介绍过道路树木，现讲其他内容。

第一百一十一章　契丹所饮之酒

诸位得知，契丹州中大部分居民都喝酒。所饮美酒以大米为原料，再添加许多上等香料。味道可口，胜过其他任何酒类。这种酒清澈漂亮，极烈，比其他酒都易醉。

现在咱们结束此题，讲讲契丹中那如木材一样燃烧的石头。

第一百一十二章　一种可如木材一样燃烧的石头

诸位得知，契丹州出产一种黑色石头，与其他矿石一样采自山中，但可如同木材一般燃烧。这些石头没有火苗，仅在最开始点燃时有零星火光。石头如炭一般，仅处于红热状态，产热较大。它们比木材更易保温，如在晚上将石头扔进火中，好好燃着，我向诸位确证，它们便会彻夜不熄，次日早晨还可见到火光。可以说，整个契丹州都只烧这种石头。他们的确不缺少木材，但人口数量众多，需加热大量浴室暖炉，因此木材不够。由此，如果条件允许，人人都会至少一周三次，在冬天甚至是一周一次去公共浴室洗澡。权贵富商则家家装有浴室，可供单独洗澡。显然木材数量不够，他们因而大量使用这种石头。不仅因为石头价格更为低廉，而且可由此节省木料。

咱们结束此题，讲讲大汗的仁善之举。

第一百一十三章　大汗囤积粮食救济百姓

诸位得知，假如大汗得知某种谷物产量极丰，价格低廉，便大量囤积，将其保存在各州中专门建筑的大仓库中，悉心贮藏，可三四年不腐烂。大汗贮存了各种粮食，如小麦、大麦、黍粟、大米等。他由此囤积了大量谷物。如果某种粮食产量下降，价格迅猛上涨，大汗便会从他巨大的仓库中拨出部分存粮。比如说，如果小麦每斗售价为一个拜占庭金币，大汗便将价格定为四斗一个拜占庭金币。他施舍大量粮食，让人人都可得粮。由此，百姓都有足够的粮食。

大汗便是如此救济饥荒，他在所有领土中都采取同样的办法。

咱们结束此题。讲讲大汗的其他慈善事迹。

第一百一十四章　大汗救济贫民

上文已跟诸位介绍大汗为百姓贮存大量粮食，现讲讲他对汗八里城中百姓的施恩。

诸位得知，他命人统计汗八里城中那些遭受不幸而穷困潦倒，或是失去劳动能力而无米为炊的正直老实人，这些家庭中人数较多，通常有六个、八个或十个人。大汗便命人救济他们小麦及其他粮食，好让他们度过整年。大汗救济了大量家庭。每年固定时间，他们会去找为大汗负责所有开支的官员，官员们居住在专门为此设立的宫殿中。灾民出示一张字条，上面写着上年所得救济数量，官员据此设定来年的救济款。大汗也为他们提供衣服，他对所有制作服饰的面料，即羊毛、丝绸及大麻等都征收十一税。大汗命人编织制成布匹，放于专门保存布料的仓库中。所有匠人每周必须为大汗工作一天，他命人将这些布料制成衣服，分发给上述贫穷家庭，满足冬夏之需。大汗还为军队提供服装，他在每座城市都命人编织羊毛布料，以该城所缴纳的十一税支付。诸位得知，根据鞑靼人最早的传统，即在知悉偶像崇拜律法之前，他们从不乞讨。相反，如果穷人向他们乞讨，他们会鄙夷地将其赶走，说："带着上帝给你的灾祸滚吧，倘若他爱你如同爱我，他就会对你好的。"但偶像崇拜教的智者们，尤其是上文所述的八合失，对大汗说救济穷人是善事，他们的神明会倍感欣慰，大汗于是便以上述方式救济穷人。我向诸位确证，凡是去朝廷乞讨者，都不会遭到拒绝。大汗对所有乞讨者都施恩。诸位得知，负责的官员没有哪一天不施舍三万碗米、黍或粟，全年皆如此。这真是大汗的大仁德。这足以证明他对穷苦人民的怜惜。百姓感恩戴德，将他敬如上帝。

已跟诸位介绍此题，现讲讲汗八里城中的诸多占星师。

第一百一十五章　汗八里中的占星师

我并未妄言，汗八里城中的基督徒、撒拉森人及契丹人中有五千名占星师或卜卦师，大汗年年都供给食宿及衣服，如同上述穷人。他们常在城中占卜。

他们有自己的星象仪，上面标出星象符号、时辰及全年的方位。这些占星师、基督徒、撒拉森人及契丹人每年都按照自己教派的方法，观察占星表中展示的全年运势及走向，即每月的运动轨迹。他们根据当年每月行星及星象的自然轨迹、方位排布及属性，观察到一般情况，在这月中预测到雷电与暴风雨，在那月中看到地震，在另一月中又看到电闪雷鸣与倾盆大雨，在又一月中发现疾病与死亡，战争与无尽的纷争。由此，他们可观测到每月的运势。他们说，需遵循自然轨迹与顺序，但上帝能力无边无际，可随意增减。他们将上述所测气象制成许多小册，上面记着当年每月将要发生的事情，将其称之为“塔古音”(Tacuini)。如有人想预测自己当年运势，去购买此类小册，占星师便以一个威尼斯银币的价格售卖。预卜准确者被尊为最好的占卜师，广受赞誉。

此外，如果有人想做要事，或是去远路经商或办事，总之想做事情，总希望提前预测吉凶，他便去找这些占星师，问道：“请您查查您的书，现在天象如何？我想去办某事，或做某买卖。”这占星师便请那来占卜的人提供他的生辰八字。要是有人问起自己的出生年月，人人自打出生起都知道该如何回答。他们的出生时间体系如下。诸位得知，他们以十二年为一个周期，每年都有一个特定的符号。第一年为狮年，第二年为牛年，第三年为龙年，第四年为狗年，如是往后，直到第十二年。因此，如问某人的出生时间，他会答说：“我出生在狮年，某日某月某时某刻。”总之，他会告知自己出生的具体情况及当年生肖，他的父亲曾将这些内容都认真记录在专谱中。等这十二年的周期结束了，即至第十二个生肖，又从头开始，继续往下，顺序不变。因此，如有人想向占星师或卜卦师询问自己所办事情的结果如何，需告知自己出生在某日某时某刻及当年生肖。于是这卜卦师便观察星象，找到其出生时的行星，检查出生时与现在卜卦时间星象的排布情况，可预测出他在行路时遇见的所有事情，预卜出他所计划之事的吉凶情况。假如是去做买卖，现在的星宿不利于他的生意，他必须等待另一个吉利的星宿。又比方，那与他将离开的城门直接相对的星象与他的星象相冲，他便必须从另一扇门出发，或要等到另一个吉利星宿时才出发。占星师同样还可预测他在某个地方，某个时间会遇上盗贼。在某个地方将遇上暴风雨，马儿在某个地方将摔断腿，在某个地方将丢失货品还是获利。依据对他不利或有利的星宿，占星师也可完全预卜他回程的情况。 140

咱们已介绍汗八里占星师的情况，现讲讲契丹人的宗教，他们对灵魂的信仰及风俗。

第一百一十六章　契丹律法及他们的风俗

诸位得知，马可先生认为契丹人比其他地方的人都要见识广博，他们的风俗更为淳厚。他们常醉心学问，专注于科学研究。马可唯独厌恶一种习俗，绝不遵守。契丹人善言，口齿清晰。他们礼貌互问，面带笑容，神色愉悦。他们用餐时尊贵而优雅，在其他方面同样如此。他们对父亲及母亲极为尊敬。如果孩子让父母不满，或是没有满足他们的要求，便是不孝顺父母，会有一个公共部门专门负责严厉惩罚这些不孝子。

他们都拜偶像。

他们不太关心良心和灵魂，仅关心物质和身体享受。

他们相信人死后会即刻投胎在另一具身体里。根据他们在此生的行为善恶，可从好至更好、从坏至更坏阶级转变。如果穷人在此生品行端正，死后便会投胎在贵妇人腹中。如果贵族在此生行善事，那么便会投胎在伯爵夫人腹中，接着还可投胎在公主腹中。由此逐级上升，直至成为神。相反，如果贵族儿子在此生作恶，那么将投胎成为农民的儿子，接着投胎为狗的儿子，逐级往下。

他们按照如下方式敬拜自己的神明。人人家中屋子墙上都挂着一个雕塑，代表天庭至尊君王，或是仅在墙上写上神的名字。他们敬拜方式如下。他们每天以香炉焚香，举起双手，牙齿相击，如是三次，祈求神赐予他们智慧长寿，幸福愉悦。他们在地上摆着另一座名为纳赤该的雕塑，即土地神，他们只向他祈求与土地有关的事情，即在土里生出来的东西。他们在神像旁边摆着其妻子与孩子的像，以相同方式敬拜，即点香、击齿与抬手。他们会祈求好天气、粮食丰收、子嗣繁衍及其他事情。

我还告知诸位，每隔三年的某个时间，大汗规定大赦那些因某种罪行被抓入牢中的囚徒。狱卒被释放，但他们下颌上会被打上记号，可让别人认出。

诸位得知，赌博及坐庄在此地比世上任何地方都要风行，因此当今大汗严厉禁止。为了杜绝赌博，大汗对他们说："我以武力征服了你们，你们所拥有的一切都是我的。如果你们赌博，那便是在以我的财产做赌注。”但大汗并不因此夺走他们什么东西。

我还想补充告知诸位，百姓及官员在朝见大汗时以如下方式行事。首先，在距离大汗所在地方半里之外的地方，人人谦卑而安静，以示对君威的尊敬。他们不敢发出任何声响，绝不敢高声喊叫或说话。不论达官贵人，人人在大殿中时都随身带着一个漂亮的小瓶，用于吐痰。他们不敢吐在地板上。吐完后，遮盖起来，放在一边。他们还随身带着漂亮的白色皮靴。抵达宫廷后，大汗命令他们进入大殿，他们便套上白皮靴，将原来的交给仆从，这是为了不弄脏那华丽精巧的织金锦或其他珍贵地毯。

现在咱们结束此题。离开汗八里城，进入契丹境内，讲讲这儿壮阔华美的东西。

第一百一十七章　契丹大州的普里桑干河 (Pulisanghin)[1]

诸位得知，本书作者马可先生曾奉大汗之命出使西方各地。他离开汗八里，朝西方行走了整整四个月，我们可向诸位介绍他在往返沿途所见的一切事情。

离开汗八里城，行十英里，抵达一条流入大洋海的大河，名为普里桑干。许多商人载着大量货品在河上通行。河上建有一座

1 伯希和指出，Pulisanghin一词，系由波斯语Pul“桥”和汉语“桑乾（sanghin）”构成，为波斯人所熟知。马可·波罗称其为河名，实际上它是一座桥的名称，其名最初可能源自桑乾河。参见Paul Pelliot, Notes on Marco Polo, Paris: Imprimerie Nationale Librarie Adrien-maisonneuve, 1959, p. 812, n.318；张广达：《从“普里桑乾”桥谈起》,《人民日报》1978年9月4日，第6版；Stephen G. Haw, Marco Polo’s China: A Venetian in the realm of Khubilai Khan, New York: Routledge, 2006, p. 95.。

非常漂亮的石桥。这是世上最美的石桥，独一无二。现告知诸位原委。

诸位得知，此桥长不少于三百步，宽八步，可容纳十个骑马的人并排通过。设有二十四个桥拱，二十三个在水中支撑的桥墩。整座桥均由烟灰色大理石制成，蔚为大观，巧夺天工。两侧都有以大理石石板及廊柱制成的护栏。桥头为一个底部比上方要宽的斜坡，斜坡尽头，桥从这头到那头宽度完全相同，仿佛一条直线。斜坡头上有一个十分高大的大理石柱子，耸立在大理石龟上，柱脚卧着一头大理石雄狮，柱顶上匍匐着一头漂亮而精巧的石狮子。距离此廊柱一步半外，又建有一根柱子，制式与前柱相同，同样有两座石狮子。各柱之间均设有一个烟灰色大理石围挡，精雕细琢，嵌入廊柱中，可防止行人跌入水中。整座桥都是如此。桥脚为下坡，与桥头上坡一致。这真是令人叹为观止的奇景。

咱们已经介绍了这座漂亮的石桥，现说说其他内容。

第一百一十八章　涿州(Giongiu)大城

走过此桥，朝西方骑行三十英里，沿途不时见到漂亮旅舍，美丽葡萄园与花园，肥沃平原与潺潺溪流。最后抵达一座美丽的大城市，名为涿州。城中建有许多偶像崇拜信徒的庙宇，他们以商业及手工业为生。此处生产织金锦及漂亮薄纱，建有许多可供行人住宿的酒店。

离开此城，行一英里路，抵达两条道路，一条往西，一条往

东南。往西大路通向契丹，东南方道路通往蛮子大州。 144

诸位得知，朝西方骑马行经过契丹州，在距涿州十日路程之外，抵达太原府城(Taiuanfu)。沿途不时可见许多商贸及手工业繁荣兴盛的美丽城市及村镇，以及美丽的田园与葡萄园。此地出产的酒都运往不产酒的契丹地区。这儿还有许多桑树，百姓养蚕，生产丝绸。人们极为友爱，城市相距不远，人口稠密，道路上总是行人如织。各城之间常有贸易往来，常办集市。

此地再无其他内容值得叙述。我仅补充一点，在上述十日路程中，骑马行五日后可抵达一座名为阿黑八里(Acbaluc)的城市，这是这些城市中最大最漂亮的。这是边界，另一边是大汗的围猎场。除大汗与他的随从，以及在猎鹰人首领处登记的人之外，无人敢在此狩猎。过此边界，凡是贵族，均可狩猎，诸位得知，大汗几乎不去那狩猎。由此野兽肆意生长繁衍，野兔数量尤多，破坏了州中的农作物。大汗得知此事，便带着整个宫廷的人前来，猎杀了无可尽数的野兽。

现在咱们结束此题，讲讲一个名为太原府的王国。

第一百一十九章　太原府国

离开涿州，骑马行十日，抵达太原府国。都城正是上文所述之城，同样名为太原府。这是一座繁华的大都市，商贸及手工业繁荣兴盛。此城为大汗军队生产大量军需品。此地有许多美丽的葡萄园，出产美酒。这是整个契丹大州中唯一产葡萄酒的地方，此地之酒销往整个契丹。此外，这儿还有大量桑树及桑蚕，盛产丝绸。

离开太原府，朝西方行七日，途经一片美丽之地，可见许多城市及村镇，商贸及手工业繁荣。来往做买卖的商人络绎不绝。

七日之后，抵达一座名为平阳府（Pianfu）的城市，此城壮大重要，商贸发达。居民以商业及手工业为生。盛产丝绸。

现在咱们离开此地，讲讲另一座名为河中府（Cacianfu）[1]的大城，但我先跟诸位介绍一座名为该州（Caiciu）（注：该州并不存在，拟音）的华贵城堡。

第一百二十章　名为该州的城堡

离开平阳府，沿西方行走两日，抵达一座名为该州的漂亮塞堡，这是昔日统治的黄金王（Re D' oro）命人所建。此塞堡中有一座华丽宫殿，内有宏伟大殿，挂着此州中历代国王的美丽肖像，委实赏心悦目。殿内各处涂金，另有其他美画装饰。可见历任国王的陈设。

黄金王是一个极有权势的大王。居住在上述塞堡中时，他在宫中养了许多美丽少女，只让她们为自己服务。黄金王去领土散心时，坐在一辆由少女们拉着的车子里，车子较轻盈，女孩们可轻易抬动。国王命令和喜欢的一切事情，她们无不照做。黄金王

1　伯希和认为Cacianfu只能是河中府，但河中府在黄河以东而非马可·波罗所暗示的那般在黄河西边（Paul Pelliot, Notes on Marco Polo, Paris: Imprimerie Nationale Librairie Adrien-Maisonneuve, 1963, Vol. Ⅰ, p. 119.）。

治国贤明，尊贵而公正。

据此地居民所述，黄金王与长老约翰之间有过一段故事，现跟各位转述。

第一百二十一章　长老约翰降伏黄金王

诸位得知，据此地居民所述，黄金王曾与长老约翰开战。他占据险要地形，可抵御任何入侵。长老约翰极为苦恼。长老约翰的七位随从见他如此烦心，便对他说，如果他需要，他们将生擒黄金王。长老约翰答说，如果他们能办成此事，他将十分高兴，必定重赏。长老约翰的七位随从上路了。他们向长老约翰辞行，带着一队士兵，一同出发去找这位黄金王。他们告诉国王自己来自远方，想为宫廷效劳。国王对他们说："热烈欢迎！我乐意为各位服务。"

长老约翰的七位随从便成为黄金王的臣子。两年过去了，他们行事妥当，深受国王喜爱。还有什么？国王对他们很是信赖，如同儿子一般对待，但他们却做出此等卑鄙之事，佐证了无人可防备不忠不义叛徒这一道理。诸位得知，一天，黄金王只带了几名侍卫去散心，这其中就包括了这七位可恶的随从。行经一条距上述宫殿一英里远的河流时，这七位随从见国王身边再无可对抗自己的侍卫了，认为达成他们此行目的的时机来到了。于是，他们拔剑对国王喊道："要么跟我们走，要么就受死！"见此情景，国王大吃一惊，对他们说："我亲爱的孩子们，这究竟是怎么回事？你们想说什么？你们希望我去哪里？"他们答说："您得同我们去见我们的君王长老约翰。"

听到这些话，国王大为痛心，几乎气死。他对他们说："行行好吧，我的孩子们！难道我没有在自己屋檐下给你们足够多的礼待？你们竟然想将我送到敌人的手里！如果你们真的这么做了，那你们就是做了一件大不义的坏事。"他们答说非得如此不可。

他们将国王带至长老约翰处。神父见到他后，欣喜异常。对他说："你将不受善待！"黄金王一言不发，他不知道该说什么。于是，长老约翰下令将黄金王带出去，命他看守牲畜。长老约翰厌恶他，这是为了羞辱国王，表明与自己相比，他一文不值。

整整两年，国王都在此看守牲畜。他受到严密监视，无法逃走。长老约翰最后召他上前，赐给他华丽服装，极为尊敬地欢迎他。长老约翰对他说："啊，国王，你现在是否确定自己不足以与我对抗？""当然，我的陛下，"国王答说，"我知道，我一直都知道，我绝无法与您对抗。""既然你如此说，那我便不再问你。从今往后，我乐意为你效劳。"长老约翰提供给他马匹及武器，还派了一队侍卫，将他释放了。黄金王离开此地，回到了自己的王国。此后，他就成了长老约翰的仆人与朋友。

现在咱们结束此题，讲讲其他内容。

第一百二十二章　哈剌木连（Caramoran）大河

离开此塞堡，朝西方骑马行二十英里，抵达一条名为哈剌木连的河流，此河浩瀚无边，甚至无法建桥跨越。此河极为宽广深邃，水流湍急。它流入大洋海，润泽了许多城市及村镇，商贾来往不绝，商贸繁荣。流经之地盛产生姜及丝绸。此地鸟儿极多，无可尽数。一个威尼斯银币可买到三只野鸡，如果你们喜欢，也可用一个普通银币（仅贵一点）购得。此河河畔生长着许多竹子，粗为一步或一步半，此种竹子用处极多。 148

经过此河，朝西方骑马行两日，抵达一座名为河中府的华贵城市。与契丹州其他城市相似，居民均拜偶像，另有少数基督徒、撒拉森人等。城中商贸及手工业极为发达。盛产丝绸、生姜、高良姜（Galanga）、薰衣草以及其他各种我们国家没有的香料。此地还盛产各式织金锦。

此地再无其他内容值得在此叙述，因此咱们离开此地，继续往前。我向诸位介绍一座名京兆府（Chengianfu）的都城。

第一百二十三章　京兆府大城

离开上述河中府城，朝着西方骑行八日，沿途不时可见许多商贸及手工业繁荣的集镇与城市，还有不少美丽花园及田地。沿途种满桑树，吐丝的桑蚕以桑叶为食。居民大部分拜偶像，仅有少数聂斯脱利教派的突厥基督徒及撒拉森人。野物很多，飞禽种类丰富。

骑行八日后，抵达繁华壮大的京兆府，这是京兆府国的都城，昔日，此国繁华富饶，强大昌盛。历代国王均贤明有德，但当今君王为大汗的一位儿子，名为忙哥剌（Mangalai）。他父亲将这国赐给他，封他为国王。城中商贸及手工业极为发达。盛产丝绸，生产各式织金锦。还生产各种军队所需用品。此外还制造各种生活必需品，价格价廉。此城位于西方。居民拜神像，也有部分聂斯脱利教派的突厥基督徒及撒拉森人。

城外有一座忙哥剌王的宫殿，我向诸位描述此宫之美。它耸立在一片宽阔平原上，此处川河、湖泊、沼泽及泉水丰富。宫殿前方为一道既厚且高的围墙，周长约为五英里。围墙建筑精巧，筑有城堞。墙内有许多野兽及飞禽。中央为宫殿，华丽壮观，堪称世上最佳。宫内有许多华丽大殿及房间，处处镶金，以天青石及无可尽数的大理石装饰。忙哥剌治理时，最为公正清明，他深受百姓爱戴。士兵驻扎在宫殿周围，以捕猎为乐。

咱们已详尽介绍此国，现在离开此地，讲讲多山的汉中（Cuncun）地区。

第一百二十四章　契丹与蛮子边境的汉中州

离开忙哥剌的宫殿，朝西方行三日，途经一片美丽平原，时常可见许多城市及集镇，商业及手工业繁荣，盛产丝绸。三日之后，见到许多高山及山谷，属于汉中州。山上与谷中散落着城市及集镇。居民拜偶像，也有部分聂斯脱利教派的突厥基督徒及撒拉森人，他们以农耕、树林及狩猎为业。诸位得知，此地有许多森林，各类野兽极多，如狮子、熊、山猫、黇鹿、狍子及其他动物。居民大量捕捉，获利颇丰。

由此骑行二十日，途经高山、山谷与森林，时常可见城市与集镇，亦有舒适旅舍，可供行人休憩。

现在咱们离开此地，讲讲另一个州，请诸君听来。

第一百二十五章　蛮子阿黑八里州

沿汉中高山行走二十日，抵达一个名为蛮子阿黑八里的州，此地为平原，建有许多城市及集镇。位于西方。居民拜偶像，以商业及手工业为生。诸位得知，此州盛产生姜，可供给整个契丹州，居民以此得利颇丰。小麦、米及其他谷物产量丰富，价格低廉。百物丰饶。都城名为蛮子阿黑八里，指“蛮子边境的白色之城”。

平原长两日路程；物资丰富，实在是愉快的旅途，沿途建有许多城市及集镇。两日之后，见到许多高山、大山谷及大森林。朝西方骑行二十日，沿途见到许多城市及集镇。居民拜偶像。他们以农耕、狩猎及畜牧业为生。有许多动物，如狮子、熊、山猫、黇鹿、狍子、鹿及其他动物。制作麝香的小兽数量也极多。

现在咱们离开此地，我为诸位详细有序地介绍其他内容，请诸君听来。

第一百二十六章　成都府大州 (Sindufu)

正如上文所述，朝西方行二十日，途经高山，抵达一片平原，进入另一个与蛮子接壤的州，名为成都府。都城也名为成都府，昔日十分强大昌盛，历代国王大多富庶强大。全境长二十英里，但如今已分割，现为诸君介绍。诸位得知，此州国王去世时，留下三个儿子。他们将这座大城分割成三个部分，每人分得一块。三部分都筑有围墙，但都包围在大城围墙之内。诸位得知，此王的儿子们都被封为国王，父亲极富饶强大，因此他们也统治着大片领土，守护着许多宝藏。但大汗征服了此州，废黜了这三个国王，自立为王。

诸位得知，大城中有许多大河，源自遥远的高山。这些河流包围着城市，横穿其中，分出多条支流。各河长度不等，有半里长的，有两百步的，也有一百五十步的，都深不见底。河中鱼儿极多。各河从城中出发，汇聚成一条名为江水(Chiansui)的大河。大河流入大洋海，宽八十至一百日路程。它灌溉了许多城市及集镇。大量船只穿行其上，数量之多，若非亲眼所见，则绝难相信。河上来往商人所携货品品种丰富，令人叹为观止。此河如此宽广浩瀚，简直不是河，而是一片海洋。

我跟诸位介绍城中各河上的桥梁。

诸位得知，河上有许多美丽壮观的石桥，宽八步，长度根据河流的宽度来定。整座桥两侧均建有漂亮的大理石桥柱，支撑着桥面。每座桥都筑有一个华丽的木屋顶，雕红彩绘，上盖瓦片。从桥头到桥尾，从这头到那头，每座桥上都有许多美丽的商铺，手工业与商业繁荣昌盛。但请诸位注意，这些小商铺为木制。早上运来，晚上撤去。桥上还设有大汗的税务所，负责为大汗征收所售商品的所得税。诸位得知，这些桥每日所收税额不少于千个拜占庭金币。

居民均拜偶像。

离开此城，沿着平原和山谷骑行五日，沿途见到许多集镇及民宅。居民以农作物为生，此处有许多野兽，如狮子、熊等。他们也以手工为业，制作锦绣织罗。此城同样隶属于成都府州。

正如上文所述，骑行五日后，抵达一个名为吐蕃（Tebet）的州， 152
颇为残败。且听下章介绍。

第一百二十七章　吐蕃州

正如上文所述，骑行五日后，进入一个千疮百孔的州，因蒙哥汗曾在此征伐。有许多城市、集镇及民宅，但都残败不堪。

穿过荒漠之地，行二十日路程，沿途野兽极多，如狮子、熊、豹子等。旅途极为危险。行人如此护卫自己。此地生长着极粗极高的竹子，诸位得知，此种竹子整整有三拃粗，长十五步。各竹节之间相距三拃。晚上，商人或行人在此处行走时，便取此竹点火，它们燃烧时，会发出噼噼啪啪的爆破声，可以吓跑狮子、熊和其他野兽，让它们惊慌逃窜，不敢靠近火光。如此，行人带着这种火把，保护自己的牲畜不被这地方许多的野兽给吞食。此地荒无人烟，因此野兽大肆繁殖。要是不依靠上述方法，那么无人可穿越此地。这些燃烧爆破声产生的威力实在令人惊叹，绝对值得在此叙述，现告知诸位。

诸位得知，将这些翠绿的竹子砍下来，扔进熊熊燃烧的大火里，让竹子在大火里燃烧一会儿，它便开始扭曲，拦腰爆破，发出巨响，要是在夜里，十英里之外都能听见。诸位得知，若是第一次听见这种声音，必定会大惊失色，因为这是极为可怕的。听不惯这种声音的人必须用棉花好好堵住耳朵，还要用所有能找到的棉布将脑袋和脸都包起来。他们也必须同样保护好自己的马儿。诸位得知，头一次听见这巨响的马儿会惊恐万分，甚至会挣脱开缰绳和任何束缚物，四窜逃跑。这不止发生过一次。如果知道马儿完全不习惯此巨响，便要好好地将它的脑袋，尤其是眼睛和耳朵，都给包起来，以铁绳捆扎住四个蹄子，这样一来，听见爆破声的马儿就算想逃，也无法行动了。夜里，行人便采取这种方法自卫，也保护牲口不被此地肆虐的狮子、豹子及其他凶猛野兽所攻击。

二十日路程中，每隔三四天才见旅舍，较难补给食物。因此必须为自己及牲口准备食物。

这是艰难险阻、险象环生的二十日旅途，时常遭受猛烈残忍的野兽侵犯。最后抵达一地，悬崖峭壁中散落着许多集镇与村庄。此地嫁娶风俗如下。

诸位得知，此地居民无论如何不娶处女为妻。他们说，未同许多男子交媾过的女子不值得娶。他们认为，未跟男子发生关系的女子便是受到神的唾弃。若她为神所喜爱，那么男子便会对她趋之若鹜。因此，男子厌恶和轻视此类女子。他们风俗如下。诸位得知，其他地方的外乡人途经此地时，扎好帐篷准备露宿，集镇与村子里的老妪们便会带着自己的女儿们前来。她们常成群结队，十人、二十人、三十人、四十人不等，母亲们将女儿们奉献给外来人，任他们随意对待，让她们侍寝。外乡人留下女孩，与她们纵情享乐，时间由他们定。但只可在此处享乐，绝不能将她们带去别的地方。男子们恣心纵欲，心满意足，离开前每人必须将一件首饰或别的信物送给与自己同睡的女子，好让她能在结婚时给丈夫展示她曾有过爱慕者。每个女孩都必须以这种方式获得二十多个信物。她们将挣得的信物都系在项间，让人知道她已有许多爱慕者，许多男子已经同她交媾。那获得信物最多者，便能证明自己拥有最多的爱慕者，已同最多的男子发生过关系，男子们便会认为她比其他女孩更好，也更会乐意娶她为妻，他们说她比其他女孩更受神的喜爱。要是这些外来人让某个女孩怀孕了，那么出生的孩子便会交给将来娶她为妻的人来抚养，与他的其他孩子一起，享受相同权利。但男子们将这些女子娶回家后，便会严密监视。染指有夫之妻是极为可耻的罪行，人人都避免犯下此恶行。

其嫁娶风俗值得在此叙述，已跟诸位介绍完毕。这是适合十六岁至二十四岁的小伙子们的游玩之地。

居民拜偶像，极其邪恶。他们并不认为偷窃与杀戮是罪行，他们是世上最大的强盗与土匪。居民以猎捕各种飞禽野兽为生，也以畜牧业及农耕为业。诸位得知，此地有许多古德里 (Guddero)，即提取麝香的动物。此兽数量极多，这些动物每月散发出大量麝香，在路上都能嗅到气味。正如上文所述，此兽肚脐处形成一个装满血的袋子，如脓肿物，此血便是麝香。血袋子鼓鼓胀胀，每月都会渗出一点血。此兽数量极多，在四处都留下了麝香，因此整个州都能闻到此气味。刁民们养有许多恶狗，猎捕了大量古德里，因此这儿盛产麝香。不流通硬币或大汗的纸币，他们以盐做货币。居民衣着褴褛，身穿兽皮或破布及硬麻布所制的服装。他们语言特殊，称作吐蕃。

此吐蕃州面积宽广，我将补充几则短闻，请诸君听来。

155 第一百二十八章　又言吐蕃州

吐蕃是一个辽阔大州，语言特殊。居民拜偶像，与蛮子及其他许多州接壤。有大量盗匪。此州极宽广，内有八个王国，还有无可尽数的城市及集镇。多川河、湖泊与高山，山上产金沙。盛产肉桂，以高价售卖琥珀与珊瑚，因为常以此宝石制作妇人及神像的项链，作为吉利象征。诸位得知，州中盛产毛呢（Ciambellotti）与其他织金锦。有许多香料，大多未流入我们这边。

我还要告知诸位，在他们看来，周围各州的巫师及占星师都比不上这儿的。因为他们技艺超群，他们行使的巫术及魔法，是世所看见和听闻的最高超之事。比如说，他们可随时变出电闪雷鸣、风雨交加，又可随时让其停止。他们可做出无数奇迹，我不便在此详述，否则读者必将瞠目结舌。这些吐蕃人都习俗恶劣。他们养着一种巨獒，跟驴子一般大，它最善于捕捉野兽，尤其是“贝雅密尼”（Beiamini），即他们所说的野牛。野牛肥大凶猛，数量极多。他们还豢养着各种猎犬。另有许多猎隼及游隼，飞行迅疾，善于捕兽。

我已为诸位概述上文内容，现在咱们离开此吐蕃州，介绍一个名为建都（Gaindu）的州。我并未明说，但此吐蕃显然臣属于大汗。本书中提及的所有王国、州及地区均臣属于大汗。仅开篇提及的数州臣属于阿鲁浑之子，除此外，本书中提及的所有其他州均臣属于大汗。即使未明确点出，但诸位也得明白此事实。

但咱们结束此题，讲讲建都州。

第一百二十九章　建都州 156

建都位于西方（我所说的“西方”，并非指位于我们的西方，因为咱们从东方及东北方出发朝西方走，因此现在抵达的地方便是位于西方）。昔日，州中有自己的国王，但随后被大汗征服，他选派官吏治理。居民拜偶像，臣属于大汗。有许多城市及集镇，主要的城市同样名为建都，建于州入口。有一个大盐湖，出产大量珍珠。珍珠洁白无瑕，但并非圆形，而是呈节状，仿佛由四颗、五颗、六颗或更多颗珍珠聚合构成，大汗不许任何人采取，因为如果他允许百姓随意采取，此种珍珠数量将过多，必将变得极为廉价，不值一文。如有需要，大汗自然会命人采取，但仅供己用。如有人擅自采取，将被处以死刑。诸位还得知，此地还有一座高山，大量出产一种名为绿松石（Turchese）的石头，宝石美丽无比，但仅能遵照大汗命令采取。

诸位得知，此州有一种与妇人相关的特殊风俗。

如果外地人，或任何男子奸淫了这家主人的妻子、女儿或姐妹，或家中任何女子，主人不觉受到冒犯，反而会感激那与她们交媾的人，因为他认为，这会让他们的神及神像照顾他，恩赐他许多财宝。基于此信仰，他们允许自己的女子同过路人随意交欢，现为诸君介绍。诸位得知，如果此地男子见有外乡人因借宿，或其他原因来家中，他便会立即离开家，命令家中妇人完全听从外乡人的命令。他离家，去田间或葡萄园里办自己的事，直等到外乡人走了才返回。请诸君注意，外乡人常在家中待三天，与这主人的妻子交欢。为了表示自己仍在家中，外乡人会采用这种信号：他将自己的帽子或其他东西挂在门外，这便表明他仍在家里。主人见到此挂在门外的信物，便不会进门。整个州中皆如此，他们以上述信仰辩解这种行为。大汗严厉禁止此类风俗，但他们并未停止，人人都遵守，因此无人控告。

我还告知诸位，路旁悬崖峭壁中的村镇中，妻子极其漂亮，他们将女子送给过路商人，让他们随意交欢。过路商人送给妇人几块细布制成的烂布头，为半臂长，或送些不值钱的小玩意儿。恣心纵欲后，商人上马离开。丈夫与妻子会嘲笑他，冲他喊道："喂，你去哪儿？让我们看看你从我们这儿带走了什么东西！给我们看看，你这无赖，你得了多少好处！看看你给我们留下些什么东西，你忘了什么！"他们给商人看自己从他那得来的布头，说："我们就只从你那得来了这个，你这可怜鬼，你没带走我们的任何东西！"他们就这样咒骂他，这是地方风俗。

他们的钱币如下。诸位得知，他们有金条。他们以"萨觉"为单位称量金子，根据重量定价值。他们没有铸造的钱币。有如下所述的小面额钱币。此地有盐水，可炼盐。将盐水在锅中烧开，煮一个钟头，盐水便会凝结成糊状。接着，将盐糊放在模具中。获得的盐块如同一个值两"第纳尔"(Denaro)币的面包一般大，约重半磅。下方为平面，上方为圆形。成型后，将盐块放在火中烧红的石头上方，待其干燥变硬。在这种钱币上方煅上大汗刻印。此种钱币只能由大汗委派的官员负责制作。八十个盐块等于一个纯金的萨觉。这便是此处流通的小面额货币。

诸位还得知，商人带着这种盐币去高山及人迹罕至的地方，依照地方荒野程度，与城市及文明距离远近，能以六十个、五十个或四十个盐币换回一萨觉的金块。因为缺少主顾，他们不是每次都能售卖掉金子，我们所说的金子可买回麝香或其他东西，因此金子价格低廉。此外，正如上文所述，他们在河流与湖泊中也可开采金子。盐币在上述吐蕃州中的高山同样流通，因此商人便往来其中。这是一本万利的生意，因为此地居民需要盐币，不仅为了购买必需品，还可用于食品调味。因此，城中用碎盐调味，用整币支付。 158

那种可制麝香的动物在此处数量极多，猎人抓捕，将麝香取下来，因此麝香产量巨大。渔业发达，鱼儿鲜美。湖泊出产珍珠。还有许多狮子、山猫、熊、黇鹿、狍子等。鸟儿种类丰富，不计其数。不产葡萄酒，而是以小麦及大米为原料，混合许多香料来制成美酒。盛产丁香，丁香树枝与月桂树类似，叶片稍长一点，更细窄，开小白花，与我们的丁香相似。还盛产生姜、肉桂及其他我们这里从没听说过的香料，不必在此叙述。

上文已详尽叙述建都州都城情况，现在咱们结束此题，讲讲此州其他地方。

离开建都城，骑行十日，见到许多集镇与村庄。居民生活习惯及风俗与上文所述相同。有无可尽数的猎物与飞禽走兽。

骑行十日后，抵达一条名为不鲁思（Brius）的大河，这是建都州的边界所在。河中有大量金沙。河畔有许多肉桂树。此河流入大洋海。

此河再无其他内容值得在此叙述，现在咱们离开此处，讲讲另一个名为哈剌章的州，请诸君听来。

159 第一百三十章　哈剌章大州

穿过此河，行人抵达哈剌章州。此州地域宽广，囊括王国数多达七个。现向诸位介绍那名为押赤(Jaci)的第一个王国。

押赤国位于西方。居民拜偶像，臣属于大汗。大汗孙子也先帖木儿(Esentemur)在此称王。此国繁荣昌盛，强大富庶。国王贤明勇敢，治国有方。

离开上文所述大河后，朝西方骑行五日，沿途可见许多城市及村镇，盛产骏马。居民以畜牧业及农耕为生。他们的语言特殊，晦涩难懂。

五日之后，抵达一座最为重要的城市，即名为押赤的都城。此大城极为华贵。有许多商人及手工匠人。各派信徒在此杂居，有崇拜穆罕默德者，有偶像崇拜信徒，也有少数聂斯脱利教派的基督徒。盛产小麦与大米，但他们不吃小麦面包，因为不利健康。居民食用大米。他们将大米与香料混合，制成一种美味饮品，清澈干净，与酒一般，可让人醉。现介绍他们的钱币。他们以白贝做钱，即那种在大海中找到的贝壳，通常戴在狗脖子上。八十个白贝价值一个萨觉的银子，或是相当于两个威尼斯(grosso)银币。诸位得知，八个萨觉的细银子等于一个萨觉的细金子。此处有盐井，可采盐。数量极多，可供应整个地区。我向诸位确证，国王以此盐获利颇丰。如果妇人愿意，通奸便不为罪。

已介绍此国情况，现讲讲哈剌章国，但我还得补充一件适才忘记的事情。

诸位得知，此处有一片湖，周长为百英里。湖中鱼儿无可尽

数，味道鲜美，世上最佳。鱼儿种类丰富，体型极大。我还要告知 160
诸位，他们生吃鸡肉、羊肉、黄牛肉与水牛肉。贫民去屠宰场，索要刚从动物腹中取出来的生肝脏。他们将肝脏切成小块，放在大蒜调成的酱汁里，就这样吃下。其他肉类也以上述方式食用。贵族也吃生肉，将肉碾碎剁细，放在混合了香料的蒜汁里，便与我们煮熟的肉类一样美味。

现为诸位介绍上文提及的哈剌章国。

第一百三十一章　哈剌章州

离开押赤城，朝西方骑行十日，抵达哈剌章国。都城同样名为哈剌章，居民拜偶像，臣属于大汗。大汗将儿子忽哥赤(Cogacin)封为该国国王。河流出产金沙，在湖泊与山上也可开采到大量金子。金矿资源丰富，一个萨觉金子值六个银子。州中货币同样为上文所述的白贝。诸位注意，白贝并非生产于此地，而是从印度进口。

有大蛇，体型硕大无朋，且不说看见，光是听人说起，便会吓得呆若木鸡，着实可怖。请诸君听听此蛇究竟有多大。我并无虚言，最大的蛇长十步，如同一个大酒桶一般大，有十拃粗。蛇头附近，在前方长有两条腿。短而无足，但有三个趾爪，两小一大，与鹰爪及狮爪相似。蛇头巨大，眼睛比一个大面包还大。嘴巴极大，可将人一口吞下去，牙齿硕大。此蛇简直是庞然大物，让一切生物，包括人和动物都会恐惧万分。体型较小的蛇也长五至八步。

猎捕它们的方式如下。诸位得知，在白天，因为天气炎热，蟒蛇藏在地底。到了夜晚，它们便吞食掉所有能捕捉到的动物。它们去川河、湖泊及山泉中饮水。它们又粗又大，身躯沉重，夜晚进入沙地，寻找食物或水源，会留下极深的印辙，仿佛大酒桶滚过一般。猎人在蟒蛇惯常行动的路线上布置一个机关。如果他们发现蟒蛇总是沿同一路线去饮水，途中有陡峭悬崖，他们便会在坡上插下一根粗大结实的木桩子，钉在地下，从外面几乎看不见。接着在木桩上插上一根削尖的钢片，如刮刀或铁矛一般锋利，在木桩上约留出一掌，略微朝向蟒蛇行进过来的方向弯曲。猎人插下许多这种木桩子与钢片。蟒蛇爬去河中饮水，来到放置上述捕器的地方。因为地势陡峭，它前进的速度会加快，因此钢片会径直插入它的腹部，贯穿肚脐，让它即刻毙命。鸟儿发出叫声，猎人便知道蟒蛇已被杀死，于是赶到，否则他们绝不敢靠近。猎人以上述方式猎捕这种蟒蛇。

猎捕到蟒蛇后，将蛇胆取出，高价售卖。因为诸位得知，蛇胆可入药。如被猛犬咬伤，只需要喝下一点，重一个小第纳尔币的蛇胆，就会立刻痊愈。如女人难产，痛苦呼喊，只消喝一点蛇胆，刚喝下去，便会立刻分娩。蛇胆还有第三种用处。如果身上有肿块，只要在上面涂上一点蛇胆，几日之内，肿块便会消失。因此这些蟒蛇的蛇胆在此州中极受欢迎。此外，这种蟒蛇的蛇肉价格也很昂贵，因为蛇肉味道鲜美，备受喜爱。

诸位还得知，这些蟒蛇常去狮子、熊及其他野兽产仔的巢穴，只要能逮到，就将大小猛兽全吃了。

我还要告知诸位，州中盛产骏马，售往印度。请诸位注意，他们将马尾巴割去两三个骨节，由此马儿奔跑时尾巴不会摇动，便不会击打骑马之人。他们认为马儿疾驰摇尾巴是极其难看的。我还要告知诸位，此州人骑马时用长马镫，正如我们这边的法国人一样（我说“长”，是因为鞑靼人及几乎其他所有人都使用短马镫上马，便于射箭时一跃而上）。

他们以水牛皮做盔甲，以弓箭、盾牌与箭弩做武器，在所有武器上都涂上毒药。

不论男女，尤其作恶之人，人人都携带毒药。因为如犯重罪被抓，他们便会遭受折磨。与其忍受鞭打的折磨，他们宁愿将毒药塞进嘴里，吞下去，好尽快死去。但朝廷早有准备，他们拿出狗粪，让那吞下毒药想免受折磨的犯人立刻吞下，这是为了让他呕出毒药。当局经常使用这种解决方法。

我还要告知诸位关于哈剌章百姓在大汗征服之前所做的另一件事情。假如一个漂亮高贵的外乡人，或是长相好看的人去这州的人家留宿，主人在夜晚便会将客人杀掉，要么毒死，要么以别的方式将他杀害。诸位不要以为他们只是为了偷窃钱财，这是因为他们希望将那外貌英俊、举止优雅之人的智慧与灵魂留在家里。在大汗统治他们之前，许多人因此被杀。但三十五年前，大汗统治后，此邪恶风俗便不再被践行。大汗不允许此种恶习流传，百姓出于害怕便停止了。

已介绍此州情况，现讲讲另一片地方，请诸君听来。

第一百三十二章　匝儿丹丹大州（Zardandan）

离开哈剌章，朝西方骑行五日，抵达一个名为匝儿丹丹的州。居民拜偶像，臣属于大汗。首府名为永昌(Vocian)。居民牙齿裹金，他们将金子打磨成贴合牙齿的形状，覆盖住每颗牙齿，上下牙床全都包住。但仅男人镶金牙，妇人不可。此处男人还在腿和胳膊上文并印上带子式样的黑点，制作方式如下。将五根针连在一起，深深扎进肉里，可渗出血来，再在上面滴上黑色颜料，便可永远留下印记。他们认为文上黑点带子是高贵而美丽的。此外，所有男人都依照他们的方式做武士，每日只在外打仗、狩猎与捕鸟。妇人料理家中一切事情，但可依靠以武力从另一地区夺来的奴隶们帮忙。奴隶及妇人负责所有家务事。

女人生完孩子后，人们便将新生儿清洗干净，用布包起来。丈夫代替产妇抱着婴儿躺在床上。根据风俗，他会在床上躺上二十天，或根据风俗躺更久，如非必要，不会起身。所有亲朋好友都赶来看望他，与他交谈，哄他开心。他们认为女人怀孕已历经千辛万苦，因此他们得在这二十天或更久的日子里代替她，绝不可让她再度劳累！女人生产完后，便下床去料理家务事，还需服侍躺在床上的丈夫。

他们吃各种肉类，生熟皆可。他们将大米与肉及其他东西按照他们的方式烹煮。以大米混合上等香料制成美酒。此处以金子做货币，但也流通贝币。诸位得知，这儿一个萨觉金子值五个银子。这是因为最近的银矿也在五月路程之外。因此商人带着许多银子前来此处，与当地百姓交换，以五个萨觉的银子换来一个金子。商人因此获利颇丰。

此地居民不拜神像，也不建教堂，只尊崇家中最长者，他们说："我们都是由他所生的。"他们没有字母，也没有文字。诸位无需惊讶，因为这是人迹罕至的偏远之地，森林广阔，高山林立。无论如何都不会有人在夏天时来此，因为夏季空气恶劣不洁，任何外乡人都无法生存。诸位得知，他们交易时，会带上一块圆形或方形的木头，将它劈成两半，一人拿一半。他们先做上两三个切口，如有必要，也会刻上更多记号。等到交货时，那付款的人带着钱币或其他物品，取回另一人留的半根木头。

诸位得知，上述所有州中，包括哈剌章、永昌及押赤，都没有医师。如贵族染疾，他们便唤来那些懂得迷惑魔鬼，负责守护神像的巫师。巫师到来后，病人告知他们病情。巫师们立刻开始弹奏乐器，转圈舞蹈，最后某个巫师四脚朝天跌倒在地上或地板上，口吐白沫，如同死人一样。这表明魔鬼已经附进他们身体内。他们就仿佛死了一样。正如上文所述，来了许多巫师，便开始询问他，病人所染何疾。巫师答说："他冒犯了某个鬼魂，因此犯病了。"他接着说出某个鬼魂的名字。另外的巫师则说："我们祈求你饶了他，让他恢复健康，不论你要什么，我们都会欣然供给你。"他们反复言说，恳切请求，等待附在这位跌倒巫师身体里的鬼魂给出回答。如果病人必死无疑，那么他的回答则是："此病人严重冒犯了这个鬼魂，他是大恶之人，鬼魂无论如何不肯饶过他。"如果病人可以痊愈，那么巫师身体里的鬼魂便如此回答："虽是严重冒犯，但仍可得到原谅。假如病人想要痊愈，他得去拿两三只黑头或是别种特征的公羊，准备十几种价格昂贵的美酒，献给某个鬼魂及某个偶像。此外还要多少巫师及女人参加祭祀，为鬼魂及神明服务，他们得为这个神明及这个鬼魂大唱颂歌，大办典礼。"巫师们听到这个答复，病人友人随即会立刻照办。

165 他们拿来要求的公羊，按照鬼魂所说的数量准备上等美味的酒水，将羊宰杀，将血洒在吩咐的地方，以示对这鬼魂的尊敬与祭祀。他们在病人家中烹羊，按照规定的数目找来巫师及妇人。人到齐了，公羊与酒水备好后，巫师便开始奏乐舞蹈，对鬼魂唱颂歌，洒下肉汤与酒水。此外，他们还到处上香和焚檀香木，各处点灯，灯火通明。如此之后，又有一位巫师四脚朝天跌在地上，其他人便询问是否饶了这病人，他是否会痊愈。巫师并不马上说他将获得原谅，而答说他们应再做某事，才会治愈。病患友人立刻照办。在祭祀及其他所有事情都办完后，鬼魂答说他得到了原谅，很快将病愈。他们听闻此回答，便将肉汤及酒水洒在地上，点灯焚香。他们说鬼魂这次终于帮助了自己。于是这些术士及那些服务过鬼魂的妇人便满心欢喜地吃羊肉，喝美酒。各人都回到家中。随后，这病人便会即刻治愈。这种方法总是能应验。如果病人并未痊愈，他们便说是因为祭祀被破坏，那些准备祭品的人在献给神像之前就先行品尝了。这种仪式并非随便哪个病人都可要求，仅是每月一两次为某个达官贵人而作。

契丹及蛮子的所有州都遵循此习俗，几乎所有偶像崇拜信徒皆如此，因为他们医师数量不够。

上文介绍了此地百姓生活习俗及巫师如何迷惑鬼魂的情况，现在离开此地居民及这些州，讲讲其他内容，请诸君听来。

第一百三十三章　大汗征服缅国(Mien)及班加剌王国(Bangala)

在永昌国发生了一场精彩绝伦的战役，值得在本书叙述，此

前忘记告知诸位，现补充如下。我将翔实告知诸位战争发起的原 166
因及方式。

诸位得知，在基督降生第1272年，大汗派遣大部队去守卫和保护永昌及哈剌章王国，使其免于异族侵扰。大汗最初并未派自己的儿子前去，但随后他将也先帖木儿封为此地国王。也先帖木儿并非大汗儿子，而是大汗孙子，他的父亲已去世。缅国及班加剌国强盛富饶，土地辽阔，人口众多。此国当时尚未臣属于大汗，但不久后大汗将征服此地并称王。缅国及班加剌的国王得知大汗军队已经抵达永昌，便想，必须召集足以歼灭大汗的人马进攻大汗，好让他再不想派兵攻打这地区，此王由此充分准备，请诸君听来。诸位得知，他找来两千只巨大的大象，在每只巨象上方建筑了一个坚固无比的木楼，巧夺天工，适宜于作战。每座木楼都满是士兵，至少十二名，有的甚至达到十六人或更多。此外，国王还召集了四万人马，包括骑兵与步兵（但步兵数量较少）。总之，他完成了一位强大国王所能准备的一切。他的军队绝对骁勇善战。还有什么？此王完成上述作战准备后，毫不迟疑，立刻带着人马上路，准备对位于永昌的大汗军队发起进攻。沿途未有任何值得记叙之事，最后他们抵达了距离鞑靼军队三日路程之外的地方。国王在此驻扎，休整部队。

第一百三十四章　大汗及缅国王之间的战役

鞑靼军队将领确切得知国王举大队人马反叛，他惊慌不已，因为他们仅有一万二千名骑兵。但这位名叫纳速剌丁（Nescradin）

的将领运筹帷幄，有勇有谋。他精密筹划，组织部队，鼓舞士气。他竭尽全力，保卫领土与百姓。为何如此赘述？诸位得知，鞑靼人仅有一万二千人骑马，他们前往永昌平原，驻扎于此，等待敌军来犯。这表明他们极其睿智，组织有方。因为诸位得知，平原一侧有一片巨大茂密的森林。

鞑靼人就这样在平原等待敌军。但咱们暂时离开此题，稍后再续，现讲讲敌军情况。

诸位得知，正如上文所述，缅国王带着部队短暂休整，随后拆除帐篷，准备上路。他们来到永昌平原，鞑靼人在此厉兵秣马，伺机以待。他们抵达此平原，距敌军一英里远，国王下令让大象载负木楼，士兵入内准备。国王聪明英毅，排兵布阵，睿智机敏，他将骑兵与步兵调停妥当，率领部队向敌军进攻。

鞑靼人见他们前来，面不改色，勇往直前，浴血奋战。所有士兵训练有素，井然有序，仿佛凝结成一个人，冲向敌军。两军相遇，大战开始，鞑靼战马见到大象，十分惊惶恐惧，鞑靼士兵无法策马向前。士兵奋力鞭打，但马儿仍不住后退，而国王率领士兵与大象不停前进。

第一百三十五章　续言上文之战

鞑靼人见此情景，心下大骇，不知所措。他们十分清楚，无法策马向前，便必败无疑。但他们想出绝妙办法，摆脱了此困境。请诸君听来。诸位得知，鞑靼人见战马惊恐万分，便都跳下地来，将马儿引到森林里，绑在树上。随后他们拉弓上弦，射向大象。箭矢飞天，密密麻麻，超乎想象。大象全身都被射出了窟窿，伤痕累累。国王部队也对着放箭如雨，浴血奋战。但鞑靼人比敌军更善于作战，他们勇猛直前，殊死抵抗。还有什么？诸位得知，正如上文所述，大象被鞑靼人的弓箭射中后，纷纷调头，冲着国王方向奔逃而去，声势浩大，仿佛整个宇宙都崩塌了。巨象群直冲到森林前头才停止。它们躲在林中，摔碎背上的城堡，将一切都破坏殆尽。它们在树林里四处狂奔，惊惶失措，鞑靼人见大象落荒而逃，即刻抓住时机。士兵们立刻跳上马，扑向国王和他的部队，双方以弓箭交战，这是残忍惨烈的战争，国王和士兵负隅顽抗。他们先是以弓箭攻击，箭如雨发，箭射光后，又挥起刀剑与锤棒，攻势猛烈，诸位应当看看这骑兵与战马的惨烈之战，诸位还得去看看这漫天飞舞的手掌、胳膊、胸膛与头颅。诸位得知，双方死伤无数，生灵涂炭。一片哀号，响声震天，甚至听不见雷神的声音。士兵们白刃相接，生死肉搏，残忍可怖。但诸位得知，鞑靼人毫无疑问占了优势。国王与他的士兵惨遭不幸，尸横遍野。这场战役持续到了午后，国王与他的士兵狼狈不堪，折兵损将，清楚任何抵抗都是徒劳。他们明白，倘若再负隅顽抗，将无人生还。他们于是决定不再坚持，仓皇逃窜。鞑靼人见他们逃跑了，将他们残忍屠杀，悲惨至极，叫人不忍直视。他们追杀了一阵，折返进入森林，开始捕捉大象。我告知诸位，他们砍下大树，拦在大象前面，堵住它们的去路。大象是最聪明的动物，所以他们想尽一切办法，最终只能依靠沦为战俘的国王士兵成功捉住了它们。他们共捕了两百只大象。自此战后，大汗也开始大量饲养大象。

这便是此战的情形，鞑靼人获得了胜利。缅及班加剌国王战败是因为其军队装备不如鞑靼人。他们并未将置于军队前列的大象武装起来，利用它们抵挡敌军的头一阵箭雨，反而使得它们反向冲向己方。另补充一个重要原因。这国王不该在一个背后有森林的平原中与鞑靼人交战，而应在旷野中等待他们，便可发挥第一阵队大象的威力，如此方可围剿敌军，随后再以两翼骑兵及步兵包抄，从而一举歼灭。

第一百三十六章　大下坡

离开此州，便开始走下大斜坡。诸位得知，光是下坡便需两日半路程。有一个大广场，常举办大集市，除此之外，旅途中再无其他内容值得叙述。每周三天，这儿的所有人都会在固定日子赶往此广场。他们以银换金，一个萨觉金子可换五个萨觉银子。远方的商人也纷纷赶来，以银子交换此地居民手中的金子。我向诸位确证，他们日进斗金，一本万利。这些来卖金子之人住在人迹罕至的地方，位置险要，无人可来犯。外乡人绝无法知道他们的住址，因为除他们自己外，无人可进入此地。

沿下坡行两日半后，抵达一个位于南方的州，与印度接壤，名为缅州。沿偏僻之地骑马行十五日，途中可见大森林，林中有许多大象及独角兽(liocorno)，又有各种野兽。此地荒无人烟，人迹罕至。咱们离开这些野兽，讲一个故事，请诸君听来。

第一百三十七章　缅城 170

诸位得知，在这如此偏僻的地方行走十五日，抵达一座名为缅的城市。此城繁华壮大，是王国都城。居民拜偶像，语言特殊。他们臣属于大汗。此城中有一件极为名贵的东西，请诸君听来。

昔日，此城有一个富强的国王。临死前，他下令在自己的坟墓上，或陵墓上建筑两座宝塔，一座镶金，另一座镶银，建筑方式如下。先说这通体镶金的宝塔，它以漂亮的石头制成，上覆一层黄金，厚度不小于一指。整个宝塔全被黄金包住，仿佛纯金质地。宝塔高十步，宽度与高度相宜。上方为圆形，四周挂满镶金铃铛，风吹过时，便发出声响。第二座宝塔镶银，与第一座塔完全一样，其制作方式、大小规格、外观形状均一致。此外，坟墓上也覆盖了金片与银片。国王以此彰显自己的奢华绚丽，认为这将对魂灵有益。我向诸位确证，这是世上最漂亮的两座宝塔，价值连城。阳光照耀在上方时，宝塔熠熠生辉，远远地就能瞧见它们发出的光芒。

大汗以下述方式征服此州。诸位得知，大汗在宫廷中养着许多杂耍优伶。大汗对他们说，想派他们去攻占缅州，还给他们配了将领与帮手。因缅国王曾谋反叛乱，大汗此举正是以示对他的侮辱和惩戒。优伶们答说乐意之至。于是他们随同大汗派遣的将领与帮手一道上路了。还有什么？诸位得知，优伶与这些召集起来的人们拿下了缅州。他们征服此州后，抵达缅大城，发现了这两座精美闪耀的宝塔，深感震撼。随即上报大汗，将它所在位置与材质外观，如何工致精巧及价值千金一一告诉大汗。他们对大汗说，如果他愿意，他们可将宝塔拆除，将金子与银子献给大汗。但大汗得知此国王建筑此宝塔是为了护佑自己的魂灵，在死后仍叫世人缅怀自己。大汗便答说不愿将其破坏。这两座宝塔于是便保留了下来，与国王当初建筑时一样。诸位无需惊讶，因为没有任何鞑靼人敢触碰亡者物品。正如前文所述，大汗不愿接受正义审判过的东西，如遭受瘟疫或暴风雨的物品，不对其收取进贡。

有许多肥大漂亮的大象及野牛，还有无数的鹿、黇鹿、狍子及其他各种野兽。

我已对诸位介绍缅州，离开此地。讲讲一个名为朋加剌(Bangala)的州，请诸君听来。

第一百三十八章　朋加剌大州

朋加剌州位于南方。基督降生1290年，我马可居于大汗宫廷时，此州尚未被大汗降伏。但他已派驻士兵，准备攻占。诸位得知，他们有国王，自有语言。他们是极凶恶的拜偶像信徒。与印度接壤。有许多阉人。此州的阉人供给周围各州所有的官员及君主。他们的牛大如象，但不如其肥壮。他们吃肉、乳及大米。盛产棉花，贸易繁荣，出产薰衣草、高良姜、胡椒、生姜、糖及其他珍贵香料。印度商人来此州，大量购买阉人与奴隶，随后转卖至其他地方。阉人及奴隶极多，因为所有入狱的囚犯都会立刻被阉割贩卖。

此州中再无其他内容值得在此叙述。咱们离开此地，讲讲位于东方的交趾国州 (Caugigu)。

第一百三十九章　交趾国大州

交趾国州位于东方，有自己的国王。居民拜偶像，语言特殊，他们臣服于大汗，每年纳贡。诸位得知，他们的国王极好女色，妻妾不少于三百人。凡是美貌女子，他都即刻占为己有。盛产黄金，还有许多质量上等的珍贵香料。但此地远隔大海，商品价值因而不高，价格极为低廉。有许多大象、野驴及其他各种野兽。猎物极为丰富。他们食肉、乳及大米。不喝葡萄酒，而是以大米混合香料制成美酒。所有人，不论男女，都在身上文下许多图案，如狮子、龙、鸟儿等。他们以针文身，可永久不褪。现告知诸位文身方式。首先，他们在全身各处，如脸上、脖子上、肚子上、双手、腿上，用黑墨画出各个图案的轮廓、数量及样式，随他选择。接着，将他的双手及双腿绑起来，叫两三个人来按住。技师将五根针连在一起，四根放成正方形的四角，最后一根位于中间。他将这些针沿着图案的轮廓扎进肉里，刺孔后，立刻浇上黑色液体，这最初打上轮廓的图案便能显现出来。请诸位注意，扎针极痛，简直如同在炼狱中受刑一般！但人们仍照做不误，因为这是尊贵的象征。身上文身数量越多，就越是尊贵美丽。许多人因为在文身时失血过多而不幸丧命。

咱们离开此州，讲讲位于东方的阿宁州 (Aniu)。

第一百四十章　阿宁州

阿宁州位于东方，臣属于大汗。居民均拜偶像，以畜牧业及农耕为生。他们语言特殊。妇人们的腿上及胳膊上都戴着价值不菲的金银圈。男子们也戴，但比妇人们的更漂亮和昂贵。盛产上等骏马，大量售卖给印度，居民由此获利颇丰。水牛、牯牛及母牛无数，土地肥沃，牧草丰盛，百物丰饶。

诸位得知，班加剌州至交趾国州相隔三十日路程，交趾国与阿宁州相隔十五日。

现在咱们离开此州，讲讲位于东方的秃老蛮州（Toloman），与此城相距八日路程。

第一百四十一章　秃老蛮州

秃老蛮州位于东方。居民拜偶像，语言特殊。臣属于大汗。居民外貌美丽，皮肤不甚白皙，为褐色。人们骁勇善武。有许多城市，集镇数量尤其多，位于巍峨险峻的高山上。此地兴火葬传统。他们捡起未被火烧尽的骨头，装在小盒中。随后放在高耸的大山中，挂在大洞穴中，不让任何人和动物碰到。盛产黄金。他们的小面额钱币为贝币，与上文所述情形相似。班加剌、交趾国与阿宁各州皆流通黄金及贝币。商人数量并不多，有几位商人富庶一方，生意兴隆。他们吃肉、乳及大米。不喝葡萄酒，而是以大米混合香料制成美酒。

此州再无其他值得在此叙述的内容，现在咱们离开此地，讲

讲位于东方的叙州(Ciugiu)。 174

第一百四十二章 叙州

叙州位于东方。离开此秃老蛮州，沿河行十二日。此河流经许多城市及集镇。但并无值得在此叙述的内容。沿河行十二日，抵达繁华壮大的叙州城。居民拜偶像，臣属于大汗。他们以商贸及手工业为生，诸位得知，他们以树皮织布，样式精美。夏季，人们身着此类服装。人民善武。仅流通上述的大汗钱币。因为诸位得知，咱们又回到了大汗钱币可流通的地区。

这些地方有不计其数的狮子，无人敢露宿在外，否则将立刻被狮子吃掉。我再跟诸位补充。如果人沿河流行，夜晚必须停泊，可千万不能靠岸太近！因为狮子甚至可以追到船中，它们会抓住人，然后带到远处吃掉。但我得告知诸位，这儿的人不会被狮子捉住，请诸君听来。大狮子固然威猛慑人，但我跟诸位讲一件事，保准你们会大吃一惊。此地有一种狗，敢同狮子对抗。但必须两条狗同时进攻。一个人带着两条狗，便足以杀掉一头巨狮。方式如下。猎人骑马，背负弓箭，带上两条大狗。假如遇到了一头巨狮，那勇敢而威武的大狗看见狮子后便会无所畏惧地扑上去。一条狗从后面扑咬，另一条在前头狂吠。狮子一会儿跟这条狗缠斗，一会儿又得跟另一条狗厮打。但两条狗都不会让它抓住。狮子见没法得手，便只好离开。但狗儿见狮子走开，就追上去，咬住它的双腿和尾巴，狮子怒而转身，但总是抓不到狗。因为大狗不会让自己被抓住。还有什么？大狗发出震天叫喊，狮子惊恐万分，想去找一棵树靠着，好掉转脑袋冲向敌人，但这两条狗仍是死死地从后面咬住它。狮子一会儿向左转，一会儿向右转。猎人拉弓上弦，射出一箭、两箭，或三箭，足以杀死狮子即可。猎人便这样杀掉了许多狮子。狮子无法抵抗骑着马又带着两条凶猛猎犬的猎人。

盛产丝绸，各类商品皆丰富，商人们带着货品沿河而行，贩卖给其他地方。

诸位得知，沿此河再行十二日路程，沿途见到许多城市及村镇。居民拜偶像，臣属于大汗。流通纸币，可使用大汗钱币。居民以商贸及手工业为生，勇猛善武。

行十二日后，抵达本书前文所述的成都府。离开成都府，骑行七十日路程，沿途可见本书前述的各个州及村镇。七十日后，抵达上文提及的涿州。离开涿州，行四日，沿途见到许多城市及村镇。人们以经商及手工为业。他们是偶像崇拜信徒，流通大汗钱币，即纸币。四日后，抵达河中府，此城位于南方，隶属于契丹州。

下文将告知诸位此河中府城情形，请诸君听来。

第一百四十三章　河中府城

河中府是一座华贵的大城市，隶属于契丹，位于南方。居民拜偶像，兴火葬。还有不少基督徒，在城中建有一座教堂。此城臣属于大汗，流通纸币。他们以商贸及手工业为生，盛产丝绸，生产大量织金锦及森德尔绸(zendado)。此城下辖其他许多城市及

集镇。一条大河流经其中，商人沿河将大量商品运至汗八里城。 176
因为他们开采出许多河渠，可直接流到城中。

现在咱们离开此地，继续沿南方行三日，讲讲另一座名为长芦（Cianglu）的城市。

第一百四十四章　长芦城

长芦也是隶属于契丹州的一座极大城，位于南方，臣属于大汗。流通纸币。居民拜偶像，兴火葬。

诸位得知，此城及附近地区炼盐极多。我将炼盐方式告知诸位。诸位得知，这儿有一种盐分很大的土，人们将土做成大量土堆，在上方倒入许多水，让水渗入里面。水从土中流出，吸收了盐分，他们用管子将水收集起来，放在一个不高于四指的广口大铁锅中，久久熬煮。由此可炼出洁白美丽、细腻无比的盐。诸位得知，此盐销往周边多地，此地居民由此获利颇丰，大汗也由此得来不少税赋及收入。

产大桃，每个重达两小磅。

关于此城再无其他内容值得在此叙述，现在咱们离开此地，讲讲另一座位于南方的将陵城（Ciangli）[1]，请诸君听来。

---

1 即元代的陵州，据伯希和考证在今德州与临清之间（伯希和注释第149条，第1册，第258—259页）。

第一百四十五章　将陵城

将陵属于契丹，位于南方，臣属于大汗。居民拜偶像，流通纸币。距离长芦五日路程，沿途可见许多城市及村镇，均臣属于大汗，商业繁荣，这是大汗收入的重要来源。诸位得知，一条浩瀚的大河流经将陵城，无可尽数的商品在上下游之间输送，如丝绸、香料及其他珍贵货品。

上文已述将陵城情况，现说说另一座距离此城六日路程的城市，位于南方，名为东平府城（Tundinfu）[1]。

第一百四十六章　东平府城

离开将陵城，朝南方行六日，沿途不时可见许多城市及村镇，城市繁华而富饶。居民拜偶像，兴火葬。此城臣属于大汗，流通纸币。他们以商贸及手工业为生，这儿百物丰饶。但没有其他内容值得在此叙述，下文介绍东平府。

东平府是一座极大的城市，昔日为大国，但大汗以武力将其强占。此城至今仍是这儿最繁华的城市。不少重要的商人在此经商，生意兴隆。此地丝绸产量极高，无可想象。这儿有许多供人玩乐的公园，优美宜人，各种果物极其丰富。诸位得知，东平府

1　根据伯希和的观点，Tundinfu应为Tunpinfu，即元代东平府。今山东东平县。（伯希和《马可·波罗注》第2卷“Tundinfu”条，第862页。）

城中下辖十一个重要华贵的皇家城市。盛产丝绸，经济蓬勃发展，财政收入极高。

诸位得知，在基督降生第1272年，大汗派遣官员李璮将军(Litan Sangon)前往东平府城及州，负责维护地方和平与安稳，大汗另为他安排八万名骑兵。李璮带兵在此州中驻扎，不久便心生叛意，决定起兵造反。请诸君听来。他将各城长老召集起来，与他们密谋叛乱。全州所有人都支持他们，决定反叛大汗，不听从他的任何号令。大汗得知此事，派遣阿术(Aguil)及茫家台(Mongatai)这两名大臣率领一万骑兵前去镇压。但为何如此赘述？诸位得知，这两名大臣带着部下前来平定叛乱，李璮聚集起来大队人马，骑兵约有十万，步兵多如牛毛。但造化弄人，李璮注定战败，同许多士兵一起惨遭屠杀。李璮战败被屠，大汗随后开始调查谋反主犯。所有参与叛乱的人都被残酷处死。大汗饶过了其他人，不愿多加伤害。自此后，他们皆成了大汗忠诚的臣属与子民，

上文已详尽介绍此事，现在咱们结束此题，讲讲其他地区(咱们又重新回到了契丹地区，因此我先要告知诸位契丹人的风俗，首先介绍此州少女的生活习惯，她们极为洁身自好)。

第一百四十七章　契丹习俗

诸位得知，契丹的少女比别地方的人更要洁身自好，贤良淑德，谦恭朴素。她们不过分装饰，不跳舞，不大声喧哗，不会探身窗前去看过路人，也不会让过路人瞧见自己。她们不打听别人的私事，不赴宴，不娱乐。她们出门只是为了去必要的地方，如

去寺庙拜佛，或是去探望同胞兄弟姐妹或父母。她们由母亲陪伴，绝不会无礼地盯着别人。她们头上戴着优雅的帽子，只能瞧着地上。在路上走动时，她们只是注意下脚的地方。她们在长辈面前，尤为恭敬，从不多说一句废话。她们在长辈面前，只有在询问时才会开口。她们待在闺房中，忙着自己的活计，极少在父亲、兄弟及家中老人面前露面。她们也不与情人逗乐。

青年男子举止也一样，在长辈面前，只有在询问时才会开口。还有什么？他们端庄有礼，即便亲朋之间，两个人也绝不肯相伴去澡堂沐浴。

诸位得知此地关于婚嫁有如下习俗。不管是父亲打算将女儿嫁出去，还是男方来打听，父亲都必须对新郎保证女儿的贞洁。父亲与新郎就此订下契约，附带明确条件。如果证实女儿并非处子之身，那么婚约便无效。双方庄严订约，确定所有条件，接着必须检验女儿的贞操。女孩被带到澡堂，她的母亲、新郎的母亲、双方的女性宗亲及负责此检查的女性长辈在那等待。首先，她们用一个鸽子蛋检查女孩的贞操。如果新郎一方的妇人对检查结果并不满意，便完全可用医学方式来进行测试。一位女性长辈以一块细腻的白布缠住一根指头，巧妙地将手指放入阴道，稍微触碰处女膜，让处女血在白布上染上血渍。因为处女之血有其特性，滴在白布上，便无论如何清洗都无法消除。如可将血渍清洗掉，表明女孩已被玷污，此血并不贞洁。测试完毕，倘若证明女孩为处女，那么婚约便有效。如果不是，则无效。根据拟定的协议，女孩的父亲必须赔偿钱财。

诸位得知，处女们为了保护这宝贵的贞操，走路时极为小

心，一只脚与另一只脚从不隔开超过一个指头。如果女孩行动太 180
过剧烈，阴道便将扩张。

但只是契丹州的居民风俗如此。鞑靼人并不十分在意，他们的女儿及妻子与他们一起骑马，因此她们贞操极易受损。契丹人的忠诚及其他习俗与蛮子州居民相似。

但我仍得告知诸位，关于契丹人的习俗，另有其他内容值得在本书中记述，请诸君听来。

第一百四十八章　契丹人的某些习俗

诸位得知，偶像崇拜信徒们供奉着八十四个神，每个都有一个智慧的名字。偶像崇拜信徒说，天神为每个神赋予了一种特定的能力。比如说，某神负责找回丢失的东西，某神可保佑土地肥沃，有好天气，某神又可保护牲口们的健康，有好有坏，各神皆有神力。每个神都有自己的名字，他们知道每个神的所司之事及特定能力。

他们将那负责找回失物的神造成两尊小木雕，外貌与两个十二岁的幼童相似。他们华丽装饰这两尊雕塑。在供奉此神的寺庙中，雕塑旁边总有一个老妇人，负责看守。如果某人丢了物品，或是被偷了，或是不知道放在何处了，又或是别的原因，总之找不到了，他便去此找老妇人，让她向神打听东西的下落。老妇人先令他对这两尊神像敬香，此人便焚香。焚完香后，老妇人便向神打听这丢失的物品，神便根据情形回答她。于是，老妇人对失主说：“你去某处寻，就能找到了。”如果她对失主说：“某人得了这东西，你去向他要回来，如果他不肯，那你就回到我这，我会想办法让他完整地归还给你。因为如果他不肯，那我便让他砍断一只手或一只脚，或是让他摔断一只胳膊或一条腿，或是用别的方式让他遭罪，这样他便必须将东西还给你。”这话总是能灵验。因为如果某人偷了另一个人的东西，不肯听从命令归还，如她是妇人，她拿着刀在厨房干活，或是在做其他事情时，会切掉自己的一只手，或是掉在火中，或是发生别的不幸。同样的，如果他是男人，那么他在劈柴时，会砍掉一只脚，或一条胳膊、一条腿或其他肢体。因为人们有了经验，知道这是因为他不肯还东西才遭此灾难，便会立刻归还所偷的东西。如果神未回答，老妇人便说：“神灵不在。你走吧，在某个时候再回来。等神灵回来了，我再替你打听。”这人便在约定的时间再来，神灵便回答了老妇人。神嘶嘶地对她低声说话，声音细微而嘶哑。接着，老妇人对他们千恩万谢。她感谢的方式如下。她对着他们抬手击齿，重复三次，仿佛是在说：“至贤，至圣，至灵！”如果某人丢了马儿，她会对他说：“你去某处，在那能找到。”或是：“盗贼们在某处将它们偷走，带着它们沿某个方向走了，你快跑去找回来。”她的回答完全灵验，由此，任何丢掉的物品都可找回来。他们找回了丢失的东西，便对神供奉香火，以示尊敬与虔诚，如供上一臂长的细布，或是一匹织金锦等。

我马可便是这样找回了丢掉的戒指，但我并未对神供奉任何祭品，也未行礼。

此习俗值得在此叙述，上文已详尽介绍。现在咱们回到正题，讲讲南方的新州马头（Singiumatu）地区。

第一百四十九章　新州马头繁华大城 182

离开东平府，朝南方骑行三日，沿途不时可见城市与集镇，繁华富饶，贸易昌盛，手工业发达。野物品种丰富，数量极多。百物丰饶。

骑行三日，抵达新州马头城，这是一座富庶繁华的大城，商业与手工业发达。居民拜偶像，臣属于大汗。流通纸币。诸位得知，此处有一条河，为居民带来巨大利润。原因如下。这是一条大河，从南方直通到这新州马头城。但百姓将这条大河分成了两条支流。一半朝向东方，一半朝向西方，分别通往蛮子和契丹。城中船队不计其数，数量之多，如非亲眼所见，实难相信。我指的是“大水运”，而非“大船只”(gran navigli, navigli grandi)，船只规模只需与大河相宜即可。诸位得知，商船将无可尽数的商品运送到蛮子及契丹。返航时，又满载而归。此河上游与下游运输的商品如同恒河沙数，令人叹为观止。

现在咱们离开新州马头城，讲讲南方地区中名为临州(Lingin)的大州。

第一百五十章　临州大城

离开此新州马头城，朝南方骑行八日，沿途可见大量城市与集镇，繁华富饶的大城，贸易及手工业发达。居民拜偶像，兴火葬。臣属于大汗，流通纸币。

八日之后，抵达一座与州同名的城市，即临州城。这是王国都城。此城极为华贵富庶，居民善武。商业及手工业发达昌盛。野物数量极多，各类飞禽走兽皆有。食物丰富。整个地区都盛产枣(Giuggiola)，个头比海枣大两倍。居民以枣制馒头。

临州城同样位于上述河流旁。船只比新州马头中的更大，运输许多珍贵商品。

现在咱们离开此州及此城，接着讲讲名为邳州(Pingiu)的富饶大城。

第一百五十一章　邳州城

离开临州城，朝南方骑行三日，沿途可见许多城市及村镇。隶属于契丹州。居民拜偶像，兴火葬。臣属于大汗。与上述地区情形相似。流通纸币。飞禽走兽也极多。野物为世上最佳。百物丰饶。

三日后。抵达邳州城，这是一座华贵的大城，贸易及手工业发达。盛产丝绸。位于蛮子州边境。商人们的货车上载满各式商品，运至蛮子州，在各城市与村镇中兜售。此城为大汗财政收入的重要来源。

再无其他内容值得在此叙述，咱们离开此地，讲讲同样位于南方的宿豫城。

第一百五十二章　宿豫城(Ciugiu)

离开此邳州城，朝南方行两日，沿途风光美丽，万物丰盛，

飞禽走兽野物品种丰富。 184

两日后，抵达宿豫城，这是一座富饶的大城，贸易及手工业发达。居民拜偶像，兴火葬。流通纸币，臣属于大汗。平原及田地壮观宜人。盛产小麦及其他各类谷物。

再无其他内容值得在此叙述，咱们离开此地，讲讲新的地方。

离开此宿豫城，朝南方骑行三日，沿途风景优美，可见美丽的集镇与村落，广阔的田园与耕地。野物无可尽数，小麦及其他各式谷物数量丰富。居民拜偶像，臣属于大汗。流通纸币。

三日后，抵达浩瀚无边的哈剌木连大河，此河发源于长老约翰领地。诸位得知，河宽一英里。深不可测，可运载大船。河中有许多又大又肥的鱼儿。河上有一万五千艘船，均属于大汗，负责运送士兵至海岛上，因为此河距大海仅一日路程。每艘船只均配备二十个水手，可运载十五匹战马，另可运送不少士兵、武器及粮草。光是大汗的船只便已多到令人难以置信，该河流经多座城市，沿岸船只数量更是惊人。

河岸边有一大一小两座城市，分别为淮安州（Coigangiu）与河口（Caigiu）[1]。

走过此河，抵达蛮子州。我告知诸位此蛮子州如何被大汗攻占。

诸位不要以为，咱们已经介绍完了整个契丹州的所有地方。

---

1 根据伯希和的观点，caguy的正确写形为cacu，即“河口”，“河口”是当地人对“清河口”或“小清河口”的简称（伯希和《马可·波罗注》第1卷“Caguy”条，第122页）。

上文所述的村镇数量仅为二十分之一。我按照我马可惯常的行进路线来记录，仅记载沿途所见的城市，略过了两旁及内陆地区，否则本书将太过冗长。

第一百五十三章　大汗占领蛮子大州

诸位得知，昔日，蛮子大州的国王为法黑福儿(Facfur)，他强大而富饶，国土辽阔，人口众多，堪称世上最大的国王之一。除大汗外，他可谓世上最强大、最富裕的国王。但我必须告知诸位，他并不擅长打仗。他沉溺于女色，也乐善好施。他的州中没有一匹马，也无人习武练兵。这是因为蛮子州占据险要地理位置。所有的城市都由一条深广的河流所包围，每座城市周围的水渠都极深，宽至少一箭距离。只可沿桥进入城门。假若他们善武，就绝不会丢失城池。但他们并不习武，无人善战，由此战败。

在基督降生1268年，当今大汗，即忽必烈，派遣大臣伯颜丞相(Baian Cincsan)〔或为人们所说的百眼伯颜(Baian Centocchi)〕前往此州。请诸位注意，根据蛮子国王占星师的预测，只有一个长着百只眼睛的人才可以夺取王国。大汗派给伯颜大队骑兵与步兵，他们向着蛮子州出发了。另有许多艘战船，负责在需要时运输骑兵与步兵。所有人都抵达了蛮子州，来到了咱们现在所在的淮安州城(后文将继续展开)，他鼓励城中农民归顺大汗。当地农民拒绝了。于是伯颜继续上路。他来到第二座城市，同样劝说农民归顺，但他们不愿降服。伯颜于是继续向前。他并未行动，因为他知道大批援军正在赶来。还有什么？伯颜去了五座城市，但没能夺取任何东西，无人愿意投降。到了第六座城市，伯颜以武力强攻，将全城人都屠杀了。接着他攻占了第二座、第三座，接连攻下了十二座城市。我无意赘述。夺下这十二座城市后，伯颜直奔行在(Chinsai)，即国王及王后所在的都城。见到伯颜及他的军队后，国王惊惧不已。他率领许多士兵弃城而逃，他组织了一千多艘船只的舰队，扬帆而去，躲在了大洋海中。王后与其他人留在城中，想办法尽力守城。某天，王后问起敌军将领的名字，得知他名叫百眼伯颜。一听到这个名字，王后立刻回忆起占星师的预测，即一个长着百只眼睛的人将夺取王国，她只得投降伯颜。王后归降后，其他所有城市、整个王国都投降了，这真是一场大征服，世上没有一个王国能抵得上此国的一半。国家极为强大昌盛，实在超乎想象。 186

我跟诸位介绍此王如何慷慨仁善。

诸位得知，国家每年抚养两万多名婴儿。原因如下。如果此州中的妇人家境贫穷，无力抚养子女，便将刚刚出生的婴儿交给国家。国王接收这些新生儿，将每人出生的时辰星象都登记下来，随后将孩子们分派到各个城镇，吩咐许多乳母来负责照顾。如果某位富人无子女，想领养弃婴，就去找国王，告知需求，挑选自己最喜爱的孩子。当孩子长大后，如果他的父母提出请求，附上证明他们为生父母的书面材料，便可要回自己的孩子。到了适婚年龄，便让弃儿组成家庭，国王为他们提供一切物资，让他们得以生活舒适。国王每年都以这种方式抚养两万多名男孩女孩。

国王还做一件善事。他在路上走时，如果发现两座漂亮房子之间有一座小房子，便会立刻询问为何此屋这么小，为何不及旁边两栋。如果得知此茅屋主人家境贫穷，无力装饰，他便下令修整此屋，将它建得跟旁边两座房子一样华丽而壮观。

我还要补充一点，国王身边总有一千多位少男少女伺候，他为他们提供华贵美丽的服饰。

国王英明执政，国中无人作恶。商铺可夜不闭户，绝不会被偷盗。在夜间，人们可如白日一样放心行走。此国百姓道德高尚，无法以语言描述。

咱们已介绍国王情况，现在讲讲王后。大汗唤她觐见，他见到王后，便对她极为恭敬，如同对待一位贵妇一般。她的丈夫，即国王，从未离开过大洋海，于此逝世。

咱们不讲国王与他的妻子，回到蛮子州。我将详尽告知诸位此地所有风俗习惯及与他们相关的一切内容。请诸君仔细听来。

咱们从头开始，讲讲淮安州城。

第一百五十四章　淮安州城

淮安州城富饶华贵，疆域辽阔。处于蛮子州门户，位于东南方向。居民拜偶像，兴火葬。臣属于大汗。城中有许多船只，浩如烟海。正如上文所述，诸位已知此城有一条名为哈剌木连的大河。诸位得知，此城为都城，无数商品运送至此。许多城市的商品都运往此城，随后沿着河流转卖至其他许多城市。城内可制盐，产量丰富，可供应四十多座城市。大汗征收盐税及贸易税，这是国家重要的财政收入来源。

咱们已介绍完此城，现离开此地，讲讲宝应城（Pauchin）。

第一百五十五章　宝应城 188

离开淮安州，朝东南方向行进一日，途经一片通往蛮子的高地。此高地以美石制成，各面环水。一侧为宽广的沼泽，另一侧为沼泽及河流，河水极深，可通航。除船路外，仅可经由此高地进入州中。

一日后，抵达美丽的宝应城，该城疆域辽阔。居民拜偶像，兴火葬。城中有不少信奉聂斯脱利派的突厥基督徒，建有教堂。臣属于大汗。通行纸币。百姓以商业及手工业为生，盛产丝绸。出产各式织金锦及森德尔绸，数量极多。百物丰饶。

但再无其他内容值得在此叙述，咱们离开此城，讲讲高邮城(Cauiu)。

第一百五十六章　高邮城

离开宝应城，朝东南方向行一日，抵达高邮城，这是一座华贵的大城。居民也拜偶像。他们以商业及手工业为生。百物丰饶。鱼儿极大。各种飞禽走兽等野物数量极多。以一个威尼斯银币便可购得三只上等野鸡。

现在咱们离开此城，讲讲泰州城(Tingiu)。

第一百五十七章　泰州城

诸位得知，离开高邮城，骑行一日，沿途可见许多村落、田园及农庄，最后抵达一座名为泰州的城市，此城不大，但百物丰饶。居民拜偶像。流通纸币，臣属于大汗，他们以商业及手工业为生。商品种类丰富，居民获利颇丰。位于东南方，船只不计其数，飞禽走兽等野物数量极多。

诸位得知，从此地左侧沿东方行三日，便可抵达大洋海。从大洋海至此之间所有城镇都兴炼盐，产量极大。海州（Cingiu）[1]大城富饶而华贵。城中所炼之盐可供应全州，诸位非得亲自去看看才能相信，此城自然是大汗财政收入的重要来源。居民拜偶像。流通纸币，臣属于大汗。

现在咱们离开此地，回到泰州。上文已详尽介绍泰州情形，现离开此地，讲讲扬州城（Jangiu）。

第一百五十八章　扬州城

离开泰州城，朝东南方向行一日，沿途风景优美，可见许多集镇与村落。最终抵达一座名为扬州的华贵的大城。诸位得知，此城辽阔而强大，下辖二十七个城市。各城皆富庶，商业发达。这是大汗挑选的十二省城之一，因此十二个大臣之一便居住于此。居民拜偶像。流通纸币，臣属于大汗。马可·波罗先生本人，即本书所说的主人公，奉大汗之命，在此城治理三年。百姓以商

1　关于此地，前人有真州、通州、仙女庙等说。贝内代托在2016年的法译本中将此地改作泰州，而本节前文所述之泰州，则被改作邵伯；伯希和以为海州，可能的最初形式为*Caigiu。此从伯希和说（伯希和《马可·波罗注》卷1，“cingiu”条，第364—365页）157的注。

业及手工业为生，此地制作骑兵及士兵所需的军用品，产量极大。诸位得知，此城及附近下辖城中驻扎着许多士兵。

再无其他内容值得在此叙述，咱们离开此地，讲讲两个同样隶属于蛮子的大州，位于西方。因内容较多，下文将单独跟诸位介绍此地风俗与习惯，先说说南京 (Nanchin)[1]。

第一百五十九章　南京州

南京州位于西方，隶属于蛮子州，繁华昌盛，疆域辽阔。居民拜偶像。流通纸币，臣属于大汗。百姓以商业及手工业为生。盛产丝绸，制作各式织金锦及森德尔绸。粮食品种丰富，数量极多，百物丰饶。此州土地肥沃。另有无可尽数的野物。兴火葬。有许多雄狮。每年为大汗缴纳大量税款，是财政收入重要来源。

再无其他内容值得在此叙述，咱们离开这儿，讲讲极为华贵的襄阳府 (Sanianfu) 城。此城至关重要，值得一提。

第一百六十章　襄阳府城

襄阳府是华贵的大城，下辖十二个富饶的大城。商业及手工业发达。居民拜偶像，兴火葬。流通纸币，臣属于大汗。盛产丝绸，可制各式绫罗绸缎。野物丰富。华贵都市所有的一切，此地

1　沿袭金南京的名称，指开封。

无一缺少。

诸位得知，在蛮子州归顺后，此城仍顽强抵抗了三年。大汗派遣大部队在前方驻扎，但他们仅能驻扎在一侧，即北方，其他三面都环绕着极深的大湖。大汗军队只能从北面进攻，而另外三面因有水路。城中粮储充足，如果不是因为下述方法，襄阳府绝无法被攻下，请诸君听来。

诸位得知，大汗军队围攻此城达三年之久，仍未拿下。这让他大为苦恼。尼克先生、玛窦先生及马可先生说："咱们得想出办法，立即攻占城市。"屯守士兵答说这便是他们梦想之事。大汗也见证了上述对话。攻城士兵派人送信给大汗，表明此城无法攻下，因为部队无法拦截从别面送入城中的粮食。大汗说："必须找到拿下此城的方法。"这两兄弟和他们的子侄马可上前说："陛下，我们身边有一些人可造出强大的投石机，射出的石头绝对会让这些百姓惊慌失措。投石机发射出第一块石头，他们就会投降。"大汗对尼克先生、他的弟弟与儿子说，自己十分认可这个提议。命令他们尽快造出投石机。尼克先生、兄弟与儿子身边有两个能工巧匠，一个阿兰人(Alano)及一个聂斯脱利派的基督徒，三人吩咐他们制造出两三架可投掷重达三百磅石头的投石机。于是他们制造出三架精美巨大的投石机，每架都可远距离投掷出三百磅的石块。他们接着准备了六十块完全相同的圆形石头。投石机制作好后，大汗及宫中其他官员欣然前来观赏，检验它们的威力，机器投掷出许多上述重量的石头。众人惊叹不已，纷纷击节称赞。大汗命人将投石机送给那久攻不下襄阳府城的部队，他们将机器在前线架起来，鞑靼人认为这是世上最大的奇观。还有什

么？他们架起投石机，拉紧放石，每架投掷巨石到城中。石头砸 192
破房子，将一切都捣毁了，发出震天巨响，城中百姓见到这全然未曾见过的噩运，吓得惊愕失色，六神无主。他们聚众商议，仍无法想出对付这投石机的方法。他们认为如不投降，全城都无法逃生。他们决定不管怎样，都将投降。他们告诉敌军将领，决意以该州其他城市归顺的相同条件，臣服于大汗。敌军将领答说完全同意。大汗接受了投降，城中人都归顺他。这都要归功于尼克先生、玛窦先生及马可先生。这并非一件无足轻重的事情。因为诸位得知，此城及此州是大汗所拥有的最好地方，是其财政收入的重要来源。

现在咱们已介绍此城如何因尼克先生、玛窦先生及马可先生制出的投石机而投降，现在离开此题，讲讲真州城(Singiu)。

第一百六十一章　真州城

诸位得知，离开扬州城，沿着东南方向行十五英里，抵达真州城。城并不大，但船只数量极多，贸易繁荣。居民拜偶像，臣属于大汗。流通纸币。城中有一条世上最大的河流，名为江(Chian)。宽六至十英里不等，从源头至大海，总长一百二十英里路程。无数小支流汇入河内，均可通航，途经多个城镇，将河流逐渐壮大。城中船只无可计数，将各类商品及物品运输至各地。此城缴纳大额税赋，是大汗财政收入的重要来源。

诸位得知，此河源远流长，流经许多集镇，润泽许多城市。就算将基督教国家所有的川河及所有的大海都加起来，也无法运输如此多的船只和如此珍贵及高价的货物。我向诸位确证，我曾在城中一回就见过五千艘船在河上通行。我曾听人说，光计算上游通航的金额，大汗每年对此河所收的税赋就高达二十万。此城面积不大，尚且有这许多艘船，诸位可以想象其他城市的船只数量。请诸君注意，河流经十六个州，灌溉两百多座重要城市，各城往来船只数量竟比这城内的还多。河中分出许多小支流，沿岸有不少城市及村镇，亦有无可尽数的船只。这些船或是运输货物至真州城，或是将商品运往别的城市。此河所运的商品中，数量最多的为盐。商人们在城中取盐，随后运往沿岸所有地方。商人也深入内陆，离开主河，沿着分流前进，将盐运送至河流沿岸所有地区。商人们将盐从各个方向，从沿海所有炼盐的地区，沿河运至真州城。船只载满食盐，运输至本文中提及的地区。商船还可运输铁。从上游流下时，商船将木材、煤炭、大麻及沿海地区其他各式商品运至城内。即使船只数量极多，但仍无法运输这许多的货品，还需使用木筏。正如上文所述，此城，或准确说，此城港口是大汗财政收入的重要来源。

河中央耸立着多座山丘及岩山，上方建有拜偶像派的道院及其他民宅。时常可见村镇及民居。船覆有顶棚，只有一根主桅。但载重极大，可达一万二千石 (Cantaro)，计量方式与咱们国家相似。

上文已详尽介绍所有内容，咱们离开此地，接着讲海州城。但另有一事值得在本书中记述，此前遗漏，现补充告知，诸位得知，不是所有船只都配有麻绳桅索，仅桅杆及风帆上有。纤夫以竹子制成的纤绳拉船靠岸。此地竹子又粗又长，与上文所述相

似，长度可达十五步。将竹子劈开，再依次捆扎起来，由此可制 194
成长三百步的长绳，比麻绳更结实。

此外，需八匹至十二匹马拖动船只逆流而上。

咱们离开此地，前往上文提及的海州。

第一百六十二章　海州城

海州是一座小城。位于东南方。居民拜偶像，臣属于大汗，流通纸币。位于上文所述的河岸。城内囤积大米及其他谷物，沿水路运输至大汗宫廷所在的汗八里大城。请诸君注意，不是沿大海，而是沿川河与湖泊运输。运输至此城的粮食是大汗宫廷的主要来源。大汗因此命人在此城至汗八里之间修建了上文所述的运河。他命人在各河之间及各湖之间挖凿出宽广深邃的大水渠。放水从中流过，如同大河，可通行大船。由此搭建了从蛮子州至汗八里城的运输渠道。建筑水渠所挖出的土壤堆成了一条真正的陆路，由此也可行陆路前往。正如上文所述，可经陆路与水路进入此城。

此城对面，河中央有一个岩石小岛，建有一座拜偶像派道院（原文为monastero），共有两百名信徒。大道院供奉着大量神像。诸位得知，拜偶像派道院下辖许多其他道院，与我们的主教府相似。

咱们离开此地，沿河前行。讲讲镇江府（Cinghianfu）。

第一百六十三章　镇江府城

镇江府城隶属于蛮子州。居民拜偶像。臣属于大汗，流通纸币。居民以商业及手工业为生。盛产丝绸。可制作各式绫罗锦缎。商人富庶，生意兴隆。飞禽走兽等野物数量极多。粮食充足，百物丰饶。

基督降生第1278年，城中建有两座聂斯脱利派的基督教教堂，我告知诸位原委。诸位得知，此城中从未有过基督教教堂，也无人信仰基督。1278年，聂斯脱利派基督徒马薛里吉思（Mar Sarchis）奉大汗之命在此治理三年。马薛里吉思命人修建了这两座教堂。此后，城中便有了基督教教堂。但此前城中既无教堂，亦无基督徒。

咱们离开此题，讲讲常州（Ciangiu）大城。

第一百六十四章　常州城

离开镇江府城，朝东南方行三日，沿途可见许多城市及村镇，商业及手工业繁荣。居民均拜偶像。臣属于大汗，流通纸币。

三日后，抵达常州城，这是极为华贵的大城。居民拜偶像。臣属于大汗，流通纸币。以商业及手工业为生。盛产丝绸，可制作各式绫罗锦缎。飞禽走兽等野物数量极多。土地肥沃，百物丰饶。

现跟诸位介绍此城百姓所做的一件恶事，他们为此付出了沉重代价。

诸位得知，伯颜率领大汗军队征服蛮子州，随后派遣部分士兵来夺取此城。他们都是阿兰人，是信奉基督教的信徒。城池被攻陷了。城外有两道城墙。阿兰人进入第一道城墙，找到了不计其数的美酒。他们一通狂饮，所有人都醉倒了，呼呼大睡，如木头一般。城中士兵躲在第二道城墙内，他们见入侵者烂醉如泥，如死人一般卧倒在地，便毫不迟疑。当夜就将所有人都屠杀了，无一人幸免。大部队将领伯颜得知此城士兵采用如此卑鄙的手段屠杀了自己的部下，便派出大部队攻城。城市沦陷了。诸位得知，城池被攻占后，所有人都被刀刺杀了。正如上文所述，此城许多人由此被屠杀了。 196

咱们离开此地，继续往前。讲讲苏州 (Sugiu) 城。

第一百六十五章　苏州城

苏州是一座繁华的大城。居民拜偶像。臣属于大汗。流通纸币。盛产丝绸。以商业及手工业为生。可制作大量绫罗锦缎。商人富庶，生意兴隆。此城疆域辽阔，周长六十英里。人口众多，无可计数。如果蛮子州百姓善武，他们必将征服全世界。但他们并不习武，都是些老练的商人和能干的手艺人。此地诞生了不少伟大的自然哲学家和伟大的医生，他们参悟了自然的奥秘。城中有许多占星师及卜卦师。

诸位得知，城内有六千座石桥，桥下可航行一两艘两桅帆桨战船。我还告知诸位，此地高山盛产大黄与生姜。一枚威尼斯银币便能购得六十磅质量上乘的新鲜生姜。

诸位得知，此城下辖十六座商业及手工业发达的大城。

此城名为“苏州”，即我们所说的“地”。此城附近另有一座城市，名为“天”。名字彰显出这两座城市的华贵与昌盛。我将在后文介绍另一座名为“天”的大城。

现在咱们离开苏州，抵达吴江（Vugiu）城[1]。诸位得知，吴江城距离苏州一日路程。这是一座富饶的大城，商业及手工业发达。没有其他内容值得在此叙述，咱们离开此地，讲讲吴兴（Vughin）城。

吴兴城也是一座华贵大城。居民拜偶像，臣属于大汗，流通纸币。盛产丝绸及其他珍贵商品。百姓是精明的商人与灵巧的手艺人。

咱们离开此城，讲讲长安（Ciangan）城（一帆）。诸位得知，长安城也是一座富饶的大城。居民拜偶像，臣属于大汗，流通纸币。以商业及手工业为生。盛产各式森德尔绸。野物丰富。

再无其他内容值得在此叙述，咱们离开此地，继续往前。下文介绍一座繁华大城，即蛮子国都城行在。

第一百六十六章　行在城

离开长安城，行三日，风景优美，可见许多华贵富饶的城市及村镇，商业与手工业发达。居民拜偶像，臣属于大汗，流通纸币。百物丰饶。

三日后，抵达行在城，即我们所说的“天之城”。

1　以往译作吴州。伯希和根据行程路线，推断此地为吴江。吴江在元代曾升为州，但未有吴州之称，故改译作吴江（伯希和《马可·波罗注》卷2，“vugiu”条，第872—873页）。

咱们既已来到此城，便讲讲此城如何华贵。这值得一提，因为此城是世上最繁华富饶的城市。蛮子王后曾致文书给该州的征服者伯颜，描述此富丽之城，祈求他转告大汗：希冀他在了解到这是一座极其繁华华贵的城市后，不会进行破坏或荼毒。咱们便依据此文书，对诸位详尽介绍，所述内容将与文书完全一致。一切都完全属实，我马可·波罗曾亲眼所见，可对诸位确证。 198

首先，文书中记录行在城全长百英里。此城面积如此辽阔，诸位无需惊讶。城中道路水渠皆宽广。举办集市的广场开阔壮观，人山人海，请诸君听来。

该城情况如下。一侧为一个清澈的淡水湖泊，另一侧为一条大河。此河分出无数大小水渠，流经城市各个角落。流过时，将秽物全冲刷走，最终汇入上述湖泊中。随后又继续往前，灌入大洋海。因此城中空气十分洁净。

诸位得知，除陆路外，可沿上述渠道在整个城市中通行。道路水渠皆宽广辽阔，马车及船只载着生活用品安然运输。城内有一万二千座桥梁，大部分为石桥，仅有少量木桥。修建在主干道大水渠上的桥梁筑有极高的桥拱，宏伟壮观，大船甚至无需降下桅杆便可轻松通过。即使桥拱很高，在桥面上通行的马车马匹仍然如履平地。小船则可在任何桥梁下通航。桥梁数量如此之多，诸位无需惊讶。正如上文所述，城市被大量水道包围与浸润，仿佛耸立在水面上。需建筑许多桥梁，方便百姓在城中四处通行。

另一面为护城河，构成城市边界。长约四十英里，极其宽广，从上文所述大河中引水而建。护城河由此州古代国王命人建筑而成，用于泄洪引流，也可护卫城池。水渠开凿后的土壤堆积在内部，构成了一座环绕城市的小山丘。

城中各个区域建有无数小广场，另有十个重要的广场。均为方形，边长为半里。广场前方为主路，宽四十步，贯穿整个城市，上有多座平坦的桥梁，每隔四英里，便建有一座周长二英里的广场。这些广场后方同样流淌着一条宽广的水渠。广场附近的河畔上修建了大石屋，所有从印度及其他各国来的商人都将他们的商品存放于此，以便靠近广场。每周三次，约有四千至五千名商人来这十个广场上做买卖，带来可供食用的各类商品。因此，此地食物总是极其丰富。狍子、黇鹿、野兔、兔子等野物，山鹑、野鸡、鹧鸪、石鸡、母鸡、阉公鸡等禽类及鸭鹅数量之多令人难以置信。湖泊中饲养许多鹅鸭，一枚威尼斯银币可购得一对鹅或四只鸭。屠夫宰杀大型牲口，如小牛、水牛、小山羊、羔羊，提供给显贵与富豪。家境贫寒者不拒绝食用其他较为次等的肉类（原文-non rifuggono da carni meno nobili）。广场上有各式水果，琳琅满目。梨子数量最多，个头极大，一个重十磅，果肉如白面，鲜美多汁。当季产黄桃及白桃，清爽可口。不产葡萄，从别处进口美味葡萄干。惯用大米混合香料酿酒，不爱葡萄酒。每日，商人将大量鱼儿从大洋海沿二十五英里水路运输至此。湖中鱼儿数量极多，职业渔民不时捕捞。不同季节品质不同，城市垃圾流入此湖，鱼儿由此肉肥味美。若是诸位见到这无数的鱼儿，必定以为难以贩卖，但实际只消数小时便可售卖殆尽。人口众多，生活考究。他们吃鱼与肉。

上述十个广场周围均建有高屋子。下方为商铺，有各类手艺人及各式商品，如香料、珠宝首饰等。有些商铺只卖以大米混合香料酿制而成的美酒，酒既新鲜又便宜。

有许多道路通往这些广场。

有几条路上有冷水浴澡堂，配有许多男女搓澡工，负责为前来洗澡的男女们搓澡。因为此地居民自小就习惯洗冷水澡。他们认为这有益健康。他们的澡堂中也为外乡人设置了几间热水浴室，外地人并不习惯，无法忍受冰冷的冷水澡。他们每日洗澡，绝不在洗澡前进食。

其他路上有招揽生意的妓女，我不敢说她们人数很多。广场上有专供她们使用的地方，但她们四处走动。妓女们生活奢华，香水浓烈，带着许多婢女住在华丽的房子里。她们温柔可人，能言善道，满口甜言蜜语，八面玲珑，如果某位外乡人享受过她们，就会被她们的甜美可人弄得神魂颠倒，绝无法忘怀。回到家中，他们跟人炫耀自己去过行在，即“天之城”，迫不及待地想再去。

其他道路上住着所有的医生和占星师，占星师也教人识字读书。其他许多行业也同样如此，政府为每种行业都在上述广场指定了专门的位置。

诸位还得知，这些广场上建有两座大宫殿，分别位于两侧。宫中住着大汗选派的官吏，负责调解商人及居民之间的矛盾。官员还需检查守卫们是否每日例行去附近的桥上巡逻（将在后文介绍），如果发现有人玩忽职守，便会按照自己的判断予以处罚。

上述贯穿此城的主路两旁都建有带花园的房子及大宫殿。花园旁还有工匠住的房子，他们在店铺中劳作。每天无论什么时候，路上行人总是络绎不绝。我向诸位确证，诸位见到这人山人海，必会疑惑此地粮食是否充足。但每天上述广场的集市中都挤满了顾客与商人，他们用马车和商船运来许多食料。集市中贩卖各种商品。我告知诸位，我曾听一位在大汗海关局当差的朋友说起，行在城每天就要消耗四十三车的胡椒，每车都重二百二十三磅。诸位可想象其他香料及其他一般食材的消耗量得有多大。

蛮子王后还在文书中提及此城有十二种技术，对应十二种职业。最繁荣的职业有十二种，而其他小职业简直无可尽数。文书中记载，每种技术都有一万二千家店铺或作坊，每个铺子里都有十余人。还有的铺子中有十五人、二十人、三十人或四十人不等。当然并非全为师傅，还有部分为帮工。假如诸位考虑到行在为州中其他许多城市供应商品，便会明白手艺人数量为何如此之多。此地有许多富商，他们生意兴旺，无法以语言描述。诸位请注意，达官贵人及他们的妻子乃至所有的店铺老板从不亲自干活。他们养尊处优，生活洁净，如同国王一般。他们的妻妾也是长相甜美，如同仙女。

诸位得知，上文所述的蛮子国王当朝时，规定人人都必须继承父亲的职业。就算他有十万拜占庭金币，也不可背弃父亲的职业，去另谋他业。他们无需亲自做此种工作，但必须雇用上文所述的匠人。但大汗废弃了此禁令。如果某位手艺人积累了足够财富，可不再做此手艺，这是他的意愿，无人可强迫他一直坚持。大汗认为原因如下，如果某人因贫穷而必须做某种手艺，否则将无法谋生，但未来他有了好运，不工作就能生活舒适，那么，如果他不愿意，何必逼迫他再坚守原来的职业？反对那些受到神的恩赐的人未免太荒唐，太不公道。

正如上文所述，此城一面，即南面，有一个周长三十英里的湖泊。周围建有许多达官贵人的华丽宫殿及屋宅，设计精巧，美轮美奂，无与伦比。还有无可尽数的拜偶像派庙宇。

诸位得知，湖中央有两座岛，每岛上方都有一座华丽壮观的宫殿，房间及大殿难以计数，富丽堂皇，如同帝王宫殿。人们在宫殿中举办婚宴或其他宴会，在此参加婚礼及其他庆典。宫内配有举办宴会所需的一切用品。如锅碗瓢盆、砧板、桌布等，所有物品均由行在城的百姓制作，专门为此用途预备。诸位得知，有时参加宴会的人多达上百人。有人参加婚礼，有人赴其他宴会。所有人都下榻在不同的房间或大殿内，井然有序，绝不互相干扰。

诸位还得知，此湖泊上，有无数大小不一的画舫或游船，供人散心游玩。游船长十五至二十步，可容纳十人、十五人、二十人或更多的游客，船只底部宽平，可平平稳稳地在水面航行，不向任何一边倾斜。人们带着女伴或友人，租上一艘游船。船只装饰华丽，配有精巧桌椅及其他聚会所需的用品。他们带上美酒和各式可口点心。每艘游船上方都有“顶棚”，木板上有掌舵的船夫。湖深不超过两步，船夫手执木篙在湖底点开，由此推动游船前进。顶棚及整船内部五颜六色，绘着各式图案。周围设有可开合的窗户，在游船两侧坐着吃饭的游客可四处观赏，欣赏这优美的水光山色。世上再无比这游湖更美好的乐事了。湖泊远离城市，游人在船上可一览城市的壮阔与美丽，欣赏无数宫殿、庙宇、道院、花园以及河畔的参天大树。

湖上，时常可见画舫游船，游客们相携而来。此城百姓，无论工匠或商人，都最爱游乐。一结束工作，便将剩余时间用来消遣。他们带着妻子或妓女来此游玩。他们最爱纵情享乐和觥筹交错，别的一概不想。除游湖外，他们也爱乘坐马车沿城散心。关于马车，另有一事值得一提，后文将对诸位介绍。乘车观城与坐船游湖是行在城百姓最乐意的大享受。

城中有许多华丽屋宅。房子都建筑精巧，富丽堂皇。他们醉心于装饰绘画建筑，耗资巨大，令人震惊。

城中到处建有大石塔，如有失火，百姓便将所有的东西都搬上去。请诸位注意，此城时有失火，因为房子大多为木质。

行在居民拜偶像，臣属于大汗，流通纸币。

他们吃各种肉类，如狗肉，或是其他不洁净的肉类，而这是我们国家任何一个基督徒无论如何都不会吃的。男女容貌美丽，皮肤白皙。他们主要穿丝绸衣裳。这是因为此地盛产丝绸，除整个行在地区生产的丝绸之外，商人还从其他州中运来许多其他绸缎。他们的国王追求和平，本地人受其教育熏陶，也是如此。他们不懂兵术，家中无武器。百姓和睦相处，从不见有人争吵或是发生冲突。他们是可信诚实的商人与手艺人。每个地区都友爱团结，人们互帮互助，男女互敬，邻里友好，亲如一家。男子从不嫉妒或怀疑他们的妻子，尊重女性，猥亵有夫之妇将被视为大不敬。他们对来此经商的外乡人也极为和善，他们热情好客，竭力帮助，尽心为他们的生意提供建议。相反，他们不愿见到大汗的士兵或戍兵，因为他们认为正是大汗夺去了自己的国王。

诸位还得知，大汗下令为这一万二千座桥中的每座都配备十名守卫。他们驻扎在棚子下面，白天五人，晚上五人。因此任何时候城中都有六万名守卫。他们负责保卫城市，防备某个胆大包天的人在城中作乱。每个守卫点都有一个大木瓮，内有一面大锣，可为居民通报白天和夜晚的时间。夜晚刚开始时，守卫在过了一个小时后，便会敲一次锣，这地区的人们就知道过了一个小时。再过一个小时，敲击两次。每隔一个小时，守卫都按照当时的时间敲击相应次数。他们从不睡觉，随时保持警惕。次日早晨，太阳升起时，他们便敲击一个小时，做法与夜间相同。由此每隔一个小时都敲锣。部分守卫到处巡逻，检查是否有人在规定时间之后点灯或点火。如果他们发现有人违反规定，便在门上做上记号，第二天早晨传唤主人来面见大汗官吏。如果没有合理解释，便将其治罪。晚上，如果他们发现有人在规定时间之后在城中走动，便将其抓起来，第二天早晨带到官吏面前。整个城市有许多救助院，由旧时国王所修建，捐助极多。白天，如果守卫们发现某个穷人身体有残病，丧失劳动力，便将他们送至救助院。如检查出他身体健康，便逼迫他自力更生。如果发现某人家里失火，他们便敲锣报警，其他桥的守卫即刻赶来灭火，保护商贩或其他人放在上述石塔中的货品，或是用船运至湖中岛上。除遭遇失火的人及救火的守卫外，城内无人敢在夜晚离开家，也不敢去救火，守卫人数从不少于一两千人。 204

此外，城中建有许多小土丘，每堆相距一英里，上设木塔，悬挂一块大木板。一只手抓住木板，另一只手以棒槌敲打，声音可远远传播。每当城中失火，或是发生骚乱时，此木板便敲响。百姓便立刻能听见其响声。

大汗命人严密防护此城，派大量骑兵与步兵驻守在城内及周边地区，选派最忠心的大官治理此地。因为行在是蛮子州都城，也是全州最重要的城市。它富裕繁华，是国家财政收入重要来源。大汗担忧此城反叛，派士兵以武力严加保护。

诸位还得知，此城所有道路都铺设石板和赤土砖，蛮子州中大街小巷都如此。不论骑马还是步行，都可在全州自由通行，不会弄脏身子。请诸君注意，道路一部分，即路面一侧并未铺设石板。这是因为大汗钦差无法在石板路上疾驰。注意，上述贯穿行在城的主路每侧也同样铺设了十步长度的石板和赤土砖，但中间全填满了细小的碎石，掘出小沟将雨水收集引入附近水渠中，让路面随时保持干燥。

路上不时有长马车驰骋经过，马车上覆顶棚，内铺锦缎与丝绸枕头，可容纳六个人。每天都有不少男男女女乘坐马车去游玩享乐。主道中间石板路上的马车络绎不绝。人们去花园玩乐，园丁将他们迎到阴凉地方乘凉。他们整天都与女眷们在此自在取乐。晚上又乘坐马车回家。

城内有三千家热水澡堂。正如上文所述，百姓讲究卫生，每月都要去多次，诸位得知，这是世上最华美、最舒适和规格最大的澡堂。可同时容纳百名男女洗澡。

我还告知诸位，大洋海距此城二十五英里，位于东北方及东面。海上有一座名为澉浦(Ganfu)的城市。此城港口地理位置绝佳，成千上万艘商船从印度及其他国家航行至此，运载着无数昂贵商品。行在城通过此港与河流相连，因此船只可径直抵达城中。行在仅仅是此河流经的多个地区之一。

我还补充，大汗将蛮子州分为九部分，由此分割出九个大王国，每国都选举出自己的国王。共计有九位强大的国王，但请诸位注意，他们只是大汗政府的普通官员。每年，每国都必须将当年财政情况上报大汗，阐明收入来源及其他细节。与其他官员一样，九王人选每三年更换一次。九王中的一王居于此城行在，下辖一百四十座富饶的大城。

还有一事必将令诸位大为吃惊，现补充如下。诸位得知，蛮子共计有一千二百余座城市，大汗在每城中都安排了许多守卫，请诸君听听这士兵数量。少则一千名，多时则有一万、两万或三万士兵守卫，数不胜数。请诸君不要认为这些人都是鞑靼人。他们是契丹州人。也并非全为骑兵，大部分为步兵。鞑靼人善骑射，并不常驻扎在潮湿多沼泽的城市，而是选择干燥坚硬的地面，方便习练骑术。正如上文所述，契丹人及蛮子州士兵善武，大汗派遣他们屯守潮湿多沼泽的城市。每年，大汗从封臣中选派出那些最善于打仗的人，将他们编入自己的“军队”。以此种方式从蛮子州中挑选出来的士兵无法看守家乡，只能被派至其他距离二十日路程的城市。他们在此驻扎四五年，随后返家，由其他人替换。那些来自契丹州的士兵也同样如此。

进入大汗国库的城市财政收入主要用于维持屯兵。城中百姓常因某阵突如其来的愤怒或狂热而屠杀自己的统治者。如发生叛乱，邻近城市可迅速派遣大部队，镇压叛乱的城市。若选择从契丹的另一个州中调遣一支军队，将耗时漫长，需要一两个月。

诸位得知，行在城中固定有三万戍兵驻守。

我向诸位确证，蛮子州富饶华贵，对大汗缴纳巨额财政收入及税赋，这实在令人难以置信。若非亲眼所见，仅听人描述，绝难相信。难以用文字准确描述此州的繁华昌盛。因此，我再无太多内容向诸位介绍，决定就此打住。但我仍应对诸位补充几事，之后再离开此地。

诸位得知，蛮子的所有百姓都有如下风俗。婴儿诞生后，父亲或母亲会记下他出生时的日子与时辰，出生在何星象及星宿下。因此人人都知道自己的生辰八字。如果有人想去外地旅行，便去找占星师，告知自己的生辰八字。占星师便会回答他们是否应该出行。他们常因占星师的预测而放弃旅行。如果有人想结婚，首先同样需请占星师核查一下两人的生辰八字是否相合。如果男子与女子的生辰八字相合，便可结婚。如果他们的生辰八字相冲，婚约便会落空。他们对任何重要的事情都如此。因为诸位得知，他们的占星师都精于巫术，擅长招魂，他们预测的事情大多都会灵验，因此人们对他们深信不疑。每个广场上都有许多占星师（或巫师）。

诸位还得知，将死人遗骸火化时，除极贫寒的人家外，通常所有亲属，不论男女都要披麻戴孝，跟随送葬。他们请来乐师，为他们的神唱诵颂歌。来到火化点后，他们便停下来。他们有如下风俗：用纸做出许多马儿、男女奴隶、骆驼、绫罗绸缎及钱币，将这些剪纸丢入火中，与遗骸一起焚烧。

他们说，亡者在另一个世界当真会享有这些东西，如同活物，纸钱也会变成金子。他们说，在火化时尊敬亡者，他在另一个世界中也将从他们的神那得到同样的荣耀。

正如上文所述，他们清楚死时会得到尊敬。出于这种信仰，他们都对死亡无所惧怕，满不在乎，因为他们确信自己在来生可获得同样的荣华富贵。因为诸位得知，蛮子州的人比别地方的人更容易激愤，他们常因为愤怒或是痛苦而自杀。比如说，某个有权有势的富人碰了另一人的脸颊，或是拽了一下头发，或是因为别的错误或冒犯而伤害了他，那被冒犯的人无法实施报复，因无法忍受这巨大屈辱，会在夜晚去他门口自缢，好让他受到更多的咒骂与侮辱。如果邻居帮助揭发，那冒犯别人的人应受到惩罚。他必须在火化时恭敬地对待亡者，根据当地风俗，他应举办一场大丧礼，正如上文所述，请来许多乐师、仆人等。这正是那不幸的人愤而自缢的主要原因，因为这冒犯他的人有权有势，可为他举办盛大葬礼，他在阴间便也能享受同样的优待。

城中有一座宫殿，上文所述那逃跑的国王，即蛮子旧时统治者曾居于此。这是世上最华丽壮观的宫殿。值得为诸位稍作介绍。

诸位得知，法黑福儿国王的前朝君王建筑了极高的城墙，均筑有城堞。城墙长十英里，分为三部分。可从一扇大门进入中间部分（即真正的宫殿）。进入后，可见二十座壮观宽广的大殿，高度与地面相同，位于城墙两侧。大小规格与形制样式完全相同，雕金殿顶以镶金廊柱支撑，柱子以细的天青石装饰。最上方大殿为主殿，比其余房屋都要大，同样雕梁画栋，廊柱镶金，殿顶边饰精美异常。四周墙壁皆绘有彩画，栩栩如生，讲述着历朝诸王的历史故事，此外还有大量飞禽走兽、武士贵妇及许多雄伟壮阔的图案。这真是令人叹为观止的奇景。墙面及殿顶全都金光熠熠，绘有富丽彩画。每年，在祭神的固定时间，法黑福儿国王举办宴会，在他的大殿中招待最重要的官员、大师与行在城中最富裕的巧匠。大殿中所放餐桌可同时容纳一万人就餐。盛宴足足持续十天或十二天，宾客身着织金锦等豪华奢侈的服饰，各类珠宝首饰熠熠生光，令人惊叹。因为人人都在尽力打扮，炫耀自己的财富。

上述大殿位于大门正对面，殿后筑有一面带门的围墙，将上文所述景观与宫殿另一侧分割开来。跨过此门，抵达另一处宽广之地，形同回廊，四周有拱廊及支撑的廊柱。此处建有多间供国王及王后休憩的华丽房子，墙面均富丽堂皇。从回廊进入一个宽约六步的过道，上覆篷顶。过道极长，可直通湖面。经此过道进入，可见二十座庭院，每侧十个。均建有长回廊，四周以拱廊支撑。每个回廊或庭院都有五十间带花园的房子。房间中有一千位少女伺候寝居，每当国王与王后乘坐覆有丝绸的船泛舟览湖散心，或去参拜神庙时，婢女们便负责陪同。

其他两面围墙内均有树林，另有许多风景优美的花园，园中有无数鲜美果实，实在难以想象。湖泊数量极多，湖中有许多鲜美鱼儿。有无数喷泉，各种野兽皆有，如狍子、黇鹿、野兔、穴兔等。国王常偕妃嫔们去散心，有时坐马车，有时骑马。其余人不得进入。国王让妃嫔们与猎狗一齐奔跑，追逐野兽。她们疲倦了，就去树林里，树影在湖面闪耀。女孩们脱去衣裳，赤身裸体走出来，从四面跳入湖中游泳。国王陶醉地欣赏此美景，随后回家。树林茂密，大树参天，国王有时也将食物带至林中，让这些少女们伺候用餐。他只是沉溺于与女眷们嬉戏打闹，全然不知道兵器为何物。正如上文所述，他无能而懦弱，最后极其耻辱地被大汗夺去所有领地。

这都是我在行在时当地一位富商告诉我的。他现已年迈，当年曾与法黑福儿国王家族相交甚密。他了解国王的一切生活情况，也见过此宫殿的豪华景象。正是他引我参观宫殿。此处现住着大汗为蛮子地区选派的新国王。宫殿第一部分，即各个大殿仍完好如初。但婢女们的房间已成为废墟，仅有断壁残垣。环绕树林与花园的围墙也被拆除，动物与树木皆了无痕迹。 210

此外，城中有一百六十“托曼”(Toman)个灶火，即一百六十托曼间屋子，每托曼等于十万。共计有一百六十万栋屋子，其中不乏许多富丽宫殿。城中仅有一座聂斯脱利教派的基督教堂。

我已跟诸位介绍此城，再补充告知另一重要内容。诸位得知，城中凡有财产者及其他所有人都有如下风俗。每人都在自己家门上写着自己、妻子、儿女、众儿媳、奴仆及家中所有人的名字，写上有多少匹马。如果有人去世了，就将他的名字除掉。如果有人出生了，就将名字添入其他人的后面。各城的统领便能清楚自己统治了多少人口。此风俗在蛮子全州及契丹都通行。另有一件风俗。诸位得知，所有开设客栈，或是让过路人借宿的人都应记下留宿者的名字及他们于何月何日下榻客栈，由此不管什么时候，大汗都清楚国境中来往行人的情况。这的确是一种睿智巧妙的风俗。

我还要告知诸位，蛮子州中，几乎所有穷人都得贩卖自己的儿女。他们将孩子们卖给富人和当官的，以所得报酬用来维持生计，也让孩子们过上好生活。

离开此城之前，还要讲最后一件事情。伯颜围攻他们的时候，此地发生了一件奇迹，我不想略去。诸位得知，法黑福儿王逃跑时，行在城中许多居民也登船沿大河逃窜，大河又宽又深，从城市一侧流下。当他们沿河逃亡时，水突然完全消失，所有船只都搁浅了。伯颜得知此事后，赶去河边，逼迫所有逃亡者回到城中。他们在河中找到一条大鱼，横挡在河床上，令人瞠目结舌。鱼长一百步，但长并不与宽相称。周身长毛，许多胆子大的人去吃了这鱼肉。但不少人都暴毙了。我本人，马可·波罗先生，在一间拜偶像派寺庙（原文是tempio）里亲眼见到了这鱼的鱼头。

我已跟诸位介绍了行在的部分情况。现在讲讲大汗从此城及其下辖城市中收取的巨额税赋。请注意这仅是蛮子九部分中的一个地区。

第一百六十七章　大汗从行在城中所得的巨额税赋

现在讲讲大汗从行在城及下辖地区中收取的巨额税赋。这些城市与地区仅为蛮子州的一部分。我首先要跟诸位介绍盐税，盐是获利最多的商品。

诸位得知，此城盐税每年均可达八十托曼金子。一托曼等于七万萨觉金子，总税额即等于五百六十万萨觉的金子。一个萨觉的价值高于一个佛罗伦萨金子（Fiorino）或是一个杜卡特（Ducato）金子。这真是令人震惊的巨额税收。此城盐税收入极高，因为其位于沿海地带，邻近潟湖或沼泽。夏天，海水在其中浓缩，由此可炼出大量盐。行在城所产之盐可满足蛮子五个王国的需求量。

这便是盐税情况，现告知诸位其他商品所缴纳的税赋。

诸位得知，此地与蛮子州的其他八个地区盛产糖，是全世界糖产量总和的两倍多。这为大汗带来巨额收入。

但与其跟诸位一一介绍，不如将所有香料情况一并告知。

诸位得知，大汗对所有香料都征收百分之三点三的税赋。商人沿陆路运输至此城，或是从此城运往其他城市的所有商品（包括陆路与海路）都需缴纳此税额，对第三十份征税，即每三十份缴纳一份税额，或每百份缴纳三点三份税额。对沿海路运输的商品征收百分之十的税赋，对当地出产的所有商品，包括动物或农作物，征收十分之一税额，纳入大汗国库。

酒税、米税与煤炭税收同样极高。正如上文所述，城中有十二种行业，每种设有一万二千家店铺。每样东西都需缴税，因此这些行业所缴税收总额巨大。此地盛产丝绸，丝绸税额也极高。但为何如此赘述？只需知道丝绸缴纳百分之十的税额，便可知道总税收将有多么巨大了。

总之，我可向诸位确证，我马可·波罗，多次听人说起，所有这些东西征收税赋的总额（盐除外）通常为两百一十托曼的金子，等于一千四百七十万萨觉的金子。这的确是世所能知的最大税额。虽然这是面积最大、最富饶的一个地区，但这还只是该州九区中的一部分，诸位可想见大汗从整个蛮子州获取多少收入了。

请诸位注意，大汗将这些税收用于支付各城及各个地区驻防戍兵的开支，也用于救助这些城市中的贫民。

上文已详尽介绍行在城情况，现在咱们离开此地，继续往前，讲讲严州（Tanpingiu）城[1]。

---

1 其地地望仍有争议，玉尔、沙海昂比定为绍兴；伯希和考为严州，即元代建德路，严州应是当时民间仍沿用的习称；Stephen Haw比定为桐庐。此处暂从伯希和说。（Stephen Haw, Marco Polo's Chaina: a Venetian in the realm of the Khubilai Khan, New York: Routledge, p. 119-120; Stephen Haw, Marco Polo: from Hangzhou to Quanzhou, Asiatische Studien - études Asiatiques, vol. 74, no. 3, 2020, pp. 498—499. 伯希和《马可·波罗注》卷2“Tanpingiu”条，第846—847页。）

213 第一百六十八章　严州大城及行在其他下辖城市

离开行在城，朝东南方向骑行一日，沿途不时可见房屋、山谷。花园风景宜人，百物丰饶。行一日后，抵达上文所述的严州城。这是一座华美的大城，隶属于行在。臣属于大汗，流通纸币。居民拜偶像，兴火葬，方式与上文所述相同。以商业及手工业为生。百物皆丰饶。没有其他内容值得在此叙述，咱们离开此地，讲讲婺州（Vugiu）。

离开严州城，朝东南方行三日，沿途可见大量美丽的大城市与村镇，百物丰饶，价格低廉。居民拜偶像，臣属于大汗，流通纸币。没有其他内容值得在此叙述。三日后，抵达婺州城。这是一座大城。居民拜偶像，臣属于大汗。流通纸币，百姓以商业及手工业为生。此城也隶属于行在。随后抵达常山城（Cianscian），这是一座华美大城。位于山上，由两条河流环抱。此河流至山脚，随后分成方向相反的两条支流，一条往东南方向，一条往西北方向。此城也隶属于行在。臣属于大汗，居民拜偶像。以商业及手工业为生，再无其他内容值得在此叙述，咱们离开此地，继续往前。

诸位得知，离开常山城后骑行三日，沿途风景优美，有许多城市集镇与村落，商人及手艺人数量极多。居民拜偶像，臣属于大汗。同样隶属于行在城。此地百物丰饶，飞禽走兽等野物数量极多。再无其他内容值得叙述，咱们继续往前。

诸位得知，三日后抵达处州（Cugiu）城，这是一座华美的大城。臣属于大汗，居民拜偶像。这是隶属于行在城的最后一座城市。行在边境止于此。咱们进入蛮子九部分中的另一个王国，名为福州（Fugiu）。

第一百六十九章　福州国

离开行在王国最后一座城市，即处州城，进入福州王国。现为诸位介绍。

朝东南方向沿高山与山谷行六日，不时可见城市、集镇与村落。居民拜偶像，臣属于大汗，隶属福州管辖。现介绍此王国。他们以商业及手工业为生。百物丰饶，飞禽走兽等野物数量极多，有许多凶猛的大狮子。盛产生姜与高良姜，诸位可用一个威尼斯银币购得八十磅新鲜生姜。还有一种外观及用途与藏红花相似的果实。

还有其他内容值得记述。诸位得知，他们吃所有秽物。除病尸外，他们甚至极爱吃各种人肉。如遭兵器所杀，他们就会将尸身通通吃掉，说此肉味道上等。打仗的人，即士兵的发型如下。他们将头发蓄成圆形，在脸中间画上与刀锋相似的天蓝色记号。除将领外，士兵都步行。他们随身携带刀剑长矛，是世上最残忍的人，嗜杀成性。他们饮死人血，将尸身完全吃掉。总在伺机屠杀，饮人血，食人肉。

咱们离开此地，讲讲其他内容。诸位得知，走完上述六日路程中的前三日，抵达建宁府(Chenlinfu)城，这是一座繁华的大城。臣属于大汗，隶属福州城管辖。有一条大河，河上建有三座精巧华美的桥梁，世所罕见。桥一侧建在城墙上。长不短于一英里，宽达九步。均为石桥，以华美的大理石桥墩支撑。光是建筑一座如此美丽的桥便需要大笔钱财！他们以商业及手工业为生。盛产丝绸，生姜及高良姜产量丰富。捻线制成棉布，可满足全蛮子州的需求。妇人容貌美丽。此地还有一件奇怪的事情，值得一提。有一种不长羽毛的母鸡，毛皮与猫相似，全身黑色。与我们国家的母鸡一样，也可下蛋。蛋味道极其鲜美。还有许多狮子，在此地行走极其危险，须得多人相伴。再无其他内容值得在此叙述，咱们离开这儿，继续往前。

诸位得知，上文所述六日路程的后三日中，沿途同样可见许多城市及集镇，商人、手艺人与商品数量极多。盛产丝绸，居民拜偶像，臣属于大汗。野物丰富，有不少凶猛的大狮子，行人深以为苦。

三日之后，再行十五英里，抵达侯官(Unchen)城[1]。产糖极多。大汗整个宫廷所需要的糖均取自此城，仅这些数量的糖便价值连城。我告知诸位，在臣服大汗之前，此地百姓制造或精炼糖的技术远远不及巴比伦地区。他们不懂将糖浓缩，制成模具，仅是将糖煮沸，撇去浮沫，制成一种如面团一般的黑糖。大汗征服此地后，令宫中那些巴比伦地区的人来到此地，教会当地人以一些树的灰烬来精炼糖。再无其他内容值得叙述，咱们继续往前。

离开此侯官城，骑行十五英里，抵达华贵的福州城，这是王国都城。将跟诸位介绍我们所知道的情况。

1　侯官：根据高荣盛和Stephen Haw的观点，“Vuguen (Uuguen)”应指侯官（辖境在今福州市和闽侯县）。参见高荣盛：《Choncha与马可·波罗入闽路线》，《元史论丛》第八辑，南昌：江西教育出版社，1998年，第209页。Stephen G. Haw, “Marco Polo in ‘Mangi’: Kuizhou, Fuling, Houguan, and the Pontoon Bridge at Fuzhou”, Zeitschrift der Deutschen Morgenländischen Gesellschaft, 2020, Vol. 170, No. 2 (2020), pp. 454—457.

第一百七十章　福州城

诸位得知，福州城是同样名为福州王国的都城，是蛮子州九部中的一部。商业繁荣。有大量商人及手艺人。居民拜偶像，臣属于大汗。成千上万的戎兵居住于此。不少大汗军队在这驻守。他们聚集于此的原因如下。诸位得知，城市及集镇时常发生叛乱。正如上文所述，他们并不畏惧死亡，因为他们认为自己在阴间也可获得光荣。此外，他们居住在险峻高山上。如果某城爆发动乱，屯守在此城的士兵立即赶去。他们攻下反叛之城，大肆破坏。这便是大汗派不少军队驻守在此城中的原因。

诸位得知，此城一面有一条大河，宽逾一英里。河上有一座华美的桥梁，建筑在巨大的木筏上方。以结实的锚固定住这些木筏，上方钉上宽大坚固的长台子。城中制作许多船只，在河上航行。

有许多狮子。他们以巧计捕捉狮子，请诸君听来。他们在合适的位置并排挖凿出两个极深的沟渠，两坑之间有一条宽约一臂的土带。在深坑两侧以干树枝制成围栏，将那与土带平行的两头空出来。到了晚上，挖坑的人就在这分割两个深坑的土带中拴上一条小狗，他们把狗丢在那儿，离开了。小狗被主人抛弃绑起来，开始不停歇地狂吠。必须选一条白狗。不管多远，狮子都能听到小狗的呜咽声，会怒吼着冲过来。狮子在黑暗中瞧见那一团白色，只想凶暴地扑上去，便会立刻跌入在它面前张开的深坑中。次日早晨，挖坑的人返回来，看到狮子已跌入坑中，就将它宰杀了。他们吃下美味的狮肉，售卖掉狮皮。因为诸位得知，狮

217 皮价格昂贵。如果他们想活捉狮子，也有巧妙的办法将它从跌落的坑中拖出来。

还有一种名为“蝶耳犬”(Papione)的小兽，与狐狸有点类似。它们到处乱啃，破坏制作蔗糖的甘蔗。商人带着骆驼队从此地经过，休息过夜时，这种动物便会在晚上悄悄地靠近。它们将所有可偷的东西都窃走，给商人造成不小的损失。但商人可用下述方式制服它们。他们找来一些大南瓜，将上方的瓜蒂切掉一点。必须小心翼翼地切口，宽度足够让一只蝶耳犬能费劲地将脑袋钻进去。它将脑袋使劲钻进去时，会破坏南瓜，这开口必须经得起足够的压力。商人在开口周围钻上许多孔，用一根绳子穿起来。做好陷阱后，他们在南瓜里面放上一点肥油，在骆驼队四周放上许多南瓜陷阱，每个相隔不远。当蝶耳犬接近商队来偷东西时，闻到了南瓜里头肥油的味道，便会走过来，想钻进去。但蝶耳犬不能轻松地钻进去，它们对里面的食物垂涎欲滴，使劲在口子里钻，最后终于费劲地钻了进去。但它们没办法再钻出来，南瓜很轻，蝶耳犬就只好用脑袋将南瓜从地上顶起来，套在头上带走，如此一来就分不清方向了，商人便可轻松地抓住它们。蝶耳犬的肉质鲜美，皮毛昂贵。

诸位还得知，此地有一种巨大的鹅。每只重二十四磅，嗓子下面有一个鼓鼓囊囊的嗉囊，喙上的鼻孔附近生长着一种与天鹅类似的鼓胀物，但体型比天鹅更巨大。

此州中盛产蔗糖，不计其数。珍珠及其他宝石贸易繁荣。许多商船载着大量印度岛上的本土商品从印度驶来。诸位得知，位于大洋海的刺桐(Zaitun)港口距离此城六日路程，许多商船从印度

运输过来大量商品。商人们进入此港口，沿着上文所述的河路及 218
陆路，将世界各地的商品都运至城中。由此，此地有许多从印度进口的珍贵商品。

百物丰饶。有许多可供散心的花园，风景优美，美果丰富。此城各个方面都令人称奇。

我还告知诸位，除偶像崇拜信徒外，城中还有许多遵循基督教义的教徒。此中缘由值得记述，现对诸位介绍。

诸位得知，马可·波罗的叔叔玛窦先生及马可先生本人曾在福州城旅居，交了一位回教贵族朋友。贵族对他们说："某地有一种人，无人知道他们秉持何种信仰。他们不是偶像崇拜信徒，因为他们不供奉神像。他们不拜火，不尊崇穆罕默德，亦非基督徒。咱们去他们那儿看看，如果你们不介意，请与他们谈谈。也许你们能弄懂他们究竟是何种教徒。"二人真的去与当地人交谈，对他们提问，打听他们的风俗及信仰。但当地人满怀恐惧，仿佛这些问题会将他们的宗教给夺走。玛窦先生与马可先生看出了他们心中的害怕，鼓励他们回答，说："你们不要害怕，我们不是来伤害你们的，是为你们好，希望改善你们的状况。"当地人担心他们奉大汗指示来问话，或许会对他们不利。但玛窦先生与马可先生毫不气馁，日日坚持。他们与当地人逐渐熟悉起来，对他们的事情极其关注。最后，二人发现他们其实是基督徒。因为他们有经书。玛窦先生与马可先生看到经书后，开始阐释上面的文字与隐喻，一字一字地从土语翻译出来。最后二人发现这是圣经诗篇中的布道，便问他们是从何人那继承了此律法及信仰。当地人答说："从我们的先祖那。"他们有座寺庙，内绘三位使徒画像，原来那是七十位在世界各地布道使徒中的三位。当地人说，在远古时期，他们的祖先因这三人而接受了这种教义，这种信仰流传了七百年。但他们许久无人教导，已全然不熟悉那些最重要的教义了。“只一件事，”他们说，“自我们的先人流传下来。根据我们的经书，我们应对这三人行大祭祀，对他们如同使徒一般尊敬。”玛窦先生与马可先生便说：“你们是基督徒，我们也是。我们建议你们派使者觐见大汗，阐明你们的情况。如此便能得到大汗的承认，可以自由信奉你们的教义和信仰。”（因为他们惧怕偶像崇拜信徒，不敢公开承认及信奉他们的教义）当地人于是派出两个人去觐见大汗。玛窦先生与马可先生指点了这两位使者，告诫他们首先去找某人，那是大汗宫中基督徒首领，请他替自己对大汗阐述情况。还有什么？那基督徒首领觐见了大汗，告知这些人为基督徒，希望可在大汗国土中得到官方承认。但偶像崇拜信徒首领得知此事后，极力反对。他说，他们不是基督徒，自古以来都是偶像崇拜信徒，外人都以为他们是偶像崇拜信徒。二人在大汗面前就此事展开激烈争论，但最后大汗怒气冲天地将两人都赶走了。他召来两位使者，询问他们究竟愿成为基督徒还是偶像崇拜信徒。二人答说，如果大汗不介意，并不忤逆天子龙威，他们愿意与先祖一样成为基督徒。大汗便命人给他们颁发了特书，准许他们奉行所有有效的基督教律法教义及仪式。他们分布在蛮子州各地，共计有七十多万户人家信奉此宗教。

再无其他事情值得在此叙述。咱们不补充任何内容，继续往前，讲讲其他情况。

第一百七十一章　刺桐城 220

诸位得知，离开福州城，渡过一条河，朝东南方向骑行六日，沿途不时可见许多城市、集镇与村落，华贵富裕，百物丰饶。有不少高山、山谷与平原，另有茂密的大森林，产许多可制樟脑的树木，飞禽走兽等野物数量极多。以商业及手工业为生。居民拜偶像，臣属于大汗，隶属福州城管辖，因此同样归属于首都为福州的王国。

骑行六日后，抵达刺桐城，这是一座华贵的大城。

这是港口，所有从印度来的船只都驶入此地。商人们带来昂贵商品，珍贵的珠宝首饰和又大又亮的珍珠。蛮子城环绕另一个港口，供本地商人航行。港口熙熙攘攘，珠宝首饰等商品令人叹为观止。各式商品经此城市及港口运输至蛮子州各个地方。假设抵达亚历山大港（Alessandria）或其他地方，再进入基督教国土的胡椒商船是一艘，那么驶入刺桐港口的必定可为一百艘。诸位得知，这可是世上运输商品数量最多的两个港口。

大汗对此港口和此城征收巨额税赋。诸位不要忘记，所有从印度运输来的船只都必须缴纳十一税，即支付每样东西（包括商品、宝石与珍珠）价值的十分之一。运载轻细商品从此港口出发的船只缴纳百分之三十，胡椒缴纳百分之四十四，沉香木、檀香木及其他大宗商品则缴纳百分之四十。商人必须将商品的一半用于缴纳大汗征收的运费及税收。剩下的一半商品可为他们带来滚滚财富，商人们迫切地想载着新一批商品返回。显然，大汗从此城获得巨额收入。

221 流入刺桐港口的河流浩瀚辽阔，汹涌湍急。急流冲出许多河床，大河由此分成无数支流。同样源自行在城。在汀州（Tiungiu）[1]城旁从主河分离。河上有五座美丽的桥梁，最大的桥长三英里。这些桥都以如下方式建筑。以巨石垒成桥墩，石头形状如下述：中间厚大，两头逐渐缩窄。这些尖石朝向大海，这是因为湍急的大海朝此河涌来，河水也激疾湍险。

居民拜偶像，臣属于大汗。这是赏心悦目的好地方，百物丰饶，印度城所有想要让画师给自己文身的人都来此城，因为此地有许多能工巧匠，擅长用针文图案（参见上文所述）。

我还告知诸位，此州的汀州城制作各种大小的陶瓷碗，精美异常，世所罕见。这种瓷碗在别处找不到，只在此城生产。从这儿销往世界各地。产量极大，价格低廉。瓷碗极其便宜，一枚威尼斯银币便能购得三个工致精良的瓷碗。瓷碗以一种特殊土壤制成，请诸君听来。诸位得知，百姓将潮湿腐烂的泥土收集起来，做成大土窑，让它经受风吹雨淋日晒，过上三四十年，其间不许人触碰。数十年后，土窑会逐渐纯净，以此土煅烧出的瓷碗为天蓝色，光彩夺目，精巧绝伦。匠人们在土上涂好颜料，放在炉子中煅烧。诸位得知，匠人都是为后代堆窑。因为需要数十年才能形成土窑，因此堆窑者无法奢望自己得利或使用。只能让儿子享用。

我还告知诸位，此城居民语言特殊。全蛮子州的确只有一种

1　此地有景德镇、德化、洪州、剑川等说。伯希和考订此处为“处州”，Stephen Haw认为此地应为“汀州”，即今福建长汀。

口语和书面语。但各区语言并不相同，就好比拉丁人与伦巴第人，222
普罗旺斯人与法兰西人所说语言有所区别一样。但蛮子州中语言差异并不大，一个地方的人完全可理解另一个地区所说的俚语。

福州王国是蛮子九部中的一部。刺桐港口为城市带来巨大收入，所以大汗在此收取的利润与税赋比其他任何地方都要多（除行在国外）。

蛮子共分为九个王国，上文已介绍三个，即扬州、行在与福州。已详尽描述此三国情况。同样可对诸位介绍其他六国，但如果一一记述，将太过冗长。此外，咱们按照马可先生行走的顺序阐述这三国，他正好经过这些地方。关于其他六国，他听闻了不少事情，但并未亲自前往。因此他的叙述将不如上述三国一般完整，咱们就此打住。

正如诸位所闻，我们已详尽介绍了蛮子、契丹及其他许多州中的百姓、牲口、鸟禽、金银、宝石、珍珠、商品、风土人情及其他大量内容。但本书尚无法囊括所有我们将描述的情况。还需告知诸位与印度人相关的所有内容。这些都值得为那些此前不知道此情的人们所介绍。因为印度有许多令人震惊的东西，在世上其他地方都找不到。因此在本书中提及印度是合情合理的选择，也将大有益处。本人将周详介绍，正如马可·波罗先生本人亲自阐释一般。

我告知诸位，马可先生长期旅居印度，对他们的生活习惯、风土人情及交通极为熟悉，在较长的一段时间内，再无人比他更为了解印度。下文介绍的内容中自然有许多不可思议的事情，将会让各位目瞪口呆。但我们将依次描述，正如马可先生亲自讲述一般。我们即刻开始，诸位即将在本书中听到。

第　　三　　卷

第一百七十二章　开始介绍印度所有的奇闻异事及各类人群。首先讲讲来往的船只 224

正如诸位所闻，此书前文主要介绍大陆诸多州情况。现在咱们离开此地，进入印度，讲讲这片土地上的奇闻异事。首先从船只开始。我将为诸位介绍商人在印度进口及出口所航行的船只。

诸位得知，船只制作方式如下。以一种名为冷杉及松树的木头制成。船有甲板，上设六十间船舱，占据大部分甲板面积，每间舱都可供一位商人舒适地休息。船有一个船舵及四根桅杆。经常可增加两根桅杆，可根据需要升起和降下。部分船只，即大船，内部还有十三个箱槽(或隔间)，以结实的桩子嵌套在一起。如果船遇险，出现漏洞，或触上礁石，或遇上一只饥饿的海豚将船撞坏了。海豚撞船是时有发生的事，因为船在夜晚航行时，在船两侧激起水花。倘若刚巧有一只海豚从水上经过，见到这跳跃的白色水花，就以为找到了食物，会加速冲刺，撞击船体，常会将船弄破。船被撞坏，水从洞中渗入，流入空舱底中，于是水手们就能知道船体哪个位置漏水，他们将溢满水的箱槽排空，将东西都转移到隔壁的箱槽中，避免水从此箱槽中流入其他槽中，这些分隔的隔间制作巧妙，相当坚固。接着，水手们将漏洞补上，将清出来的商品放回原位。

至于船只固定的方式，我首先告知诸位这些船是双层结构，周围绑上了两层板子。里面及外面都用绳子捻出船缝，以铁钉钉牢。船体并未涂上沥青，因为当地不产沥青。他们以其他方式抹油，这儿有一种比沥青还要好的东西。人们将灰浆与大麻捻成细绳捣碎，混合一种树油。将这三样东西仔细捣烂，得到一种如胶水般牢固的物质。他们用这种物质涂抹船只，与沥青用途类似。

诸位得知，这些船只需要三百、两百或一百五十名水手，低等船员则根据船只规格数量不等。此外，这些船比我们的要更能载重。船很大，可负载五千，有的船甚至可负载六千筐胡椒。以前的船比现在的还大。但海浪滔天，损毁了多处停泊点，以至于多地水深不够，无法让如此大规格的船只通行。他们便制作出更小的船。

诸位得知，船也可用桨航行。每桨需要四名水手。

我还告知诸位，这些大船载着两三艘较小的船，配备六十、八十，甚至百名水手，装载大量商品，甚至可负载一千筐胡椒。每艘大船至少配有两艘小船，一大一小。小船可以用桨航行，通过纤绳或麻绳来拖曳大船。用纤绳将小船与大船连在一起，小船在前头，拖动那些以桨及以帆航行的船往前。但必须等待风斜吹而过，朝后吹，否则大船的风帆会被风吹得击中小船风帆，大船便会将小船撞翻。

大船经常载着十几艘小艇，可用于抛锚、抓鱼，满足大船的各种需要。大船将小船绑在船体外侧。上文所述的小船也载着小艇。

我还告知诸位，想要修补大船，或是检查一艘航行一年的船时，便采用下述方式。人们在船身的前两块板子上再钉上第三块板子，形成三层结构。他们捻出船缝，又涂上油。这便是修补的方式。下一次修补时，又钉上第四块木板。最多钉上六块，便弃之不用，再不出海。

另有一事值得一提，现补充如下。当某艘船即将下海，想提 226
前测试航行是否顺利，我告知诸位他们所做的试验。船上的人用一个柳条笼子，在四条边及每侧中间都绑上一条绳子。共计八条绳子，接着将绳子各头系在一起，绑在一条大麻绳上。他们召来一个醉汉或是疯子，把他绑在网笼上。因为任何一个理智的人，或没有喝醉的人，都不会冒这种风险。等待刮大风的时候开始测试。他们将网笼对着风，风吹过时就将它抛到天上。人们就用上文所述的长麻绳将笼子拉住，如果网笼在空中沿风摆动时，往下沉，他们便将绳子往自己这一方拉近一点，如果网笼飞正了，他们便放松绳子，让网架上升。如果网笼再次下沉，他们就在需要时拉拽绳子，好让它直立上升，接着放松绳子。网笼就这样升到高空，消失不见了，绳子必须足够长。试验的目的如下：如果网笼直立上升，便代表测试的船只将顺利航行，所有的商人都会用这艘船来运自己的货物和航行。如果网笼无法上升，那么测试的船只便无人问津。他们说这船将无法到达目的地，会遭遇许多灾难。此船当年不能出港。

上文已为诸位介绍商人从印度进口和出口的船只。现在咱们离开此题，讲讲印度。咱们现在已抵达大洋海上，我首先想跟诸位介绍海上的许多岛屿。岛屿位于东方，咱们先介绍日本国(Cipangu)岛。

第一百七十三章　日本国岛

日本国岛位于东方，四面环海，距离陆地一千五百英里。该岛疆域辽阔。居民皮肤白皙，容貌美丽，举止优雅。居民崇拜偶像。他们独立自治，不承认其他君王。

诸位得知，此地金矿极其丰富，因为此地盛产黄金。请诸君注意，无人将黄金带出岛去，因为没有任何商人或其他人从陆地进入此岛。因此诸位可明白为何此岛黄金资源如此丰富。

关于黄金，我还告知诸位关于岛主皇宫的神奇景象。诸位得知，此岛岛主有一座壮观宏伟的宫殿，全覆盖着上等黄金。就如同我们国家的房屋及教堂以铅做顶一样，宫殿也以黄金做顶。这足以说明宫殿价值连城。此外，许多房间的地板上也都铺着宽两指的上等黄金。宫中所有其他地方，包括大殿与窗户都同样为镶金装饰。我向诸位确证，此宫绝对富丽堂皇，倘若能说出它的价值，保准会让诸位瞠目结舌。

此地盛产玫色珍珠。精美异常，又大又圆。与白珍珠价值相当，甚至还要高。岛上兴土葬与火葬。以土葬掩埋时，人们会在尸体口中塞上一颗珍珠。除珍珠外，还盛产各种宝石。总而言之，无法以语言形容它的巨大财富。

诸位得知，大汗，即当今执政的忽必烈，听闻此岛如此富饶，决定将其征服。他派出两位大臣带着大量船只及无数骑兵与步兵前去。两位大臣分别名为阿剌罕（Abacan）与范参政（Vonsancin）[1]。他们都经验丰富，有勇有谋。还有什么？他们带着士兵分别从刺

1　即范文虎。伯希和指出，samcin对应“参政”一词，“参政”是中国古代官职参知政事的缩写。（伯希和《马可·波罗注》卷2，“Vonsancin”条，第871页。）

桐及行在出发，沿海路前进。他们航行许久，最后抵达岛屿。下船后，士兵们攻占了平原上的许多地方及村落。但他们遭遇了噩运，未能拿下任何城市和集镇，请诸君听来。诸位得知，这两位大臣相互忌恨，相互之间绝不帮助。

某日，北风咆哮，为了不让船都被掀翻，敌军不得不离开。所有人都上了船。他们来到海上。才约莫航行了四英里，风便呼啸而来。船数量极多，许多都相互碰撞，毁坏了。只有那些四面都没有其他船只，四散在海上的才幸免于难。海难发生地旁边有一座小岛，这些遇难的士兵逃到岛上幸存了下来。逃生者人数众多，不少于三万人。那些未能靠岸的人都死了。请诸位注意，也有许多船被风刮到岛上，撞碎了。

等这猛烈的飓风与暴风雨平息后，两位大臣带着许多艘在海上避风而幸存的船只来到这座岛上，让所有具有官衔的将领登船，即百夫长、千夫长与万夫长。因为人数实在太多，他们无法带上所有人。他们离开此地，向着祖国返航。

正如上文所述，那些留在岛上的士兵人数众多。他们如同死了一般，痛苦不堪，不知道怎样才能离开那，抵达一座安全港口。他们被抛弃了，眼睁睁地看着那些躲过灾难的同伴向着祖国扬帆远航。同伴们在沿途并未停留，一路返回了家乡。

咱们离开这些逃脱的人，讲讲那些留在岛上自以为死定了的人。

第一百七十四章　躲过暴风雨的大汗士兵攻下敌城

诸位得知，这三万幸存者被同伴抛弃在岛上，以为自己死定了。他们想不出任何逃难的方法。人人都垂头丧气，忧心忡忡，不知所措。

他们就这样愁眉苦脸地留在岛上。

大岛岛主及岛上居民见敌军已经四散奔逃，一蹶不振，且听闻还有士兵藏在岛上，便欣喜异常。风平浪静后，他们便将散在各处的船只聚集起来，浩浩荡荡地径直朝小岛驶去。所有人都立刻下了船，想去收服那些幸存者。这三万幸存者狡诈老练，他们见敌军全都下了船，未留人看守船只，立刻便采取了行动，请诸君听来。因为这岛中间地势很高，当大岛的人下船来抓他们的时候，他们便开始围岛绕圈子。不论从哪个方向逃，他们自然都会碰上敌军的船只。事实也的确如此。碰到敌船时，他们就立刻上船。这并非难事。他们未遭遇任何抵抗。所有人都跟在逃兵后面追去了。

还有什么？上船后，他们就出海朝着大岛奔去。他们带着岛主的旌旗与徽记下了船，来到都城。城中人见到己方旌旗，便以为那是城中的士兵，放他们进了城。城中仅有老弱残兵留守，大汗的士兵便夺了城，将所有居民都赶走了。只留下一些美貌女子伺候自己。

大汗的部队便以上述方式攻占了该城。

大岛岛主与部队见他们已经丢了城池，事情已成败局，忧愤不已。他们带着剩下的船只返回岛上，开始围攻城市。如无允许，任何人不可进出。还有什么？大汗的士兵在城中坚守了七个月，白天黑夜都想尽办法，好让大汗知道他们的遭遇。但毫无用处。见事情已无转机，他们便与攻城的军队达成了协议。他们选择投降保命，但条件是他们必须永不离开此地。此事发生于基督降生第1269年。

这便是事情经过。至于那统率的两位大臣，大汗将其中一位斩首，另一位流放到佐尔扎（Zorza）荒岛上。大汗在岛上处置了许多犯下大错的人，处罚方式如下：如大汗想将某人处死在这岛上，便命人将刚剥下的水牛皮小心仔细地紧紧地绕在他的双手上，这层皮晒干后便会紧紧地箍在手上，再也无法取下来。大汗就这样将罪臣流放在岛上，让他惨死。受刑的人无法自救，也没有食物。如果他想吃野草，必须匍匐前进。大汗便用此种方式将他处死。大汗处死了这两位大臣，因为他知道二人行事不当。

此前遗忘了一桩奇事，现告知诸位。岛上有一座城堡，城中人落入两位大臣手中。他们不肯投降，两位大臣便下令将他们全都斩首处死。手下人照办了。除八人外，所有人都被斩首了。士兵无法将他们斩首，因为他们有一种石头。每人胳膊上都有一块石头，嵌在皮肉之间，从外头看不见。这是块有魔力的石头，有神奇效力。只要身体里有石头，他们便无法被铁器杀死。两位大臣听闻无法以刀剑将他们杀死的原因后，便下令将他们杖杀。他们立刻便死了。两位大臣从他们胳膊中取出石头，视若珍宝。

这便是大汗士兵战败的经过。咱们就此打住，回到正题，让本书继续。

231

第一百七十五章　偶像崇拜信徒诸多形态

诸位得知，此岛的偶像崇拜信徒与蛮子及契丹相同。诸位得知，与其他地区一样，此岛的偶像崇拜信徒同样供奉着各种兽首的神像，包括牛、猪、狗、羊及其他动物。有的神像长着一个头和四张脸，有的长着三个头，一头在正中间，另外两头位于侧面，长于两肩之上。有的神像有四只手、十只手，甚至一千只手。长有一千只手的神是他们最好的神像，最受恭敬。基督徒问这些偶像崇拜信徒为何将当地的神造得如此不同，他们答说：“这是先祖传下来的，传下来便是如此。我们照样传给我们的孩子及后代。”

这些偶像崇拜信徒的生活相当荒诞邪恶，本书中不便就此叙述。这对于基督徒们来说简直不堪入耳。咱们离开他们，讲讲其他内容。

我只告知诸位一件事，我希望诸位得知，假使岛上的一位偶像崇拜信徒抓住了一个不是自己朋友的人，而这人又无法用钱赎身，他便邀请所有亲朋好友。“我想邀请你们，”他说，“来我家聚餐。”他为亲朋们准备的食物便是那抓来的人，将他烹煮了来吃。因为他们认为人肉是世上最美味的食物。

但咱们结束此题，回到正文。诸位得知，上文所述岛屿所在的大海名为秦（Cin）海，即“与蛮子相对的大海”。在此岛居民所说语言中，“秦”这一词等于“蛮子”。大海位于东方。有不少经验丰富的领航员和好水手们在这海上航行，熟悉此地情形，据他们所说，海上有七千四百四十八座岛屿，大多有人居住。请诸

位注意，这些岛上的每棵树都散发着一种浓烈迷人的香味，价值 232
极高。价值不低于沉香木，甚至还要高。此外还有多种不同品质的珍贵香料。这些岛上盛产雪白的白胡椒，没有一丝杂质。岛上的黄金与其他珍贵东西的价值连城，令人惊叹。但我必须告知诸位，此岛距陆地太过遥远，实难到达。前往岛上的刺桐及行在商船获利颇丰。他们冬天前去，夏天返回。因为大海仅吹两种风，一种将他们带去，另一种将他们带回。诸位得知，此地与印度相距遥远。我还告知诸位，即便我告知诸位此海名为秦海，但它仍属于大洋海。他们将其命名为秦海，就如同英格兰海，或是洛切拉海(Roccella)一样。这地区的人说秦海、印度海等，但这些地名均指大洋海。

但咱们先离开此地与此岛，一来是因为内容太过冗杂，二来是因为我们从未亲自前往。此外，大汗与他们毫无关系，他们既不对大汗纳贡，也不上交税赋。咱们回到刺桐来，重新回到正题。

第一百七十六章　占八(Ciamba)地区

离开刺桐港口，朝着西方与略偏西南之间方向航行一千五百英里，穿过海南(Cheinan)大海湾。如朝北方航行，需两月路程方可穿过此海湾。东南方向仅与蛮子州接壤，但其他边界则与阿宁、秃老蛮及上文所述的许多其他州相邻。海湾上有许多岛屿，大多有人居住。岛上盛产金沙，为海水在河口中沉积而来。也盛产铜及其他商品。各岛居民互通有无。他们与陆地居民交易，售给他们黄金、铜和其他东西。居民从大陆商人处购买必需品。大部分地区麦子产量丰富。海湾辽阔浩瀚，人口众多，简直自成世界。但咱们回到最初话题。

诸位得知，离开刺桐港口，朝西方与偏西南之间方向航行一千五百英里，经过上文所述的海湾，抵达占八，这是一片富饶广阔的土地。有自己的国王和特殊的语言。居民拜偶像，他们每年对大汗纳贡，贡献大象及沉香木，这是他们唯一交纳的贡品，我要告知诸位为何国王仅向大王纳贡这两样东西。

诸位得知，在基督降生第1278年，大汗派遣一位名叫唆都(Sogatu)的大臣率领大队骑兵与步兵去征服占八国。大汗部队与此国展开残酷的战争。国王年老体衰，国中并无足以抵抗大汗的军力。国王无法在战场与敌军正面交锋，只好躲在城镇里头。城镇极其坚固，不惧任何人来犯。但平原上的所有地方及所有村落都被毁坏殆尽。国王见自己的王国遭摧残，痛不欲生。他立刻派使臣去觐见大汗，转告如下内容，请诸君听来。使臣经历千辛万苦终于抵达大汗宫廷，对他说："陛下，占八国王对您致以最高敬意。将您敬为自己的合法君王，国王已年老力衰，此国曾长治久安。他愿归顺您。每年为您交纳丰厚贡品，贡献许多大象及沉香木。他殷切恳求您从他的国土撤兵，召回那蹂躏他国土的官员及部队。"说完后，使臣一言不发。大汗听闻这年老的国王派使臣来跟他求和，心生怜悯。他立刻告知自己的官员及士兵，命令他们撤离，去征服其他土地。他们便遵循了君王的命令，立刻离开，去了别地。每年，此王都向大汗交纳大量沉香木及二十头本国最美最大的大象。

国王便这样成了大汗的封臣，这便是他对大汗交纳大象及沉香木的原因。现在咱们离开此地，讲讲关于国王及这个国家的事情。

诸位得知，此国所有美丽女子都必须让国王过目，方可出嫁。如果国王看上了她，便娶为妻。如果不喜欢，便根据她的条件，赏给她一笔金钱，好让她能嫁给其他男子。我告知诸位，1285年，我马可·波罗在此国时，此王当时便育有三百二十六名子女。其中一百五十多位可征战。

此国盛产大象与沉香木。有许多乌木树林，这是一种漆黑的木头，可用来做象棋及墨水盒。

再无其他内容值得在本书记述。因此咱们离开此地，继续往前，讲讲一座名为爪哇的大岛。

第一百七十七章　爪哇大岛

诸位得知，离开占八国，朝南方与东南方之间行一千五百英里，抵达一座辽阔的大岛，名为爪哇。有不少经验丰富的水手熟悉此地，据他们说，这是世上最大的岛屿。周长超过三千英里，属于一个大国王。居民拜偶像，不对世上任何人纳贡。此岛极其富裕。有胡椒、肉豆蔻、薰衣草、高良姜、荜澄茄、麝香、石竹及其他所有能想象到的上等香料。无数船只载着许多商人来此购买各式商品，商人们赚得盆满钵满。此岛财富巨大，世上无人可正确计算及恰当描述。诸位得知，岛屿距大陆太过遥远，沿途险象环生，大汗无法将其征服。刺桐及蛮子的商人已从此岛获得了巨额利润，至今仍在获利。销往世界各地的香料大多产自此岛。

上文已为诸位介绍，就此打住，继续往前。

第一百七十八章　桑都儿岛(Sondur)及昆都儿岛(Condur)

离开爪哇岛，朝着南方与东南之间方向航行七百英里，抵达两座岛屿，一大一小，分别名为桑都儿及昆都儿。这是两座无人居住的荒岛，因此咱们不过多停留。

离开这两座岛屿，沿着东南方向约行五百英里。抵达罗斛(Locac)[1]，这是陆地州，富饶辽阔。有一个大国王。居民拜偶像，语言特殊。他们不对任何人纳贡，因其占据险要地理位置，不惧任何人来犯。如果有军队可前去，大汗会毫不犹豫地将其征服。此州盛产苏木(verzino)及乌木，黄金产量丰富，如非亲眼所见，绝难相信。有许多的大象及其他野物。在上文所述各个州中所流通的贝币均源自此地区。

再无其他内容值得在此记述，我仅告知诸位，这是野蛮之地，罕有人至。国王也不愿外人到访，不希望别人知道此地财富及其性质。

咱们离开此地，继续讲讲其他内容。

1　宋元时期的“罗斛”指今天泰国华富里（lopburī）一带的高棉人政权（参见伯希和《马可·波罗注》卷2“Lochac”条，第768页；陈佳荣、谢方、陆俊岭：《古代南海地名汇释》，中华书局1986年版，第513页）。

第一百七十九章　宾丹岛(Pentan)[1]及其他诸岛 236

诸位得知，离开罗斛国，朝南方行五百英里，抵达宾丹岛，这是一片蛮荒之地。所有森林中都生长着芬芳的良木。有许多可制作樟脑的树木。距此地不远处有两座岛屿。

离开此地，在这两岛中约行六十英里。水仅深四步，大船渡海时，需抬高船舵。因为船舵正好约吃水四步。行六十英里后，仍朝着东南方向航行三十英里，抵达一座岛屿。此岛为一个国家，都城及国家均名为麻里予儿(Malaiur)。有自己的国王与语言。城市辽阔富裕。盛产香料，百物丰饶。

再无其他内容值得在此记录。咱们离开此地，继续往前。讲讲爪哇小岛[2]，请诸君听来。

第一百八十章　爪哇小岛

离开麻里予儿岛，朝着东南方向航行约一千英里，抵达小爪哇岛。但此岛并不小，周长约为两千英里，将在下文详细介绍此岛。

诸位得知，此岛有八个国家，均有贤君治理。居民均拜偶像。

---

1 《元史》卷28《英宗纪二》记载，至治三年（1323）二月，“天寿节，宾丹爪哇等国遣使来贡”。今印度尼西亚Bintan岛（参见《元史》，中华书局1976年点校本，第628页；伯希和《马可·波罗注》卷2“Pentan”条，第802页）。

2 沙海昂注此岛第一六五章别有说明，此章名此岛曰小爪哇，即苏门答腊（Sumatra）。党宝海注第18章出现的是“小爪哇岛”即苏门答腊。

语言特殊，八国语言皆不同。此岛财富巨大。有各种珍贵香料，沉香木、苏木、乌木及其他香料。因距离遥远，航行危险，这些商品从未在我们这边出现过，仅在蛮子及契丹州中可见。

我将依次为诸位介绍各岛人民。

但首先我想告知诸位，此岛正好在正南方，不管怎样都瞧不见北极星。接着，咱们来介绍此岛居民，首先讲讲法里郎国(Ferlec)。

第一百八十一章　法里郎国

诸位得知，法里郎国中的居民曾经都拜偶像。但回教商人带着商队来此经商，部分居民也改信了回教。但并非所有人，仅城里人皈依。高山上的居民仍保留着原始状态。我并无虚言，诸位得知，他们吃人肉及任何肉类，不论洁净与否。他们信奉各种东西。早晨起床后见到的第一样东西便是他们供奉的对象。

上文已介绍了法里郎国，现在讲讲帕斯曼国(Basman)。

第一百八十二章　帕斯曼国

离开法里郎国，进入帕斯曼国。这是一个独立自主的国家，自有语言。但此地没有法律，完全依照野蛮本性行事。他们自称效忠于大汗，但并不纳贡，因为与陆地距离遥远，大汗军队无法到达。岛上人人都自称大汗子民，他们有时借助某个途经此地的游人，将稀罕的美物赠予大汗，尤以此地特殊的黑苍鹰为主。

有野象，盛产独角兽，体型并不比大象小。皮毛像水牛，足部像大象。前额中间有一个巨大的黑角。我告知诸位，它们的武器并不是这角，而是舌头及膝盖。因为它们舌头上长着又尖又长的刺。争斗时，它们以膝盖将猎物击倒和踩在地上。随后用舌头将其刺伤。它们的头部与野猪相似，总是低拱着。这种独角兽十分喜欢待在脏污的泥浆中，浑身污秽不堪，这与我们国家所说的那种独角兽迥然不同，我们的处女将这种野兽抱在怀里。我向诸位确证，这与我们国家所说的独角兽截然相反。

有许多猴子，形态怪异。有一种与乌鸦一般黑的黑苍鹰。体型巨大，善于捕猎。

我还想告知诸位一事，让诸位知道，有人说从印度带来了一些矮人，但这是一个大谎言和大骗局。我可向诸位确证，他们称之为人的动物其实产自此岛，请诸君听来。岛上有一种猴子，体型极小，面部像人。人们抓来这种猴子，用一种药膏将它们的毛都去掉，只留下生殖器旁的毛，然后在猴子下巴上种上一些毛，当作胡须。随后将猴子晒干。晒干皮后，这些插毛的洞便会收紧，就如同天生的一般自然。因猴子的脚、手及某些身体部位并不完全与人体相同，因此在种毛与晒干之前，人们需要将它拉平调整，用手将它制成与人相像的形状。他们将猴子晒干成形，涂上樟脑及其他香料，好让它们看起来像人。但这是一种大骗局，上文已介绍了其真实的制作方式。因为印度任何地方都没有，不论如何蛮荒的国家也没有这样小的矮人。

再无其他内容值得在此记录，咱们离开此国，讲讲苏门答腊国(Samatra)。

239 第一百八十三章　苏门答腊国

诸位得知，离开帕斯曼国后，抵达位于同一座岛上的苏门答腊国。由于天气恶劣，无法继续航行，马可先生本人在此地曾居留五个月。此地不可见北极星及西北各星。居民为野蛮的偶像崇拜信徒，国王富裕强大，他们自称大汗子民。

我告知诸位，马可及他的随从在此逗留五个月的具体情形。

诸位得知，马可·波罗先生带着两千随从来到此地。在这五个月中，因为担忧那些野人吃人，马可在驻扎地与岛屿陆地之间挖掘了大壕沟，两端出口设在海口。他让人在壕沟上建筑了五个小木塔，类似于讲坛或瞭望塔。依靠着这些防御的壕沟，他便与随从在此待了五个月。当地木材丰富。最后，岛上居民向他们兜售食物和其他物品，他们之间开始产生了信任。

这儿有一种世上最好的鱼儿。他们没有小麦，以大米为食。不产酒，仅有下述的一种酒。诸位得知，这儿有一种树，砍掉树枝，在残树干下方挂上一个容量极大的坛子。我向诸位确证，一天一夜后，这个坛子便会装满。这是一种极其美味的酒。此酒可治疗水肿、肺结核及脾病患者，此树与小海枣树类似。树枝很少。砍掉一根，在合适的季节，便可得到上文所述的美酒。我还告知诸位其他内容。如果残枝再不流出浆液，便在树根上浇水，以小水渠从附近水源中引入所需要的水量。浇水一小时后，浆液又会重新流出。但并非此前的朱红色，而是一种更清澈的液体。由此便可得到白色与红色两种酒。

盛产印度胡桃，大小与人头相似，味道鲜美。新鲜胡桃果肉中间有一种浆液，极其香甜可口，比任何酒或任何其他饮料都要美味。

他们吃各种肉类，无论洁净与否。

上文已介绍此国，咱们就此打住，讲讲那孤儿国(Dagroian)[1]。

第一百八十四章　那孤儿国

那孤儿国独立自主，有自己的语言。与小爪哇国位于同一座岛上，有自己的国王，居民十分野蛮。他们自称大汗子民，百姓拜偶像。我首先跟诸位介绍他们的恶习。请诸君听来。

诸位得知，倘若有人生病，不论男女，他的家人便会去请巫师，请他们预测病人是否能痊愈。这些巫师便以魔鬼之术，依靠招魂和神助，可预测病人的生死。上文所说“魔鬼之术”，诸位不要以为他们会公开承认，他们谎称自己依靠的是神的力量和神灵之术。如巫师说病人将死，家人便会请来一些人，专门来处死那些无法救活的病人。他们来了，抓起病人，在他嘴上放上东西，将他给活活闷死。闷死后，他们便将尸体烹煮了。亲戚们都赶来，将肉全吃了。请诸位注意，他们会将骨头里的骨髓全给吸了。这是因为他们不想留下任何东西。他们说，如果骨头中还剩下东西，它便会变成虫子。因缺少食物，这些虫子会饿死。虫子死了后，死者的亡灵便会遭受巨大损失，这是一桩大罪。他们由

1　那孤儿：伯希和认为，“Dagroian”是由“Nagur/Nagor”转变而来，即汉文史料中的“那孤儿”。参见Paul Pelliot, Notes on Marco Polo, Paris: Imprimerie Nationale Librarie Adrien-maisonneuve, 1959, pp. 613-615.［清］张廷玉等：《明史》卷213《外国六》，北京：中华书局，1974年，第8427页。

此推断，从这些物质中生出的许多灵魂都死去了。吃完肉后，他们便拿起骨头，放在一个精美的小盒中，接着挂在高山上的大洞穴里，不让任何人或动物触碰。

此外，如果他们抓住一个外地人，便不会放他逃脱。如果被俘者无法赎身，他们就会把他杀死，立刻吃掉。这的确是极其恶劣卑鄙的习俗！

上文已介绍此国，咱们离开此地，讲讲南巫里国（Lambri）。

第一百八十五章　南巫里国

南巫里国有自己的国王。他们自称大汗子民，居民拜偶像。盛产苏木。此外还有不少樟脑及其他香料。现告知诸位他们如何种植苏木。播种后，人们便将小嫩芽从土中拔出来，移栽在别的地方。长上三年，又连根拔起，重新移栽在其他地方。我告知诸位，我们将此树的种子带回了威尼斯，将种子播撒在地里。但什么都没长出来。因为威尼斯气候不如当地严寒。

请诸位听听另一桩奇事。诸位得知，此国中大部分居民都长着约一掌多长的尾巴。这些人不住在城里，而是居住在山上的旷野里。他们的尾巴上没有毛，与狗尾巴一样大。

此地有许多独角兽，飞禽走兽等野物数量极多。

上文已介绍南巫里，咱们离开这儿，讲讲班卒儿国（Fansur）。

第一百八十六章　班卒儿国

班卒儿是一个独立自主的国家。有国王。居民拜偶像。自称

大汗子民。同样隶属于上述的小爪哇国。国中有世上最好的樟 242
脑，名为班卒儿樟脑，比其他一切东西价值都要高，与黄金一样贵。不产小麦及其他谷物，他们吃米及乳。酒与上文所述相似，也是从树枝上汲取的浆液。

另有一桩奇事值得记录，现为诸位介绍。诸位得知，有一种又高又粗的大树，树干里头全是面粉。木头周围有三指厚的树皮，其余的均为木髓，即面粉。请诸位注意，此树极粗，需要两个人才能环抱。人们将这种面粉放在一个盛满水的大盆里，以棍子捣杵。脏污碎屑都会浮上来，纯面粉则沉在底部。接着将水倒掉，将盆子底部那除去污渍的面粉收集起来。可将其调味，制作成多种食物，与我们这边的面饼类似，如千层面（前面出现过-烤宽面饼）等。味道极美，马可先生及他的同伴们曾多次品尝，清楚它的味道。诸位得知，马可先生将这种面粉及此面粉做出的面饼带回了威尼斯。以这种面粉做出的面饼味道与大麦面包相似。

此树树枝重如铁，可如铁一样沉在水中。可从头到底部笔直开裂，如同灯芯草（原文canna di giunco-张为竹竿）。正如上文所述，将面粉从树上除下来后，木头厚度只剩三指。人们以此木头制矛。制作短矛，而非长矛。因为木头极其沉重，倘若制成长矛，且不说舞动，光是抬举起来，就没有任何人做得到。他们将短矛前端削尖，接着将最上方的尖端在火上烤焦。短矛可穿透任何盔甲，比任何铁矛都要好。

上文已为诸位介绍此岛的六个王国。不再赘述岛上其他王国，因为未亲自前往。因此咱们就此打住，讲讲两座岛屿，一座很小，名为加威尼思波剌（Ganensipola），另一座名为呢咕吧拉

(Necuveran)。

第一百八十七章　呢咕吧拉岛

离开爪哇岛及南巫里国，朝着北方大约航行一百五十英里，抵达两座岛屿，其中一座名为呢咕吧拉。

此岛居民没有国王，他们如同野兽一般生活。诸位得知，不论男女全都赤身裸体，一丝不挂。居民拜偶像。

现跟诸位介绍他们的习俗。他们有精美丝质餐巾或手帕，五颜六色，长三臂。他们从过路的商人手中购得这些丝巾，摆在家里，挂在杆子上，作为财富及尊贵的象征，如同我们这边摆放珍珠、宝石、金银花瓶一样。他们从不使用这些丝巾，而仅仅作为展览。拥有丝巾最多最美者，便被视为最尊贵及最重要者。

诸位得知，他们树林中的树木都极其名贵，价值连城。产白色及红色檀香木、印度胡桃（即我们这边所说的“法老胡桃”）、天堂苹果、麝香石竹、苏木及其他珍贵木材。

再无其他内容值得记录。咱们离开此地，讲讲另一座名为晏陀蛮（Angaman）[1]的岛屿。

1　伯希和认为Angaman为晏陀蛮，且鉴于波罗的命名非常准确，所以他几乎不可能使用“Angaman”以外的任何形式，“Angaman”是抄写的错误，但这个错误已经存在于我们所有的写型中。（参看Paul Pelliot, Notes on Marco Polo, vol. 1, P. 43）据赵汝适《诸蕃志校释》晏陀蛮国条“晏陀蛮国，自蓝无里去细兰国，如风不顺，飘至一所，地名晏陀蛮”（赵汝适:《诸蕃志校释》中华书局2000版，第125页）。

第一百八十八章　晏陀蛮岛

离开上文所述两座岛屿，朝着西方航行一百五十英里，抵达一座富饶辽阔的岛屿，即晏陀蛮岛。他们没有国王，居民拜偶像，他们如同野兽一般生活。有种人值得在本书记述，现告知诸位。诸位得知岛上居民脑袋同狗一般，眼睛与牙齿都与狗相似。我向诸位确证，所有人的脑袋都像一只巨大的猛犬。盛产香料，百姓血腥残忍。他们吃外来人及所有一切能找到的食物。正如上文所述，盛产各种香料。他们以米、乳及各种肉类为食。此外，还有法老胡桃、天堂苹果及其他与我们这边不同的果木。

此岛海水水流湍急，深不可测，船只无法抛锚，也无法前行。船会被水拖进一片海湾，再无法出来。原因如下。此海波涛汹涌，将地底下都给腐蚀了，大树被连根拔起，随后冲进这片海湾中。成千上万的大树被卷入此海湾中，再无法流出。进入此海湾的船只便会困在这些树枝中，再无法逃生，只能永远留在此地。

上文已介绍此岛及奇怪的居民。咱们离开此地，继续往前。讲讲另一座名为锡兰(Seilan)的岛屿。

第一百八十九章　锡兰岛

离开晏陀蛮岛，朝着西方及略偏西南方向航行约一千英里，抵达锡兰岛，毋庸置疑，这是世上面积最大的岛屿。周长为两千四百英里。

诸位得知，此岛从前的面积要更大，依据这儿海员所绘制的世界地图，岛周长为三千六百英里，但岛曾遭受猛烈北风，一大片土壤都被冲进了水中。因此，岛面积不如从前。请诸位注意，受北风侵蚀的部分，地势极低，全为平地。因此乘船从海洋中到来时，无法发觉这片土地，只有身处之上时，才能看见。

另有许多值得记录的内容，现告知诸位。

此岛国王名为桑德满(Sendeman)。居民拜偶像。他们不向任何人纳贡，所有人都赤身裸体，仅覆盖生殖器。只有大米这一种粮食。产芝麻，可炼制芝麻油。他们以肉、米及乳为食。产酒，与上文所述类似。盛产苏木，品质为世上最佳。

咱们离开此题，讲讲世上最珍贵的东西。首先，诸位得知，岛上有世上最珍贵稀有的红宝石，仅产自此岛，世上任何地方都没有。还有蓝宝石、黄晶、紫晶、石榴红宝石及其他珍贵宝石。此州的国王拥有一颗世上最美的红宝石。这是世所能见的最美的红宝石，独一无二。现告知诸位其样式。诸位得知，红宝石长约一掌，如手臂粗。这是世上最璀璨的东西。完美无瑕，如火一般鲜红。体积巨大，是无价之宝。我向诸位确证，大汗曾派人出使此国，表达了想要购买此红宝石的意愿。大汗说，如果国王肯出让宝石，他将以一座大城的价值买下。但国王答说，不管用世上什么东西，他都不会交换，因为宝石自先祖传下。因此，大汗也无计可施。

居民并不善武，懦弱无能。如需征兵，便雇佣其他地区的人，尤其是撒拉森人。

再无其他内容值得在此记录。咱们离开此地，继续往前，讲讲马八儿(Maabar)。

第一百九十章　马八儿大州

离开锡兰岛，朝西方航行约六十英里，抵达马八儿大州，名为大印度。这的确是全印度最大的州。此州为陆地。诸位得知，州中有五个国王，为同胞兄弟，下文将依次介绍。诸位得知，这是世上最繁华最富饶的州。原因如下。

我首先告知诸位，我们现在所处州的国王为宋答儿班弟答瓦儿（Sender Bandi Devar），是五兄弟中的大哥，也是最重要的国王，他的王国盛产珍珠，又大又圆，品质极佳。诸位得知，大部分开采的珍珠与宝石均采自马八儿及锡兰岛。下文跟诸位介绍寻找及采集珍珠的方式。

在这片海域中，陆地与岛屿之间有一片海湾。最深不过十步或十二步，某些地方甚至不到两步。海湾出产珍珠，以下述方式采集。

一群商人合伙组建采珠公司。他们找来一艘大船，专用于采珠。各人都有适合自己的单独包厢，专为他所布置。厢内有一个装满水的大盆以及其他采珠所需要的用品。大船数量极多，因为来采珠的商人人数众多，因此组建的公司也不少。除自己的大船外，每个采珠公司还带有不少小船，用于拖曳大船及装载船锚。商人雇用大量短工，给他们一点钱，让他们自4月初直到5月中旬，或整个采珠季为他们服务。

上文已介绍商人所需的花费开销，此外他们仍须支付下述税赋。首先，他们必须给国王缴纳十一税。商人们找来巫师，对大鱼施咒，好让它们不伤害那些沉到水底去找珍珠的工人。商人们支付百分之二十。那些对大鱼施咒的巫师均为婆罗门(Bramano)人。他们仅在白天诱捕鱼，晚上他们解除魔法，好让鱼儿能自由游动。我请诸位注意，这些婆罗门人也可为其他兽类、禽类或任何活物施咒。

从4月初到5月中旬，这些商人准备好大大小小的船只及所有需要的人力后，前往上文所述的海湾。先去陆地上的别帖剌(Bettalar)[1]，接着朝南向大海前进六十英里。他们抛锚停船，商人雇用来的工人进入上述小船，工人们负责采珠。方式如下。

商人们雇用的工人待在小船内。抵达上述地点后，他们离开船，跳入水中。下沉到四步、五步甚至十二步深的水中。他们尽力在水中憋气，再也憋不住时，便会浮上水面。在水上待一会儿，接着再次跳入水中。整天都如此。沉下海底时，工人们在底部找到一些"文蛤"，通常称为海蚝。海蚝中藏有尺寸不一，形态各异的珍珠。他们将上述文蛤打开，放在大船预备好的大水盆里。珍珠藏在文蛤的肉中。大盆里有水，它们的肉会逐渐解体成为浆状，变得跟鸡蛋白一样，最终漂浮在水面，珍珠便沉在水底。

这便是采珠的方式，采珠极多，无可尽数。诸位得知，海中开采的大部分珍珠都销往世界各地。此地珍珠最圆最亮。商人们须缴纳税赋，金额巨大，国王由此获得惊人利润。

上文已介绍寻找珍珠的方式。另外，刚到5月中旬，这些藏

1　伯希和认为正确的形式是"Bettalar"，李光斌译"普塔莱"，今斯里兰卡的普塔勒姆城(Bettalar)，位于锡兰岛北部沿海。

有珍珠的文蛤便消失了。9月直至10月中旬，在距上文所述的地 248
方大约三百英里之处还可找到此类文蛤。

此马八儿州无需裁衣工或缝衣工，因为所有居民任何时候都赤身裸体。每个季节都气候宜人，百姓不受寒暑之苦。因此他们终日赤身裸体，仅以小块布遮盖生殖器。国王与百姓一样。除了遮盖的小块布之外，还戴着其他东西，请诸君听来。

诸位得知，他们的国王也是全身赤裸，仅在生殖器上覆以一小块布，在脖子四周，戴着一条镶嵌着红宝石、蓝宝石、祖母绿及其他珍贵宝石的项链。项链是无价之宝。此外，国王脖子上还戴着一块细丝巾，前方垂下约一步长，上面镶满了巨大璀璨的珍珠与红宝石，价值连城。共计一百零四件首饰，我告知为何首饰数量为一百零四件。诸位得知，国王每日戴着一百零四件首饰，从早到晚，他必须对神念诵一百零四遍祷告。这是他们的信仰与习俗。这是列代诸王流传下来的风俗。这便是为何国王脖子上挂着一百零四件首饰。此祷告为三句话："包卡，包卡，帕卡卡"，余外再不说别的。此外，国王胳膊上有三处戴着金臂圈，均镶有珍贵宝石及大珍珠，是稀世之宝。国王腿上同样有三处佩戴着金圈，均镶有珍贵珍珠宝石。这还不止。国王脚趾上也佩戴着精美珍珠及其他宝石，令人叹为观止。还有什么？此国王周身佩戴着许多珍珠宝石，价值比一座大城还要高。无人可说出，或计算出此王所佩首饰的巨大价值。国王所佩宝石如此之多，诸位无需惊讶。因上文我已告知诸位，他的王国为他提供无数珍珠宝石。

我再告知诸位一事。无人可将任何巨大珍贵的宝石，或是任何一个重半个萨觉以上的珍珠带出他的王国。请诸位注意，每年国王都会多次在全城布告，任何拥有美丽珍珠或珍贵宝石的人，可将其上交国库，国王将以两倍价格购买。任何美丽珍珠或珍贵宝石，国王都出两倍价格。因此，拥有珠宝的商人及其他任何人都极乐意将宝石上交国家。由此便可解释为何国王拥有无数宝石及财富。

上文已为诸位介绍此情。现在讲讲其他奇异内容。

我并无虚言，此王有一千个妃嫔，包括五百位妻子及众多妾室。但凡见到美貌女子或少女，他都会立马占为己有。他曾犯下一事，请诸君听来。国王的弟弟有一位貌若天仙的妻子，他立刻将其夺过来，据为己有。弟弟为人谨慎，忍受了这侮辱，并未抗议。但他因此缘故曾多次准备与哥哥开战。但每次即将爆发战争时，他们的母亲都会出面调停。她将乳房展示给两个儿子，对他们说：如果你们自相残杀，那我便将这对哺乳了你们的乳房给切下来。由此兄弟二人便重归于好。

我还告知诸位关于国王的另一件奇异之事。诸位得知，他有大量忠臣。这是一种特殊的信徒。他们不仅在此生伺候自己的主人，他们说在死后另一个世界中也会侍奉他。请诸君听来。这些忠臣在宫廷中伺候国王，与他一同骑马，是朝中权力最大的官员。不管国王去哪，他们都会陪伴他，他们在整个王国都极受尊敬。国王死后，他的遗体尚在火中焚化时，上述在生前做了国王忠臣的这些官员便会纵身入火，与国王一同被焚化，在阴间与他做伴。

我还告知诸位，此国中有如下风俗。国王死后，继位的儿子绝不会使用他留下的巨大财富。儿子无论如何都不会染指。继位者想:“我拥有了父亲的整个王国和百姓，我也同样可获得如他一般的财富。”于是，此国历代诸王都不碰上代王的宝藏，他们代代相传，每人又累积了巨大财富。由此，此国财力雄厚，委实令人惊讶。

我还告知诸位，此国不产马。国王必须以每年的全部收入，或至少大部分收入购买马匹。方式如下。诸位得知，所有盛产各种马匹的州，如忽里模子、怯失、祖法儿(Dufar)、施曷(Escier)[1]及阿丹(Aden)等，商人们都会购来最好的良驹，装在船上，运给国王及他的四位国王弟弟。每匹不少于五百萨觉金子，高于一百银马克的价值。请诸位注意，国王每年购买两千多匹马，他的弟弟们也会购买同等数量的马匹。但年末，每人仅剩下百来匹。因为此地没有马蹄铁匠，百姓不懂如何驯养它们，只能任由马儿死去。大量马儿因为疏于照看而死。贩卖这些马的商人自然不会派马蹄铁匠来这儿，也绝不会带领任何善于养马的人来这，因为他们正是希望国王的许多马儿都死掉。

我还告知诸位。国中有如下习俗。如某人犯下恶行，必须被处死，国王已宣判死刑。死囚犯说愿意出于对某神的尊敬与爱而献出生命。国王同意后，死囚犯所有的亲朋好友都赶来，将他放在一张椅子上，交给他十二把匕首。接着他们带着他全城游街展览，说着:“这位勇士将为某神献出自己的生命。”如是在全城巡游。抵达正法的地方后，那死囚犯抓过这十二把匕首中的两把，

1　《诸蕃志》中记作“施曷”,《郑和航海图》中记作“失里儿”。今席赫尔港。

高声喊道:“我因爱某神而自杀。”喊出这些话的同时,他用这两把匕首猛地刺穿肋骨。每次都抓两把匕首,刺在胳膊、腹部、胸部等地方,直到将全身上下都扎满匕首。每扎一次,他都高喊:“我因爱某神而自杀。”将所有的匕首都扎在身上后,他拿起一把双柄刀,就如同绕圈一样,将刀子放在脖颈后脑勺的位置。接着用力将刀子往前拉,把脑袋给斩了下来。因为这把刀锋利无比。他自杀后,亲属们便欢天喜地地将他的尸身焚烧了。

我还告知诸位,国中有如下习俗。在火中焚烧尸体时,死者的妻子也会跳入火中,与他一同焚烧。这些殉葬的妇人极受人称颂。我向诸位确证,殉葬的妇人数量极多。

我还告知诸位,此国百姓拜偶像。大多数人拜牛,他们说牛是最好的动物。无人敢吃牛肉,无法以任何方式诱使他们杀牛。有一种名为果维(Gavi)的人无所畏惧地吃牛肉。诸位不要以为他们敢杀牛。只有牛因生理原因或某个意外而死,他们才敢吃牛肉,我请诸位注意,他们所有的房子都涂着牛粪。

诸位得知,此地还有如下风俗。所有人,无论国王、官员及百姓,都只坐在地上。如诸位问他们,为何不能以更体面的方式就座。他们答说,因为席地而坐便是最体面的方式,他们是用土做的,仍要回到土地。因此,感激土地永远都不为过,任何人都不得贬损土地。

正如上文所述,假使牛非自己亲手屠宰,这些果维人便可吃牛肉。诸位还得知,这些人的祖先在古代杀害了使徒圣多马(San Tommaso)先生。我还补充一事,没有任何一个果维族人有能力进入圣多马先生尸骸所在地。诸位得知,就算十个、二十个人,或更多的人都无法使任何一个果维人待在保存着圣人灵柩的地方。十个、二十个，或更多的人都无法将一个果维族人放在存有圣多马先生尸身的地方。这是因为圣人遗骸具有神力，不愿意接受此族人。

此国除大米外，不产其他谷物。另有一桩奇事值得记录，此前遗忘了，现告知诸位。诸位得知，如果雌雄两匹良种骏马交合，会生出一只瘸腿的小马驹，一文不值，没有任何用处。

我还告知诸位，士兵的武器为矛与盾牌，但都赤身裸体。他们并不骁勇善战，而是无用懦弱之人。他们不杀任何动物或活物。如想吃羊或其他兽类或禽类的肉，他们便请撒拉森人或其他不信仰他们宗教也不遵循他们习俗的人来宰杀动物。

我还告知诸位，他们有如下习俗。所有人，无论男女，每日沐浴两次。早晨与晚上，清洗整个身体。沐浴之前不敢吃喝。未行一日沐浴两次者将被视为背道者，如同我们这边的帕特里尼（Paterini）一般。

诸位得知，他们吃饭时仅使用右手，绝不以左手触碰任何食物。他们以右手触碰所有洁净和美好的东西，而左手的任务则是接触所有不洁与丑陋的东西，如掏鼻子、洗屁股等。此外，他们只用杯子喝水，每人用自己的，任何人都不敢用别人的杯子。他们喝水时不将杯子靠近嘴唇，而是将杯子抬起来，将酒水倒进嘴里。他们无论如何不敢用嘴碰杯子，也不会将自己的杯子给任何外来人使用。如外乡人没有随身携带杯子，又想要喝点东西，他们便会将酒或其他液体倒进他的手中，让他捧着这酒水倒入口中。用双手做杯子。

另外，此国对杀人、盗窃及其他罪犯处以重罚。对于欠债的处罚则如下文所述，请诸君听来。诸位得知，如有债务人长期拖欠，债权人多次要求还款，但他每日都推脱第二天还债，假如债权人能出其不意地在他身旁画上一个圈，那么除非债务人答应债权人的请求，给出一个合理且可信的抵押品，当天立刻完全偿付，那他便无法走出这圈子。如果这欠债的人胆敢不还债或是不保证当天还款就钻出圈子的话，他便违反了法律与正义，将被国王处以死刑。

马可先生便讲过一个国王本人的例子。国王曾欠一位外来商人一些东西，商人多次向国王催还，但国王总是拖延，说自己不便偿还。这笔欠款给商人的生意造成了损失。某天，国王骑马沿城散心，商人立刻在地上画上了一个圈，将国王和他的马圈在其中。见此情景，国王勒马停住，不敢前进。直到给商人完全付清欠款，他才敢走出来。周围围观的群众都深感震惊，他们说："你们看国王也遵守法律！"国王便对他们说："制定这法律的人正是我。怎么可以因为这对我不利就违反法律呢？相反，我必须比其他人都要更加遵守。"

诸位还得知，大部分人都不喝酒。他们认为一个喝酒的人不可做证人或担保人，对航海的人同样如此。他们认为航海的人是亡命之徒，因此他的证词不被接受，没有效力。

诸位得知，他们不认为奸淫是犯罪。

此地酷热难耐，无法想象。因此人人都赤身裸体。仅6月、7月及8月有雨水。如果没有这三个月的雨水使空气凉爽，所有人都将被热死。这些雨水使得这炎热也勉强可以忍受了。

诸位还得知，此地有许多深谙面相术的专家，这是一种可看 254
见男女秉性好坏的技能。仅凭面相便能看出男女的本性。

他们知道遇见一只鸟或一只兽的意义。再无人比他们更会钻研预兆，比他们更善于分辨出吉兆与不祥之兆。如某人出发去某地，途中听见有人打呼噜或打喷嚏，他便立刻坐在原地，不再向前行一步。如果那打喷嚏的人又打了一次喷嚏，他便站起来，继续行路。如果他没有听见第二声喷嚏，他便放弃旅行，沿原路回家。

诸位还得知，他们认为每周的每天都有一个不吉利的时辰，称之为“忌刻”。比如说，周一为日课经第三时的半点，周二为三点，周三为九点，全年每天皆有忌刻。他们将所有这些内容都记在书中。他们通过计算阴影来知晓忌刻时辰，测量出人影的长度。如背对太阳者的阴影长七步，那便为当天的忌刻。在此长度范围之外，即阴影加长或缩短时，则不是忌刻，太阳上升，阴影缩短。太阳下沉，阴影延长。又如某日阴影长十二步时为忌刻，超过此长度，便代表着度过了忌刻。他们将所有内容都记录在纸上。诸位得知，在这些时间内，他们不做生意，也不做任何其他事情。譬如说有两个人正在谈生意，有人站在太阳底下，测量阴影长度，假设根据那天的记录到了当天忌刻时间段内，那么这人会立刻对这两人说：“忌刻到了！你们什么都不要做！”那么这两人便会中止。此人第二次测量阴影，发现时间过了后，便会说：“忌刻过去了。你们可随意。”那么他们便立刻重新说起之前的话题。他们说，如果一个人在这个时间段内谈价，将不会有任何利润，也不会得到任何好处。

诸位还得知，他们屋里有一种名为“狼蛛”(Tarantola) 的动物，与蜥蜴类似，趴在墙上。有毒，如果让它咬住便遭殃了。它们发出一种“唏嘶”的声音。这便是它们的叫声。此地百姓根据这些“狼蛛”进行占卜。譬如说有两人在有这种动物的屋子里谈生意，当他们讨论时，听见房间上面狼蛛的声音，他们便观察这声音从哪个方向传来，是对着卖家，还是买家，从左边或从右边，从前面、后面、上方或其他方向传来。他们据此判断这是吉兆还是不祥之兆。如吉利，他们便会做成生意。如不吉利，生意便黄了。他们知道何时对卖家吉利，对买家不吉利；何时对卖东西的不吉利，对买东西的吉利；何时对双方都有利，何时对双方都不吉利。他们由此做出对应行动，他们依靠经验得知所有这些占卜。

我再告知诸位，此国婴儿出生后，不论男女，父亲或母亲便在纸上记录下他的生辰八字，即孩子在某日、某月、某个星象及某个时辰诞生。他们如此记录，是因为不论何事，他们都参照占星师或占卜师的判断来行动。他们的占卜师擅长巫术、幻术及风水。对星象术也颇有研究。

诸位得知，如哪家的男孩子刚长到十三岁，父亲便会让他离家，不再供养他。他们说，儿子们已经到了可以自食其力的年纪，可以像父亲一样做生意挣钱了。他们给儿子二十几个威尼斯银币或是一个同等价值的钱币，让他们买东西、做生意。父亲此举的目的在于让儿子们熟悉生活，了解经商之道。男孩子们便也这样行事。他们整日到处奔忙，买点东西，又卖点东西。到了采珠的季节里，他们就去港口，根据自己的经济情况，从采珠人手中买上五六颗珍珠，带给那些因害怕烈日而待在家里的商人。孩子们说：“您要吗？我向您保证，这是我花大价钱买下的。您给我

一个觉得合理的价格吧。”商人们会付一个更高的报酬。于是他 256
们又接着跑去港口，或是对商人说：“您希望我去帮您买点什么吗？”他们便由此熟悉经商之道，成为最老练的商人。他们由此购买到食物，可带回母亲家里。母亲给他们烹煮，帮他们预备。但他们绝不会再吃父亲的食物。

诸位还得知，印度其他任何地方都一样，此国的飞禽走兽与我们这边的迥然不同。但有一种鸟除外，即鹌鹑。他们的鹌鹑与我们的相似。除此之外的动物与我们这边的大相径庭。因为诸位得知，蝙蝠在晚上飞翔，周身不长羽毛。他们的蝙蝠与苍鹰一般大，他们的苍鹰与乌鸦一般黑。体型比我们这边的苍鹰大得多，飞行速度极快，善于捕猎。此外另有一事值得记录。他们让马儿吃与大米同煮的肉及其他煮熟的食物。

我还告知诸位，他们在庙宇中供奉着许多男女神像，献祭许多少女，方式如下。少女们的母亲与父亲将她们献给自己最爱的神。女孩们成为祭品，每当供奉神像庙中的僧人要求她们来侍奉神，她们便会立刻前往。她们前去，载歌载舞，大举宴席。献祭的女孩们人数众多，组成了一个大行会。此外，每月或每周，这些少女必须多次为自己献祭的神带去食物。她们预备食物，想象神吃掉食物。诸位得知，许多这样的女孩子备好丰盛的食物，如肉及其他美味佳肴，去庙里，走到自己的神面前。女孩们在神像前方摆上桌子，摆放着所有带来的食物，等待一会儿。与此同时，她们会载歌载舞，纵情狂欢，热烈至极。估摸着一个大官吃完一顿饭的工夫，她们就停止。接着，他们说神的灵魂已经享用了食物。于是所有人一起欢天喜地地将这美食吃掉。每人都回到自己的家中。直到嫁人之前，这些少女都必须如此供奉。此国中做上文所述事情的女孩们人数众多。

但为何这些少女要来与神娱乐？又以何种方式侍奉他们？供奉神的僧人们说：“神与妻子吵架了。他们不再往来，不再交谈。他们愤怒不快，如果他们不重新和好，我们所有的事情都会遭殃，将遇上噩运。神不再祝福保佑我们了。”于是这些少女便去庙宇，正如上文所述。她们赤身裸体，仅遮盖生殖器。她们在神及他的妻子面前歌唱。神站在一个壁龛下的祭坛上，神的妻子站在另一个壁龛下的祭坛上。人们认为神与妻子交好时，便会结合。但他们发生龃龉时，便不会结合。这些少女便去庙宇，让二人重归于好。她们到达后，开始歌唱嬉戏，蹦来蹦去，做着各种乐事，好让神与妻子高兴起来，重修旧好。在玩乐过程中，她们会说：“老爷，为什么您还与妻子生气？为何您不关心她？难道您不喜欢她吗？当然喜欢了。您想与她重归于好，想与她享乐，必定十分喜欢她。”说着这些话时，女孩便站起来，逗乐神与妻子，一条腿高举至脖颈处，另一条腿转起圈来。玩乐够了，她们便回到家里。第二天早晨，供奉神的僧人便愉快地宣布，神与妻子已重修旧好，二人之间再无不和。于是所有人都心满意足，千恩万谢。

诸位得知，在侍奉神时，这些少女的肉都很硬，没有人可以任何方式挤压或捏她们身体的任何部位！请诸位注意，只消给一笔小钱，就可以随意地捏她们，嫁人后，她们的肉仍旧如此坚硬。仅稍稍变软。因此她们的胸部不下垂，而是高耸坚挺。

我还告知诸位，此地的人有一种很轻巧的竹床，做工精妙。

人躺进去睡觉后，可以用一根绳子将床吊到天花板上，固定起来。这样可不被狼蛛咬到，也可免受跳蚤及其他脏污的侵害。也更凉快一点。但并非所有人都有竹床，仅贵族和家中长者可享用。其他人都睡在大街上。 258

我们告知诸位，国王制定了一项尊贵的法律。诸位得知，此地天气太过炎热，他们更愿意在晚上赶路。如有人随身带着一个袋子，装着珍珠或其他宝物，在夜间赶路时想要睡觉，就将袋子放在头下，枕在上面睡觉。他什么都不会丢，不会被盗，也不会遭受其他意外。如财物丢失，政府会补偿他的食宿，但仅限在路中间睡觉的情况。否则不但不补偿任何东西，还会对他惩罚。官员会说："为何你要离开马路睡觉？莫非想伤害他人？"于是施以惩罚，并不补偿丢失的钱财。

上文已详尽告知诸位此地风俗习惯及此国的特征。现离开此地，继续往前，讲讲默忒菲里国（Mutfili）[1]。

第一百九十一章　默忒菲里国

离开马八儿，朝北方行大约五百英里，抵达默忒菲里国。此国由一位极有才干的王后治理。当我们在当地时，国王已去世四十年。王后与丈夫举案齐眉，感情极深，她爱丈夫胜过自己。国王死后，王后庄严宣布，既然丈夫已死，她将永不再嫁。王后

1　印度东海岸港口，今位于印度安得拉邦贡土尔（Guntur）。

此生未改嫁。我向诸位确证，在这四十年间，王后英明公正，将国家治理得比自己的丈夫还要好。我向诸位确证，王后深受臣民爱戴，胜过任何贵妇或君主。

居民拜偶像，他们不对任何人纳贡。百姓以米、肉、乳、鱼及水果为食。

此国产钻石。现为诸位介绍。

诸位得知，此国有许多出产钻石的高山。寻找钻石的方式如下。诸位得知，冬天下雨时，水从山上流下来，穿过岩石深处，沿着巨大的悬崖喷薄而下。雨停后，水消失了，采矿的工人便在水经过的小溪中搜索，可找到大量钻石。到了夏天，即使不见一滴水，也能在这些山中找到许多钻石。但夏季酷热，几乎无法承受。此外，这些山上有许多又大又粗的蟒蛇，令人生畏。但采矿工人仍冒险前去，找到那些最美最大的钻石。这些蟒蛇毒性很大，极其凶残。找钻石的人不敢靠近它们的蛇洞。

我还告知诸位，有些别的方式可找到钻石。诸位得知，此地有一些又大又深的山谷，悬崖陡峭，无人可进入谷底。寻找钻石的方式如下：他们拿上许多块仍在滴血的生肉，扔到这些深谷里面。将肉抛掷到那些堆满了钻石的地方，钻石钉在肉中间。山中有许多专吃蛇的白鹰。这些鹰在深谷底见到这些肉，便会冲过去，抓起肉，带到别的地方。采矿人密切关注着这些鹰飞的方向，一见到它们停下来吃肉，他们便会迅速地扑上去。这突然出现的一群人吓住了白鹰，它们丢下肉飞走了。这些人便找来肉，收集起来，找到许多钉在肉里面的钻石。

他们还有另外一种获得钻石的方式。上文所述的鹰吃着肉，它们会吃掉或是啄到这些钻石。晚上，白鹰回到鸟巢里，便会将吃下去的钻石排泄出来。寻矿者们便会去这些鸟巢，带走鹰粪，在里面找到大量钻石。

他们便以这三种及其他许多别的方式找到钻石。请诸位注意，钻石仅在此国出产，世上其他地方都没有。钻石产量丰富，品质极佳。诸位不要以为，这些好钻石运到了我们基督教的土地，它们其实运给了大汗和各地各国的国王与官员，他们财力雄厚，买得起所有珍贵的宝石。

上文已为诸位介绍钻石，现在讲讲其他内容。

诸位得知，此国可制作出世上品质最佳、最美最细的硬麻布，价值极高。我可向诸位确证，与法国兰斯(Reims)的麻布相似。华贵美丽，最有权势的国王及王后都愿意穿着。

有许多野兽，有世上最大的山羊。百物丰饶。

再无其他内容值得在此记录，咱们离开此国，讲讲使徒圣多马遗骸所在的地方。

第一百九十二章　使徒圣多马遗骸存址

使徒圣多马的尸骸保存于马八儿州的一个小镇。小镇人烟稀少，位置偏远，没有任何商人前来，因为没有任何可以出口的商品。许多朝圣者前来朝圣，基督徒与撒拉森人皆有。因为诸位得知，此地区的撒拉森人也虔诚信仰圣多马。他们说圣人是撒拉森人，将他看作一位伟大的先知，称之为阿瓦连(Avariun)，指“圣人”。

守护教堂的基督徒种了许多产酒的树，结出的果实为“法老胡桃”。一个胡桃便能果腹，既是食物，又是水。胡桃外面有一层果皮，与线绳类似，可制作出许多东西，用途广泛。在第一层果皮下方，有一种可食用的物质，饱腹感极强。味道可口，甜如糖，白如奶，与外层果皮一样呈凹陷状。这种物质内部饱含水分，甚至可填满一个细颈瓶。果汁清澈冰冷，味道鲜美。吃完果瓤后，便可以喝这种果汁。因此一个胡桃可提供水和食物，足可让一个人吃饱。这些基督徒需每月对宋答儿班弟答瓦儿国王的四个弟弟之一支付每棵一个威尼斯银币的税赋。

此地发生了一桩奇事，请诸位听来。这儿保存着被刺杀的圣人遗骸，来此朝圣的基督徒会带走一点泥土。他们将这种土带回故乡，如果有人感染了四日热、三日热，或患上了其他类型的发热，便给他喝一点用土做的药水。病人刚喝下，便会立刻痊愈。所有患病的人都喝这种土。马可先生本人也带了一点土回威尼斯，用它治愈了许多人。诸位得知，这是一种红色的土。

我还告知诸位在基督降生第1288年发生的一个奇迹。诸位得知，上方提及的那位国王用大量大米填满了圣多马教堂及附近所有屋宅。因为此王拜偶像，所以他这样做。国王填满了教堂及附近所有房子，朝圣者再无地方歇息，守护这教堂与圣人遗骸的基督徒都愁眉不展。他们哀求国王，希望能劝阻他。但国王残忍而傲慢，对他们的哀求置若罔闻，仍旧随心所欲，毫不怜惜这些守护教堂的基督徒。国王用他的大米填满了圣多马所有的房间，这些修士大为苦恼。就在这时，发生了一桩奇迹，请诸君听来。诸位得知，国王将所有房间填满那天晚上，使徒圣多马在国王面前显灵，手中抓着一只长叉子，压在国王喉咙上，对他说："你这人！立刻把我的屋子清空。如果你不马上将我的屋子清空，我将让你暴毙。"说着，圣人将叉子用力压在国王的脖子上，国王疼痛万分，仿佛即将死去一般。随后，圣多马离开了。第二天早晨，国王早早就站在那等着了。他清空了所有房间，将圣多马制止自己的奇迹全说了出来。人们将这当成一桩大奇迹。基督徒们兴高采烈，欢欣鼓舞，对圣多马感激万分，很是恭敬。对圣人的名字大加称颂。国王不再从守护这地方与教堂的基督徒们那里收取任何东西，不对树收税，也不要求任何税赋。

此地每天发生诸多奇迹，如一一叙述，诸位必将目瞪口呆。许多基督徒朝圣者在这被治愈，包括瘸子、瘫痪病人等。

上文已为诸位介绍此情。现在告知诸位当地人所说圣多马被杀的情形。诸位得知，圣多马当时正在隐居地外面的树林里对主祷告。周围有许多孔雀。此地孔雀数量比世上任何地方都多。圣多马正在祷告时，一个果维种族的偶像崇拜信徒射出一箭，想杀一只围在圣人旁边的孔雀。他丝毫未发觉圣人的存在。他以为射中了孔雀，其实刚好打在使徒圣多马右侧肋骨中间。圣人挨了一箭，但仍温和地敬拜着自己的造物主。他就这样祈祷着，因受箭伤而死。在他来到此地之前，他在努比亚(Nubia)使许多人皈依了基督教。关于他如何做到的，我将在本书合适的时间与地方为诸君一一道来。

上文已介绍了圣多马，接着讲讲其他内容。诸位得知，此地婴儿出生时皮肤黝黑，但长大后肤色更黑，这全是人工操作的结果，请诸君听来。诸位得知，他们出生后，人们会每周一次在这些婴儿身上涂抹芝麻油，孩子们由此变得很黑，比出生时更甚。因为人们认为皮肤越黑，越会被人赞美。最黑的人则是最好的人，我还补充一事。我可向诸君确证，这些人以黑色绘制所有神像。反而将魔鬼描得如雪一般白。他们说上帝及所有圣人都是黑色的（这当然指的是他们的上帝与圣人），而魔鬼则是白色，因此他们便以上文所述方式绘制。他们的神像雕塑也全为黑色。

诸位还得知，此地百姓对牛十分信仰，认为这是神圣的动物。士兵征战时，便带上前文所述野牛的牛毛。如为骑兵，则将牛毛粘在马鬃毛上。如为步兵，则粘一点在盾牌上。也有人将牛毛绑在头发上。他们这样做，是因为相信牛毛能保自己逢凶化吉、死里逃生。所有打仗的人都如此。诸位得知，正是因这种原因，野牛毛也奇货可居，没有牛毛的人，心下都会不安。

上文已跟诸位介绍此情，离开此地。讲讲另一个州，那儿居住着婆罗门人，请诸君听来。

第一百九十三章　婆罗门人所在的来来（Lar）州[1]

离开保存着使徒圣多马遗骸的地方，朝西走，抵达来来州。此州中的土著人全是婆罗门人，这是他们最初的发源地。

---

1 《元史》作“来来”，是胡茶辣（Gujarat）的别名，在今印度西部古吉拉特邦、康坎地区。参见［明］宋濂等：《元史》卷14《世祖本纪十》，北京：中华书局，1976年，第292页；陈佳荣、谢方、陆峻岭：《古代南海地名汇释》，北京：中华书局，1966年，第400页；Paul Pelliot, Notes on Marco Polo, Paris: Imprimerie Nationale Librarie Adrien-maisonneuve, 1959, pp. 762.。

诸位得知，这些婆罗门人是世上最老到也最可靠的商人。他 264
们绝不会撒谎，所说的一切内容都是真的。如有外来商人来此买卖东西，因不了解此地的风俗习惯，他便去找一位婆罗门商人，将自己的钱与货物托付给他。因外来商人不懂当地的风俗习惯，害怕被骗，他委托婆罗门商人负责自己的生意。这婆罗门商人就接管了这外来商人的业务，买卖都十分诚实，他尽力为外来商人谋利，比自己做生意还要热心，所谋的利润还要更高。他辛苦奔忙，但不求任何回报，只接受外乡人出于感激对他赠予的东西。

他们不吃肉不喝酒，生活正直，严格遵循当地习惯。他们绝不奸淫其他女子，也不拿别人的任何东西。他们不杀生，不会做任何认为有罪的事情。诸位得知，所有婆罗门人都通过身上的一个记号认出同伴。因为世上所有婆罗门人都在一侧肩上披着一块棉布，将棉布在对侧胳膊下方打结，然后绕过腹部和背部。无论去往何处，他们都能凭借这种标记认出彼此。

我还告知诸位，他们的国王富裕强大，财力雄厚。国王喜欢购买珍珠及各式宝石。他与本国所有商人约定，所有从琐里(Soli)进口的珍珠，他将付以成本两倍的价格。琐里是马八儿的一个王国，是全印度最富饶也最美丽的州，此地产出的珍珠品质最佳。婆罗门人去这马八儿的王国买下所有能找到的上等珍珠，带给自己的国王。他们对国王诚实地说出自己的成本价，国王立刻付给他们双倍的价格。他从未更改过这个习惯。因此商人给他带来无数又大又好的珍珠。

这些婆罗门人拜偶像，世上再无人比他们更注重遇到飞禽走兽所代表的预兆。现为诸君介绍他们的一种迷信。

我告知诸位，他们有如下风俗。他们规定了每周每天象征吉利的阴影长度，作为标准。假设，比如说有人正在谈生意。这想要买货的人站在太阳下，他观察自己的影子，问："今天几号？""是某日。"于是他便测量自己的影子。如果影子长度正符合当天的吉兆长度，他便做成买卖。如果阴影长度不符合，则不做任何买卖，而是等待影子符合当天所规定的长度。他们规定了每周每天影子的长度，在影子符合规定长度之前，他们不做任何买卖，也不做任何其他事情。等到影子符合当天所规定的长度，他们便开始谈生意和忙事情。

我还告知诸位，此地有许多狼蛛。假设他们在家里或外面谈生意时见到了一只狼蛛，若买家认为狼蛛出现的方向对他有利，便会立刻买下货品。如果狼蛛来的方向对他不利，他便不再谈价，也不会买货。

此外，如果他们从家里出来时听见某人在打喷嚏，如果他觉得不吉利，便会停下来，不再往前。另外，如果这些婆罗门人在路上走时，遇见一只燕子，或是迎面飞来，或是从左或从右方飞来，如果他们依据自己的信仰认为燕子飞来的方向是吉利的，便会继续赶路。如果不吉利，他们便不再赶路，掉头返回。

这些婆罗门人是世上最长寿的人，这是因为他们生活简朴而节制。他们的牙齿很坚固，因为他们习惯在吃饭时嚼一种有助于消化、有益健康的草。诸位得知，这些婆罗门人不会从血管中放血，也不会流其他部位的血。

这里有一种名为浊肌（Ciughi）的僧人，比别人更长寿。他们的寿命甚至可达一百五十至两百岁。他们身体健朗，可四处随意走动，为庙宇及神像服务，满足他们的一切需求。就仿佛仍年轻力盛。这是因为他们生活节制，大行斋戒，仅吃健康的食物。他们主要吃大米与牛奶。正如上文所述，这些浊肌僧人极其长寿。但我必须补充，他们还服用另一种食物，现告知如下，必将令诸位大吃一惊。诸位得知，他们将硫黄与水银混合在一起，制成一种药水喝下去。他们说这能延年益寿。这种药水具有疗效，真的延长了他们的寿命。他们每月服用两次，诸位得知，为了更长寿，这些人自幼年起便服用这种药水。上述那些长寿的老人必然服用了这种硫黄与水银的药水。

此外，来来国中还有一派僧人，同样名为浊肌。现介绍他们的节制、简朴与严酷的生活。诸位得知，他们都赤身裸体，一丝不挂，甚至连生殖器也不遮盖。他们崇拜牛，多数人前额中间都有一头铜制或是镶金黄铜的小牛（自然是扎在脑袋上的）。此外，他们烧牛粪，将它磨成灰。如果有人在路上走时对他们致意，就以这种牛粪粉涂抹在他们额头上，仿佛这是最神圣的事情一般。他们极为虔诚地在全身涂抹上这种牛粪粉，就如同基督徒以圣水祝福一般。他们吃饭时不用碗碟，而是将食物放在天堂苹果叶子或其他大叶子上面。并不选用绿色叶子，而是用枯叶。因为他们说，绿叶中有灵魂，这便是有罪。世上没有人比他们更小心，唯恐做有罪的事情。他们宁可去死，也不会犯罪。如有人问他们为何赤身裸体，为何毫不羞耻地袒露阴部，他们答说：“我们赤身裸体，因为我们不想要这尘世的任何东西。因为我们来到这个世上时便是一丝不挂。这便是我们不以袒露阴部为耻的原因。我们不以阴部犯任何罪，因此我们不以袒露阴部为耻，这羞耻也绝不比你们袒露手、脸或你们未以它犯下奢淫之罪的其他任何身体要大。因为你们用阴部来犯罪和奢淫了，所以你们都将阴部藏起来，感到羞耻。而我们不用阴部犯任何罪，我们袒露阴部时所感到的羞耻也不会多于袒露脊背时。”他们便这样跟那些问自己为何不以袒露阴部为耻的人解释。

我还告知诸位，他们无论如何不肯杀生，不会杀害任何活物，哪怕是一只苍蝇、跳蚤、虱子或一只虫子，因为他们说这些生物中有灵魂。他们认为不可杀生，否则便是有罪。

我还告知诸位，他们绝不吃任何绿色的食物，包括草叶或根茎，除非它们变干枯。因为他们相信任何绿色的生物都有灵魂。

诸位得知，如果这些僧人想排泄，便会去海滩上，在靠近海边的沙土里解决，他们以海水将屁股洗得干干净净。洗完屁股后，他们会拿上一根小棍子，将自己的排泄物四散弄开，扫在沙土里，好让它们完全消失。如有人问他们为什么如此，他们答说：“因为排泄物会生虫。太阳炎热，将所有食物都烤干了，所以这样繁殖出来的虫子将饿死。从我们身体里排出来的物质可以视为等同于我们，如果没有食物，我们也将无法生活。如果从我们的物质上面繁殖出来的许多灵魂将死去，这对我们来说将是大罪过。因此我们将粪便毁掉，不让它繁殖出虫子来，让它们不至于因为我们的罪过而立刻饿死。”

我还告知诸位，他们全都赤身裸体地睡在光秃秃的地上，身下与身上都不铺盖任何东西。为何他们不会冻死，反而如上述所说的长寿，真是令人惊奇。

请诸位注意，他们极其节制饮食。他们全年都在节食，只喝水，不吃任何东西。

我还告知诸位关于他们的另一件事情。假如住在庙宇里为神服务的僧人需要改变职务或级别时，比方说有人去世了，必须选出另一人顶替他，他们便会执行如下测试。他们唤来为神献祭的少女，让她们触摸候选人的身体。少女们把这身体上上下下地抚摸个遍，搂抱着，做出各种欢乐之事。少女们以上述方式触碰时，假如候选人的阴茎纹丝不动，与测试之前完全一致，便被视为好人，可留在庙宇里。如果在少女们触摸时，候选人的阴茎动了或是勃起，将不可留在庙宇里，被立刻驱逐出去。他们说不想要一个淫棍。

正如上文所述，他们是最残忍奸诈的偶像崇拜信徒。

他们兴火葬，因为如果不焚烧，尸体将生出虫子。虫子在吃掉繁殖出它们的尸体后，再也找不到食物，便会饿死。他们认为虫子的死对亡者的灵魂来说是大罪过。因此，他们焚烧尸体。他们说虫子也有灵魂。

上文已为诸位介绍这些偶像崇拜信徒的风俗习惯，现在离开此地。在介绍锡兰岛时，我遗忘了一个美丽的故事，现告知如下，必将令诸位目瞪口呆。

第一百九十四章　锡兰岛

正如本书前章所述，锡兰是一个大岛。诸位得知，此岛中有一座巍峨高山，悬崖峭壁，任何人都无法攀登上去，除非借助下述工具。他们在山上挂了许多大铁链子，制作巧妙，人可沿着铁链子攀至山顶。他们说亚当的坟墓位于山顶上，这是我们的先祖。撒拉森人说这是亚当的坟冢，而偶像崇拜信徒们则说这是释迦牟尼的坟墓。

释迦牟尼是第一个拥有名字的神。根据他们的风俗，这是他们最好的人。是第一位被尊崇为圣人的人，也是第一位神。

他的父亲是一位伟大的国王，富有而强大。但这个王子为人虔诚而正派，对俗世毫无兴趣，也不想继位称王。他的父亲见自己的儿子既不想当国王，对国土中的任何事情也都毫无兴趣，忧愁万分。父亲给儿子赏赐了许多珍宝，告诉他自己打算要将王位传给他，让他成为拥有绝对权力的君王。父亲愿意舍弃王位，放弃一切权力，只求他能称王。儿子答说自己无欲无求。父亲见儿子无论如何不肯继承王位，痛不欲生。诸位无需惊讶，因为这是他的独子，是他的唯一继承人。

于是国王便采取了下述方法。他决定做一件事情，认为这将改变儿子，将唤起他对尘世的兴趣及对王位与国家的渴望。在他的安排下，王子来到了一座华美的宫殿，内有三万个美丽动人的少女听候他的命令。没有任何男子敢闯入其中，只有少女们住在里面。少女们服侍王子就寝与用餐，随时陪伴他。根据国王的指示，她们在他面前载歌载舞，给他一切欢乐。诸位得知，所有这些少女都无法让王子产生丝毫欲念，他的意志变得更坚定，思想变得更为贞洁。

他过着极为虔敬的生活，遵循他们的风俗。

诸位得知，这年轻人养尊处优，从未离开过自己的皇宫，从未见过任何死人，也从未碰到过任何四肢不健全的人。父亲不允

许任何老人或病人出现在他面前。一天，年轻人在路上散步，见 270
到了一个死人，他惊讶得目瞪口呆，因为他此前从未见过这样的情景。他立刻问随从这是什么，随从答说这是死人。“怎么？”王子说，“所有人都会死吗？”“当然。”随从说。年轻人于是一言不发，若有所思地骑着马儿向前。遇见死人后不久，他又撞见了一个老人，走不了路，一颗牙齿都没有，牙齿掉光了。见到老人后，王子问这是什么，为何他无法走路，随从答说，他因为年老而无法走路，因为年老而掉光了牙齿。听到他们对死人与老人的介绍后，王子回到皇宫。他决定不再待在这丑陋的世界里，决定去找寻永远不死、可永生的人。他舍弃了自己的宫殿与父亲，来到人迹罕至的荒山，在那度过了余生，贞洁而虔诚地修苦行。如果他是基督徒，他必将是陪伴我们主耶稣基督的圣人。

王子去世后，人们将他的遗体送到了国王父亲面前。国王见儿子去世了，他爱儿子胜过自己，国王悲恸欲绝。举办了盛大的葬礼。他按照儿子的样子打造了一座黄金雕塑，镶满宝石。国王让所有封臣崇拜他，如同上帝一般敬拜他。

据当地人说，他死过八十四次。他们认为，他第一次死后，变成了牛，第二次死后，变成了马，如是往后，共计死过八十四次，总是投生成动物，如狗或其他动物，他们说，他在第八十四次后，成了神。

他是偶像崇拜信徒们最好最大的神。诸位得知，他是偶像崇拜信徒们的第一个神，所有其他神都是源自他。

这一切均发生在印度锡兰岛。

诸位已知第一位神是如何造出来的。我可向诸位确证，偶像崇拜信徒从遥远的地方前来朝圣，正如基督徒朝圣拜见圣雅各(Giacomo)一样。据这些偶像信徒说，山上坟墓中所埋葬的应是上文所述的王子。王子的牙齿、头发与饭碗都保存在此，他名为释迦牟尼“不儿罕”，即我们所说的“圣人释迦牟尼”。许多撒拉森人也来此朝圣，他们说这是我们第一位先祖亚当的坟冢，这牙齿、头发与碗均属于亚当。

上文已为诸位介绍，这位王子是偶像崇拜信徒的第一位神及第一位上帝，而撒拉森人则认为这是我们的第一位先祖亚当。只有上帝知道这究竟是何人何物。我们认为这不是亚当。据我们的神圣教堂经书所说，他埋葬于别处。

大汗从撒拉森人那听说亚当的坟冢位于此山，此地还保存着他的牙齿、头发与饭碗，决定不惜一切代价得到这些牙齿与头发及这个饭碗。他派出大使团。这事发生在基督降生第1284年。还有什么？诸位得知，大汗信使带着大队随从上路了，他们跋山涉水，最终来到了锡兰岛。他们觐见国王，千辛万苦才得到两颗又粗又大的上颌牙，此外还得了一点头发，拿到了那个饭碗。饭碗以绿色斑岩石制成，精美异常。大汗的使臣获得这些东西后，便上路返回祖国。当时大汗正在汗八里大城，使团抵达大城附近时，提前通报大汗，说他们已完成使命。大汗于是令所有人，不论是不是教徒，都来迎接这圣物。大汗让他们以为这是亚当的圣物。但为何如此赘述？诸位得知，汗八里所有百姓都来迎接这圣物。使臣将它交给僧人，由他们带给大汗，大汗欣喜异常，隆重地接待了圣物。诸位得知，这些信徒从他们的经书中发现此饭碗有如下神力：将可供一个人食用的食物放在里面，会变出可让五

个人吃饱的食物。大汗做了测试，证明这果真如此。 272

正如上文所述，大汗得到了这些圣物。他为此支付了巨额费用。

已根据事实向诸位原本记述了这则故事。现在咱们可以离开此地，继续往前，讲讲其他内容。首先介绍加异勒(Cail)城。

第一百九十五章　加异勒繁华都城

加异勒是一座繁华的大城。属于阿恰儿(Asciar)，这是五兄弟中年纪最大的国王。诸位得知，所有从西方过来的船只都停泊在此城的港口，包括忽里模子、怯失、阿丹及阿拉伯其他地方，商船载满货物与马匹。商人们停泊在此城，因为它地理位置绝佳，是贸易中心。大量商人从许多地方来此购买货品、马匹及其他东西。国王财力雄厚。身上佩戴着无数珍贵宝石，雍容而华贵。他英明治国，对从其他地方来的外来商人尤为公正。他保护外来商人，明达正义。我告知诸位，商人极乐意来这，因为这个仁善的国王尽力保护他们。商人获利颇丰。

我还告知诸位，国王有三百多个妻妾。城中人认为妻子数量多于别人是巨大的荣耀。另外，这五个国王是同父同母的同胞兄弟，但他们之间冲突不断，多次即将开战。他们的母亲仍在世，总从中调停，不让他们相互残杀。但她的哀求常常不能制止他们，儿子们仍是不顾一切地想要交战。正如上文所述，母亲便拿起一把刀子，对儿子们说："如果你们不停止战斗，不言归于好，我便立刻自杀。我先要割掉胸上这对哺育了你们的乳房。"兄弟们见母亲痛苦不堪，又恳切哀求，明白这是为自己好，便重修旧好。此类事情多次发生。我向诸位确证，等他们的母亲去世后，他们必定会同室操戈，兄弟相残。

诸位还得知，与印度其他地方一样，此城有如下风俗。诸位得知，这儿的人出于习惯或是为了消遣，嘴巴里总嚼着一种名为坦布尔(Tambur)的叶子。他们嚼叶子，将渣滓吐出来，这种习惯在贵族中尤为风行。王室贵族的叶子以樟脑及其他香料制成，有时也混合石灰。他们整天这样嚼着，可保持健康。

如果有人想冒犯、污蔑或侮辱别人，就在路上见他时，将嘴巴里正在嚼的叶子啐在他脸上，说："你连这个都不如。"指不如那吐在他脸上的东西。那受到如此屈辱与嘲弄的人立刻去国王面前申诉，说某人如何嘲弄与侮辱了自己。他请求国王允许自己报仇。如果这作恶的人除了侮辱他本人外，还冒犯了他的家族，他便请求国王允许自己与那冒犯者决斗，允许他的家族与那人的家族决斗，看看他们是否有价值。如果那作恶的人只是想冒犯他本人，他便请求国王允许自己与他单挑。国王允许双方决斗。如果决斗在两族人之间展开，各方都预备自己的人马。他们身上唯一可保护自己的盔甲只是母亲带给他们的那层原始皮肤。上了战场后，他们开始战斗。他们攻击、残杀、屠戮。他们的剑可轻易刺穿身体，每把剑都能快速地伤害那未被保护的肉体。国王及大群人围观此决斗。国王腰上围着一块布，如果他见双方死伤太多，一方似乎要取胜，便用牙齿咬住那块布的一角，一只手抓住布的另一角。交战的人便立刻停止战斗，不再攻击。如果是双人之间的决斗，其作战方式如下。两人赤身裸体地来到战场，如同平常一样。每人都带着一把刀子。他们擅长用刀，可保卫自己，攻击对手。作战方式如下。诸位已知，他们皮肤黝黑，其中一人在对手身上合适的位置画上一个白圈，对他说："你听着，我只在这个圈子里攻击你，绝不打别的地方。你好好防卫吧！"另一个人也这样做。接着，他们以刀子开战。这对于那厉害的一方来说，是好事！对于那不够厉害的来说便糟了！因为不管在什么位置攻击，这可怜的人都无法得胜。 274

上文已为诸位介绍此城及当地风俗习惯。现在离开这里，讲讲俱蓝国（Coilum）。

第一百九十六章　俱蓝国

离开马八儿，朝西南方行五百英里，抵达俱蓝国。居民拜偶像，也有基督徒及犹太人。他们有自己的语言。国王不对任何人纳贡，为诸位介绍此国特产。

诸位得知，俱蓝产苏木，品质极佳。还出产一种质量上等的生姜，同样以出产地俱蓝命名。此外，此地盛产胡椒，遍布田野及树林中。人们在5月、6月及7月采收胡椒。胡椒并非野生，当地人栽种胡椒树，浇水，这是一种经过培育的果树。盛产靛青，品质极好。诸位得知，他们从一种草中提取靛青。他们将这种草的根去掉，放在大桶里，在上面倒上水，让它完全腐烂。他们将这种水放到太阳底下晒，天气酷热，这水可以煮沸凝结。由此提取出与我们这边相同的靛青，将它分解成小块。我还告知诸位，此地气候炎热，太阳炽烈，几乎难以忍受。如果诸位在河上划船，放一个鸡蛋在河水里，不需要划几下，这鸡蛋就会煮熟了。

我还告知诸位，许多商人乘着商船从蛮子、阿拉伯及东地中海（Levante）来这开展贸易。他们带来当地商品，载着此国本地货品离开。商人由此获利颇丰。

此国有许多奇特动物，与世上其他地方都大为迥异，比如说，有黝黑的狮子，周身没有其他颜色，找不到任何斑点。还有形态各异的鹦鹉。有些全身雪白，爪子与喙部是朱红色。还有一些呈朱红色及深蓝色，当属世上最美的动物。还有一些是绿色，另有一种体型极小的鹦鹉，同样美丽异常。此外，他们的孔雀也比我们国家的更美更大，形态奇特。他们的母鸡也与我们这边的截然不同。还有什么？总而言之，他们所有的东西都与我们国家的迥然不同，外观更美，品质更好。他们没有任何一样东西是与我们国家相同的，兽类与鸟类都不同。这是因为此地酷热，除大米外，再无其他谷物。他们以枣子酿酒，这种酒水味道可口，可如葡萄酒一般易醉。这有人类生存所需的一切物品，数量极多，价格低廉。只是除大米外，再无其他粮食。

这儿有许多技艺精湛的占星师，还有无数深谙健康之道的医师。

居民全为黑色，不论男女，人人都赤身裸体，仅以一小块布遮盖生殖器。他们不以奸淫及任何肉体之恶为罪。

现为诸位介绍他们的婚嫁习俗。嫡亲表兄弟姐妹之间可以结婚。如果父亲死了，他们可以娶寡母。兄弟死了，他们也可娶其寡妻。此习俗在整个印度都风行。

上文已为诸位介绍此国情况，再无其他内容值得在此记录，

因此咱们离开此地，讲讲其他内容，现介绍甘埋里 (Comari) 地区，请诸君听来。 276

第一百九十七章　甘埋里地区

此甘埋里地区属于印度，咱们从爪哇岛至此沿途都未见北极星，只在这儿可依稀见到。从此地朝海行三十英里路，便可看到北极星。在海平面上方约莫一肘的位置。此地并不十分文明，相当野蛮。动物奇形怪状，猴子尤其奇特。外观怪异，几乎与人相似。有非同寻常的豹猫，令人惊叹。有许多狮子、豹子及雪豹。

再无其他内容值得记录，因此咱们离开，继续前进，讲讲下里国 (Eli)，请诸君听来。

第一百九十八章　下里国

此国位于西方，距离甘埋里三百英里路程。有自己的国王。居民拜偶像。他们不对任何人纳贡。说自己的语言。

现介绍此国风俗习惯及特产。诸位可轻易理解我们所说的内容，因为此地更为文明开化。

此州与国家中没有任何港口。只有一条大河，河口位置极佳。此地盛产胡椒及生姜，还有许多其他香料。国王财力雄厚。军事实力较弱。但他的王国边境坚固而险要，无人敢率兵进犯。因此他们无惧任何人。

我还告知诸位另外内容。如一艘船碰巧停泊在河口，但它本来并非直接朝此国行进，当地人便将攻占它。他们将船上所有东西都夺走，对这群不幸的落难者们说："你们本来要去其他地方，但上帝将你们送到我们这里，好让我们将你们所有东西都夺去。"于是，他们将船上的一切物品都拿走，视为己有。印度此州的其他地方都如此。如船因天气恶劣偏离航线，在其他地区停泊，与它离开港口前去的目的地不同，那么不论停泊在何处，只要这地方不是它本意前进的目的地，当地人都会拿住这艘船，将船上所有财产及货物都掠取。他们这样想：你们本想去别处，但我们的好运，我们的上帝把你们送到我们这里，好让我们夺走你们的东西。

诸位得知，蛮子及其他地方的商船在夏天来此国。他们在这停留三四天，最多八天，准备装货，接着就飞快地离开了，因为这儿没有港口，停留在那里极其危险。仅有海滩与沙滩，没有任何港口。蛮子的商船并不惧怕在沙滩上落锚，因为他们带着巨大的木船锚，可抵抗任何暴风雨。

有狮子及其他凶猛野兽。飞禽走兽数量极多。

上文已为诸位介绍下里国，接着讲讲马剌八儿（Melibar），请诸君听来。

第一百九十九章　马剌八儿国

马剌八儿国疆域辽阔，位于西方。他们有自己的国王与语言。居民拜偶像，不对任何人纳贡。此国可更为清晰地见到北极星，位于海平面上约莫两肘的高度。

诸位得知，每年有上百艘海盗船从此马剌八儿国及接壤的胡茶辣国中出海。他们追捕其他船只，劫掠商品。他们是凶狠的江洋大盗。诸位得知，他们都携家带口。他们整个夏天都在海上巡逻，对商人造成巨大损失。这些凶残海盗的船只多数都在到处巡查，埋伏等待，伺机劫掠商船。这些凶残之人还有如下习俗。他们在海上布阵，每艘船之间大约间隔五英里。二十艘船排成一队，这样便可覆盖百英里的海面。一见商船出现，他们立刻放火为号。由此任何船只在穿越这片海域时都无法逃脱他们的魔爪。商人们清楚这些奸诈海盗的行为，知道必定躲不过，便加强武装，准备妥当，撞见海盗时也毫不惧怕。他们勇敢回击，沉重打击海盗。自然，总有船会被抓住。这些海盗攻下一艘商船后，会将船及所有商品都夺走。但他们并不伤害船上的人，而是对他们说："你们去挣别的钱吧！或许你们还能给我们带来财富哩。"

此国盛产胡椒与生姜。此外还有大量桂皮及各类香料，如荜澄茄、印度胡桃等。

此外，这儿盛产世上最精美最细腻的硬麻布，还有许多价廉物美的商品。

我还告知诸位，外来商人乘商船来此购买当地特产时带来了什么商品。诸位得知，他们抵达时，船上有作为压舱物的铜，还有织金锦、森德尔绸、金银、麝香石竹、薰衣草及马剌八儿国没有的其他香料。他们将这些东西与当地特产交换。诸位得知，商船从许多地方来此进货，包括蛮子大州等。商人从许多地方前来，在这购买特产，随后销往各地。比方说，产自阿丹的商品最后可运送至亚历山大港(Alessandria)。

上文已为诸位介绍马剌八儿国，现在离开此地。讲讲胡茶辣国（Gozurat），请诸君听来。我们必须请诸位注意，在介绍这许多国家时，我们并未提及城市情况，因内容太过冗长。但每个国家都有许多城市及集镇。

第二百章　胡茶辣国

胡茶辣也是大国。居民拜偶像，有自己的国王与语言。他们不对任何人纳贡。位于西方。

在此国可更清晰地见到北极星，位于海平面上方六肘的高度。

此国同样有世上最大的海盗。我举例说明他们的恶劣行径。诸位得知，这些奸诈海盗抓住商人后，会逼迫他们喝下罗望子及海水，让他们腹泻，将肚子里所有的东西都拉出来。接着，他们将商人的排泄物都收集起来，好好检视，期望发现珍珠或宝石。因为海盗们说，这些商人被抓后，便会吞下珍珠与宝石，免得被他们找到。正如上文所述，这些邪恶的海盗便恶毒地让商人们喝下这种药水。

此地盛产胡椒及生姜，靛青数量极多，还盛产棉花。棉花树很高，甚至可达六步。但此高度的棉花树树龄较大，通常不少于二十年。请诸位注意，树龄为二十年的棉花树所产棉花不再适宜纺织，仅可用作棉絮和填充物。这是此类树木的习性。在树龄达到十二年前，所产棉花质量极佳，可供纺织。从十二至二十年，棉花的品质便逐渐下降。

此国有无可尽数的皮革制品。他们以公山羊皮、水牛皮、野 280
牛皮、独角兽皮及其他动物的皮制作。此地生产出成千上万的皮革制品，每年都有大量商船来载货。随后销往阿拉伯及其他许多地方，提供给许多国家及州。此外，还出产极其精美的红色及天蓝色席子，上面雕刻着飞禽走兽的图案，以金银线织就，富丽堂皇，令人叹为观止。请诸位注意，撒拉森人在上文所述的席子上睡觉，这是极为考究华贵的床具。此国还出产枕头，错彩镂金，光彩夺目，价值六枚银马克。上文所述的席子价值甚至可达十枚银马克。还有什么？诸位得知，此国皮具当属世上最好最细，价值昂贵。

上文已为诸位详细介绍此国情形，咱们离开此地，继续往前，讲讲其他内容，介绍塔纳国(Tana)[1]。

第二百零一章　塔纳国

朝西北方行，抵达塔纳大国。此国疆域辽阔，繁华富裕。有自己的国王，不对任何人纳贡。居民拜偶像，语言特殊。此地胡椒及其他香料的产量不及上文所述州丰富，盛产供香，但并非白色，而为褐色。贸易繁荣，大量商人与商船来此经商。所制皮具外观美丽，品质极佳，种类众多。盛产上等硬麻布，也出口棉花。商人带着各式本地商品前来，如金、银、铜及其他此国需要的物

1　元代的译音有《大德南海志》之“靼拿”。

品。他们将当地特产运往各地，希望由此获利。

现告知诸位一件让他们名誉扫地的事情。诸位得知，此国有许多海盗，他们在海上作恶，对商人造成巨大损失。请诸位注意，他们是奉国王旨意行事。国王与海盗拟定协议，海盗必须将劫掠来的所有马匹都上交给国家。海盗时常能劫来马匹。正如上文所述，整个印度的马匹生意都极为昌盛。商人贩卖大量马匹，因此，没有马儿的印度商船极为罕见。国王正是因此才与海盗约定，令他们将所有抢来的马儿都进贡给他。他将所有其他商品留给海盗，如金银宝石等。这并非好事，不是一位国王应当做的事。

上文已为诸位介绍塔纳国，现离开此地，讲讲甘琶逸国(Cambaet)[1]。

第二百零二章　甘琶逸国

朝西行，抵达大国甘琶逸。此国有自己的国王与语言。他们不对任何人纳贡，居民拜偶像。

在此国可更清晰地见到北极星。诸位得知，越朝西走，北极星便会越清晰。

贸易繁荣。盛产靛青，品质极佳。硬麻布及棉花产量丰富，销往许多州及王国。另外，此地的皮具加工生意繁荣。这是极为

1　Kanbāyat是穆斯林作家对此地的称呼，印度语作Khambavati，今称Cambay，通常译作“坎贝”。它位于坎贝湾北端的冲积平原上，历史上是古吉拉特地区的重要出海口。伯希和认为,《诸蕃志》的“甘琶逸”就是《郑和航海图》的“坎八叶”以及马可·波罗的Cambaet。

可观的贸易，皮具加工技术先进，不逊于其他任何国家。这儿还有许多其他商品，不便在本书中一一记录，否则将太过冗长。 282

商人乘着许多商船带来本地商品，主要为金、银、铜及“土惕亚”眼药。他们购买当地商品，销往世界各地，期望获得巨大利润。

诸位得知，此国没有海盗。他们以贸易及手工业为生，老实正直。

再无其他内容值得记录，咱们离开此地，讲讲须门那国(Semenat)。

第二百零三章　须门那国

朝西行，抵达大国须门那。居民拜偶像，有自己的国王与语言。他们不对任何人纳贡。没有海盗，百姓以商业及手工业为生，老实正直。

诸位得知，此国贸易繁荣，商人带着各式商品从许多地方前来经商，将带来的货品卖给本地居民，带着当地特产离开。

另外，他们是凶残可怖的偶像崇拜信徒。

再无其他内容值得在此记录，咱们离开此地，讲讲客实木克郎国(Chesmacoran)[1]。

1　《郑和航海图》中记有相邻两地名“客实”与“木克郎”，此处是首府城市与州名连写，故将两地名组合作“客实木克郎”。

第二百零四章　客实木克郎国

客实木克郎国有自己的国王与语言。部分居民拜偶像，但多数信奉穆罕默德。他们以商业及手工业为生。盛产大米与小麦，他们主要吃米、肉及乳。许多商人沿陆路及海路带着各类商品前来经商，随后带着此国特产离开。再无其他内容值得在此记录。

诸位得知，这是印度西方及西北方边境，从马八儿直到此州，即本书前章所提及的自马八儿至此沿途所有王国及州均隶属于大印度。请诸位注意，本书所述的大印度仅囊括海上的州及城市。我们未曾提及陆地上的诸省及诸市，否则将太过冗长。

咱们离开此州，讲讲印度其他岛屿。首先介绍男岛(Maschia)及女岛(Femmina)。

第二百零五章　男岛及女岛

男岛位于海洋中间，位于客实木克郎南方，相距五百英里。此地居民为受洗礼的基督徒，但他们遵循《旧约》律法。我告知诸位，女子怀孕后，丈夫在分娩前都不会靠近她。分娩后，还需等待四十天，才敢碰她。第四十天后，他们才开始恢复接触。但他们的妻子及其他任何女子都不居住在此岛，全在另一个名为女岛的地方。诸位得知，所有男人都离开自己的岛，前往女人岛，在那待上三个月，即3月、4月及5月。在这三个月期间，男人们在这座岛上陪伴自己的妻子，与她们尽享欢乐。三个月后，他们回到男人岛。剩下的九个月中，他们经营自己的事业。

诸位得知，此岛盛产龙涎香。极其细腻，品质极佳，精美绝伦。这是因为这片海域有许多鲸鱼，他们吃米、乳及肉。百姓为渔民。我告知诸位，环绕此岛的海水中有许多又大又肥的鱼儿。他们捕来许多鱼，将其晒干。全年都储备丰富，他们甚至可售卖干鱼。

他们没有统领，主教为速古答剌岛（Scotra）[1]大主教的属下。他们的语言特殊。

诸位得知，此岛与他们妻子居住的岛屿相距约三十英里。

他们说，自己并不会全年都与妻子待在那岛上，这是因为如果他们全年都待在一起，食物储备将不足。出生的孩子由待在岛上的母亲抚养。但满十二岁后，会立刻将男孩送去男子岛，交给他们的父亲，这便是这两座岛的风俗习惯。

我还告知诸位，男子们在女岛上度过三个月，他们播种粮食，随后女人负责耕种与收割。女人们还采集岛上结出的各种果实。但她们最重要的工作仍是照顾后代。男人为她们提供所有必需品。

上文已为诸位完全介绍此情，再无其他内容值得记录，咱们离开这两座岛，讲讲速古答剌岛。

1　今也门。

第二百零六章 速古答剌岛

离开这两座岛，朝南方大约航行五百英里，抵达辽阔富裕的速古答剌岛。

此岛居民都是受洗礼的基督徒，由一个大主教统领。

此岛盛产龙涎香，因为这儿有许多露背鲸及抹香鲸，它们肚子中有龙涎香。这是海上最大的两种鱼类。

我们还将为诸位介绍他们捕捞鲸鱼的方式。

岛上有许多金枪鱼，但他们仅出于下述原因捕捞金枪鱼。我请诸位注意，金枪鱼富含油脂。他们将金枪鱼切片，放在锅里，或是容量很大的盆子里，在上面撒上盐，制作出许多盐水。接着，十五或十六个捕鲸人将这许多的腌鱼及盐水（制出来的咸汤）都放在一条小船上，出发去海里。正如上文所说，这腌鱼的咸水极其油腻。扬帆以前，他们将一块破布（将扔掉的碎布头绑在一起）在盐水中浸湿后，扔到水里。用一条绳子将这块布绑在小船上。他们扬起风帆，整天都在海洋深处到处航行，所过之处，咸鱼的油脂就在水上留下一条油脂带。这是油脂所产生的，因此清晰可见。如这艘小船经过了鲸鱼所在的地方，或者它闻见了金枪鱼油的味道，它便会沿着小船经过的地方寻来。即使载着金枪咸鱼的小船与鲸鱼相距甚远，它们也能沿着气味留下的痕迹追上来，甚至可追逐百英里。这气味让它垂涎欲滴，想追上金枪鱼。等鲸鱼快追上小船时，人们便会发现它，丢下两三块金枪鱼。鲸鱼刚吞下去，便会醉倒，如同人类醉酒一般。几个捕鲸人便扑到鲸鱼上方，他们使用一根两头带有倒钩的铁杆，钉上后，鲸鱼便无法逃脱。一个捕

鲸人便将这杆子径直插在鲸鱼脑袋上，而另一个人用一个木网子 286
(maglio di legno-张为木槌) 在上方敲打，立刻就可完全钉进鱼头中。鲸鱼醉倒了，几乎不能察觉到上面的人，因此他们可以随便处置它。杆子一端绑着一条不短于三百步的大绳子。每隔五十步，这根绳子都绑着一个小桶和一块木板。木板固定在小桶上，如同一根天线(antenna-张为桅)。下方挂着平衡锤(contrappeso-张为表)，可防止小桶翻转，即可让天线保持直立，绳子另一头绑在他们带着的一艘小船上，船中也有一些捕鲸人。当鲸鱼察觉到自己受伤，想逃跑，这些在它背上、将杆子钉在鱼头中的人就浮在水面，游向小船，躲在里面。他们将一个带着天线的小桶扔到水里，再放下五十步的绳子。这动物会不断下沉，在努力逃跑时会将用绳子绑着的船拖在身后。如果他们见鲸鱼在拉拽时将占上风，便会将另一个带着天线的小桶扔在水里，叫它无法拖着这些小桶沉到水下。鲸鱼艰难地拖着这些桶子，疲惫不堪。又因为它此前已受伤，最后只得放弃，力竭而死。小船在天线的指引下跟随鲸鱼。发现鲸鱼死了后，捕鲸人便将它拖到小船附近，拉到他们的岛上或其他附近岛上，将它卖掉。捕一条鲸鱼，可得一千金磅。从鲸鱼肚子里采出龙涎香，从头中取到许多鱼油。

此岛人便以上述方式捕捞鲸鱼。

诸位还得知，此地产精美的棉布。他们有许多其他商品，尤以咸鱼为多，又肥又好。他们吃米、肉及乳。除大米外，没有其他谷物。

他们全都赤身裸体，风俗习惯与其他崇拜偶像的印度人相同。

诸位得知，许多船只载着无数商人在此停靠。他们带着许多货物前来经商，在岛上贩卖，离开时带着岛上特产，获利颇丰。请诸位注意。所有往阿丹去的商船及商人都会途经此岛。

上文所说的大主教与罗马教皇毫无瓜葛。他听命于位于报达的大主教。正如上文所述，此大主教名为迦脱里克。报达的迦脱里克将大主教派到此岛。他还派遣了许多主教及修士去世界各地。与罗马教皇做法一致。所有主教及修士皆不听命于罗马教会，而是服从于这个报达的大主教，将他视作自己的教皇。

此外，许多海盗结束劫掠时会在此岛停靠。他们驻扎于此，贩卖掉所有抢来的东西。我向诸位确证，这些商品销路很好，因为此岛的基督徒知道所有这些东西都是从偶像崇拜者及撒拉森人，而非基督徒手中抢来的，都乐意购买。

我还得补充，如果速古答剌岛的大主教去世，必须等待报达派来继任者。如果岛上的人自行任命继任者，则需经过迦脱里克批准。

我还告知诸位，岛上的基督徒是世上最厉害的巫师。大主教不希望他们行使巫术，对其加以责备与惩戒。但毫无用处。他们说，先祖在古代便行使了这些巫术，因此他们也愿意效仿。大主教在他们的巫术面前无能为力，只得容忍，别无他法。岛上基督徒都可随心所欲地作着各种巫术。

我向诸位介绍他们所作的巫术。

诸位得知，这些巫师可做出许多奇异之事。可以说，他们可做自己想做的任何事情。如一艘海盗船伤害了岛上居民，他们便可用巫术不让海盗离开，逼迫他们补偿损失。如果一艘船扬帆迎风航行，他们也可唤来与此相反的逆风，迫使它靠岸。他们可呼风唤雨。如有需要，他们也可变出风平浪静。他们可在海上变出狂风暴雨与惊涛骇浪，他们还懂得做出其他神奇的巫术，但不便在此书一一记录。光是听见这些奇异巫术，诸位都会惊讶得目瞪口呆。因此咱们就此打住，不再继续此题。

此岛再无其他内容值得记录，因此咱们离开这儿，讲讲木骨都束岛(Mogdasio)。

第二百零七章　木骨都束岛

木骨都束岛位于南方，与速古答剌岛相距约一千英里。居民为撒拉森人，信奉穆罕默德。他们有四个酋长，即我们所说的“长老”，这四个长老统治着全岛。诸位得知，这是世上最华贵最大的岛屿之一。我可告知诸位，此岛周长约为三千英里。

他们以商业及手工业为生。此地出产大象，数量比其他任何地方都多。商人们在此岛及僧祇拔儿(Zanghibar)岛上交易象牙，比世上其他地方都多。

诸位得知，岛上居民只吃骆驼肉。他们每天宰杀大量骆驼，如未亲眼所见，将难以置信。他们说骆驼肉是所有肉类中最美味、最健康的肉，因此他们全年每天都吃这种肉。

诸位还得知，岛上有一种红色檀木树，高度与我们国家的相同。如在别的地方，此树价值必然极高。森林中都长着这种树，正如我们森林中长着其他野生植物一样。盛产龙涎香，因为露背鲸与抹香鲸数量极多。他们捕捞了许多露背鲸与抹香鲸，因此龙涎香产量丰富。正如诸位所知，露背鲸与抹香鲸产龙涎香。这儿有猎豹与雪豹，还有无可尽数的狮子。其他动物也数量极多，如狍子、黇鹿及其他兽类。鸟禽很多，形态各异。还有许多体型巨大的鸵鸟。鸟类极为“奇异”（原文标点为 < >），与我们这边的截然不同。如此“奇异”，令人称奇。此地商品丰富。许多商船载着货物来此，如各种品质的织金锦，还有其他许多我们不便在此记录的物品。他们将商品与岛上特产交换，商人带着他们的商品前来，卸下物品，卖掉所有货品，接着购买岛上商品，乘船离开。我可向诸位确证，商人在这里获得不少利润。

我还告知诸位，此岛及僧祇拔儿岛的南面还有许多岛屿。但船只无法前去，因为大海朝南方汹涌拍打，这些船只无法返回。这便是船只不去的原因。我告知诸位，从马八儿来此岛，船仅需航行二十来天。回到马八儿岛则必须耗费三个月。这是因为海浪总朝着南方涌去。此海浪从不改变方向。

此岛南面还有许多岛屿，因为海浪方向，船只不愿前去。诸位得知，据当地人所说，那些岛上有一种兀鹰鸟。他们说，此鸟在特定季节中会出现。但诸位得知，它们的样子并非我们这边所认为的，与我们的想象截然不同。我们认为这是半鸟半狮，但据那些亲眼见过此鸟的人说，它们并非半鸟半狮。我向诸位确证，那些亲眼见到的人说，它们的外观完全与鹰相似，只是体型极其巨大。我将为诸位转述那些亲眼见过此鸟的人所说的内容。我再告知诸位我本人所见到的情形。

那些见过此鸟的人保证说，这种鸟体型巨大，极其凶悍，甚至可用爪子抓住大象。它将大象抓到空中，扔向地面，将它摔得

粉碎。将大象摔死后，兀鹰鸟便飞到它上面啄食，享用大象肉。 290
那些亲眼见过此鸟的人还说，它的翅膀展开后宽度为三十步，羽毛长十二步。羽毛的大小与它的长度相称。

我必须先告知诸位其他事情，随后介绍我本人所见情形。这是我们本书目的使然。

我已对诸位转述那些亲眼见过此兀鹰鸟的人所说的内容。诸位得知，大汗曾派使臣到此岛上，了解当地情况，另外也为了游说他们释放囚禁于此的一位使臣。新使臣及此前在那囚禁的使臣对大汗报告了这些遥远岛屿的神奇之事。我可向诸位确证，这些使臣给大汗带回了一些巨大的野猪牙齿。大汗称了一颗，重量为十四磅。诸位可以想象，那长着这些巨齿的野猪该有多大！他们告知大汗，野猪和水牛一般大，长颈鹿和野驴数量极多。飞禽走兽皆与我们这边不同，光是听闻，便已令人叹为观止，遑论亲眼所见。但咱们回到兀鹰鸟。我告知诸位，这位囚禁在岛上的使臣给大汗带回了它翅膀上的一根羽毛。我马可·波罗亲自测量了它的长度，长为九十拃，羽毛的管子为我的两掌粗。我告知诸位，这是令人惊叹的奇观，大汗欣喜异常。

岛上居民将这种鸟称为罗克（Ruc）。他们不以别的名字称它，也不知道兀鹰鸟的含义。但此鸟体型巨大，我们可确定这就是我们这边所说的那种兀鹰鸟。

上文已为诸位介绍岛上风俗习惯以及诸多内容。再无其他内容值得在此记录。咱们离开此地，讲讲僧祇拔儿岛，请诸君听来。

第二百零八章　僧祇拔儿岛

僧祇拔儿是一座辽阔繁华的岛屿。周长为两千英里。居民均拜偶像，有自己的国王和语言。他们不对任何人纳贡。

岛上居民高大强壮。但他们的身高与体型不太相称。他们身形粗大，肢体好似巨人。他们力大无穷，可以抵得上四个人。他们能扛得动四个人的负重，吃五个人的食物，这不足为奇。他们全都皮肤黝黑，赤身裸体，仅遮盖生殖器。他们的头发很卷曲，就算打湿了也很难梳开。他们长着大嘴巴，朝天鼻，厚嘴唇，大眼睛。总之，他们相貌恐怖。要是在别的地方遇见他们，保准会以为他们是魔鬼。

有许多大象，象牙贸易昌盛。还有周身乌黑的狮子，与别处截然不同。还有许多雪豹、猎豹及其他普通豹子。还有什么？岛上所有动物都与世上别的地方不同。我告知诸位，山羊和绵羊的外观与颜色均相同，身子为白色，脑袋为黑色。整座岛上找不出任何一只外观不是如此的山羊和绵羊。

有许多美丽的长颈鹿。长颈鹿外观如下。身子矮小，臀部较低，后腿短小。但前腿与脖子修长，头部高出地面三步。头很小，性情温和。全身长着红白色的小圆圈。它们真是美丽而精致。

关于大象另有一事此前遗忘，现为诸君介绍。诸位得知，公象准备与母象交配时，会在地上挖一条沟，让母象倒翻着躺在里面，正如一位女子一样。这是因为母象的阴道位置靠近腹部。公象就骑在母象身上，如同男人一样。

另外，岛上妇人丑陋不堪。她们长着大嘴巴、大眼睛和大鼻子，乳房比其他妇人的大四倍，甚至可将它们甩到身后，垂到臀部。她们真是丑陋不堪。

他们吃米、肉、乳及枣子。他们不酿葡萄酒，而是以大米、蔗糖及香料制成一种美酒，度数不低于葡萄酒。此地贸易繁华。无数商人乘着许多商船来此经商，他们带来各式商品，在岛上全卖掉。正如上文所述，岛上象牙产量丰富。离开时，他们带着许多岛上特产，尤以象牙为主。此地也盛产龙涎香，因为海中有许多鲸鱼。

诸位还得知，岛上居民都是最善武和最勇敢的战士。他们骁勇善战，视死如归。他们不用战马，而是骑在骆驼和大象上作战。他们让大象背负木制瞭望塔。二十来名(una ventina)战士带着长矛、刀剑与石头驻守在塔内。在大象身上作战，实非易事。他们所有的武器仅是一块皮质的盾牌，一支矛与一把剑。即便如此，他们同样能在战场上冲锋陷阵。我还补充一事，让大象上战场前，他们会给它们灌饱酒水，他们如此做，是因为喝了这种酒后，大象便会更勇猛无畏，在战场上也会表现更好。

上文已为诸位介绍岛上百姓、动物及特产等诸多内容。再无其他事情值得在此记录，因此咱们离开此地，讲讲阿巴西(Abasce)大州。

首先，我们必须告知诸位一件关于印度的事情。

诸位得知，我们仅涉及印度群岛中重要的各州、王国及岛屿。世上无人能穷尽印度所有岛屿。我仅跟诸位介绍了最大的岛，它们是印度的精华与瑰宝。我请诸位注意，本书未提及的其他岛屿，大部分都隶属于我为诸位介绍的各大地区。他们的风俗习惯都与大岛相同。诸位得知，据熟悉海域地形的水手们所绘的地图及记录，印度海共有一万二千七百座岛屿（包括有人居住和无人居住的）。

大印度指从马八儿至客实木克郎之间的印度区域，共计十三个大国，上文已介绍其中十国。小印度指从马八儿直至默忒菲里的范围，共计八个王国。当然仅涉及位于陆地的王国，本书并未提及岛屿上的无数王国。咱们离开大印度，讲讲中印度，即阿巴西州。

第二百零九章　中印度阿巴西州

诸位得知，阿巴西是一个大州，构成中印度。此州最重要的国王为基督徒。此州所有其他国王均臣属于他。共计六位国王，三位基督徒，三位撒拉森人。

基督徒脸中间都有三个记号，一个位于前额直至鼻梁中部，其他两个分别位于两腮上。他们以烧红的烙铁给孩童做出这种记号，这便是他们的洗礼仪式。用水洗礼过后，他们便烧出这种记号。这是尊贵的象征，是洗礼完成的标志。他们认为这有益于健康。

我还告知诸位，州中有许多犹太教徒。他们仅有两个记号，每颊一个。撒拉森人则只有一个记号，位于前额至鼻梁中部。

大王位于此州中间区域，撒拉森人居住在靠近阿丹的地区。

圣多马使徒曾在州中布道。此前，他在努比亚国布道，劝服居民改信基督教。随后他来到阿巴西州，以讲道及奇迹感化当地部分居民，使他们改信基督教。他让部分人皈依基督教后，便前往马八儿。正如咱们在本书前章所述，圣人在那被杀害与埋葬。

诸位得知，阿巴西州中有最勇猛的战士。骑兵数量极多，因为此地盛产马驹。这并非毫无益处，因为诸位得知，他们与阿丹、努比亚及其他许多地区交战。他们勤于习武，被视为印度全州中最骁勇的战士。

关于此节，我告知诸位一桩发生在基督降生第1288年的美丽故事。

正如上文所述，这七王中的一王为阿巴西州的君主，他是基督徒。诸位得知，某天，他说想去耶路撒冷朝圣，敬拜基督圣墓。他的大臣进谏，指出路途危机四伏，建议他派一名主教或其他高级教士代表他前去。国王同意了大臣的建议。他派出一位极其虔诚圣洁的主教，对他说，希望他代表自己去耶路撒冷，敬拜我们救世主耶稣基督的遗骸。主教答说自己将如最忠诚的臣子一般执行国王的命令。国王令他准备行李，尽早动身。

还有什么？主教出发了。他辞别国王，准备好行装，开始上路。他带着浩浩荡荡的随从，尊贵地出发，一路朝圣。主教跋山涉水，终于抵达耶路撒冷。他径直抵达耶稣圣墓，进行敬拜。正如一位基督徒敬拜至高至贵者一般，主教对耶稣圣墓行使了最崇敬与最荣耀的礼节。他还代表派遣他前往的国王在此行大祭礼。主教是聪明的智者，他睿智完美地完成所有任务。随后他带着随从开始上路。主教来到了阿丹。诸位得知，在阿丹国的百姓十分憎恶基督徒。他们根本不愿见到任何基督徒。他们仇视基督徒，就如同憎恶自己的死敌一般，阿丹的苏丹知道这位主教是基督徒，是阿巴西大王的使节，便立刻派人将他抓起来，问他是否是基督徒。主教答说这是最真的事实。于是苏丹答说，如果主教不愿改信穆罕默德教派，将令他羞愧难当。主教答说自己宁死不屈。听到他的回答，苏丹愤怒不已，下令将主教抓起来，进行犹太教的割礼。于是一群人抓住主教，按照撒拉森人的方式给他进行割礼。结束后，苏丹对主教说，他之所以如此羞辱他，是为了对他的国王表示厌恶与侮辱。接着，苏丹放他离开。主教简直羞愤欲死，但有一件事抚慰了他。他认为自己是因为基督教而受难，主将在来世好好地补偿他。

但为何如此赘述？诸位得知，主教伤愈，可以骑马后，他带着所有随从重新上路了。他们跋山涉水，抵达阿巴西国，回到了国王的宫廷。国王隆重热烈地欢迎了他。他询问有关圣骸的情况。主教诚实地报告了所有事情，国王则虔心恭敬地聆听。讲述完所有关于圣骸的事情后，主教告知阿丹苏丹如何将他割礼，以示对国王的羞辱与厌恶。国王听闻主教因为苏丹对自己的憎恶而遭受了奇耻大辱，痛苦不堪，悲愤交加。他高声喊道，如果他没有复仇，好让全世界评说，那他将不再戴王冠，也不敢统治领土，在场所有人都亲耳听见国王所说之话。

还有什么？国王准备开战，召集了大量骑兵与步兵。他预备了许多大象，武装好瞭望塔，每塔中安置了十二三名士兵，如非作战，每个瞭望塔上可容纳二十名士兵。但作战时仅安置十二人左右，好自由行动。国王预备好人马后，踏上征程。他一路跋涉，终于抵达阿丹国。阿丹国王知道他将来报仇，请求本国邻近的两个大回教国王援助自己。他带着大队骑兵与步兵，埋伏在沿路要塞处，守卫国土，阻止敌军来犯。国王阿巴西带着士兵抵达埋伏点，遭遇了大队敌军。这是最残酷可怖的战役。但最终，三个回教国王无法抵抗阿巴西国王的强大兵力，因为他手下士兵骁勇善战，基督徒与回教士兵不可同日而语。撒拉森人被迫撤兵，基督教国王与他的士兵蹂躏了阿丹国。但不是所有人都成功撤退了，还有许多人在这些要塞处被杀害了。但为何如此赘述？阿巴西国王带着士兵进入了阿丹国，回教军队在三四处的要塞点负隅顽抗。但他们的抵抗无济于事，仍旧惨遭屠杀。基督教国王在敌军领土驻留约一个月，到处践踏破坏，杀害了无数撒拉森人。接着，他说，已很好地报复自己主教所遭受的屈辱，可以光荣凯旋了。此外，他们也无法再对敌军造成损失了。撒拉森人据守在坚固的要塞，这是危险的屏障，只要几队人马就能给国王重创。因此，国王离开阿丹国，返回故土。他们一路前进，中途并未停留，抵达了故乡阿巴西国。

这便是因主教所受耻辱而对这些回教徒所做的最好报复。死伤无数，简直不可想象，他们的国土惨遭毁坏摧残，这不足为奇。因为撒拉森人战胜基督徒才是不合理的。

上文已为诸位详尽介绍，咱们结束此题，讲讲关于阿巴西州的其他内容。诸位得知，此州百物丰饶。他们吃大米、小麦、牛奶、肉及芝麻。这儿有大象，但并非产自本地，而是从印度其他岛屿进口而来。当地有长颈鹿，数量极多。这儿有许多狮子、猎豹及雪豹。其他野兽也数量极多，与我们这边的不同。还有无数野驴，有世上最美的母鸡。鸵鸟巨大，仅比驴子小一点。还有其他许多动物，均与我们这边不同，咱们不便在此赘述，否则将太过冗长。诸位得知，飞禽走兽等野兽数量极多。有许多美丽的鹦鹉。还有各种猴子。有豹猫 (Gattopardo) 及猛犸猫 (Gatto Mammone)，独特怪异，其中一些甚至与人脸相像。金矿资源丰富，黄金产量极高。

咱们结束此题，离开此州，讲讲阿丹。

但首先，还为诸位介绍阿巴西州的其他内容。诸位得知，阿巴西州中有许多城市及集镇。商人数量极多，他们以经商为生。此地出产许多华美精致的棉布及硬麻布。

此地还有许多内容，但不便在此展开。咱们离开这，讲讲阿丹。

第二百一十章　阿丹州

上文已为诸位介绍阿巴西州，现在讲讲阿丹州，请诸君听来。

诸位得知，此州君主称为阿丹苏丹。居民均拜偶像，信奉穆罕默德。他们是基督徒的死敌。此地有许多城市及集镇。

所有载着货物的印度商船都在港口停泊。许多商人来此贸易。从港口出发时，他们将货物放在更小的船上，沿河上行七日。七日后，他们将货品从船上卸下，让骆驼驮着。再行约三十日。三十日后，抵达亚历山大河，即尼罗河。商人将货品放在名为“哲尔姆” (Zerme) 的小船上，轻松地运输至巴比伦。随后，沿着科利沁 (Caligene) 运河运至亚历山大。由此，许多胡椒、香料及珍贵商品通过阿丹中转抵达亚历山大撒拉森人的土地。再无比这更为安全快速的中转途径。

此外，许多载着商人及货品的商船从此阿丹港口出发去印度 298
岛。商人在港口中装上许多价值极高的阿拉伯骏马及配备两个马鞍的良驹，运至印度，由此获利颇丰。因为诸位得知，在印度，一匹骏马可值百余枚银马克。

我向诸位确证，阿丹苏丹从在其国土中来往经商的商船及商人中获得巨大税收。诸位得知，来他国土的商人需缴纳巨额税赋，他也由此成为世上最富裕的国王之一。

我还告知诸位，此阿丹苏丹对基督徒做了一件极其恶劣的事情，诸位得知，巴比伦苏丹曾围攻阿迦城，攻陷城池后，屠杀了基督徒。这位阿丹苏丹率领军队驰援，他召集了三万骑兵及四万头骆驼。这对撒拉森人极为有利，他们重创了基督徒，与其说是出于对巴比伦苏丹的利益和关爱，不如说是因为他想伤害基督徒。

我还想告知诸位，阿丹、忽里模子、怯失及其他国家在印度海中航行的商船都脆弱不堪，时常发生海难。如果此海与我们这边的海洋一样，狂风肆虐，惊涛骇浪，那就没有商船能抵达港口。所有人都会遇难。但这些商人，即所有那些用这种商船航行的人采取了什么办法？他们随身带着许多皮囊，如发现气候恶劣，将有风浪来袭，便在这些皮囊里装上他们的宝石，放上自己的衣服以及其他生活必需品。接着他们将所有皮囊都捆在一起，扎成一个筏子。即使海浪来袭，船不幸沉没，他们还能漂浮在皮囊上面。风浪推着他们往前，不管多远，即使相距两百英里，总归能慢慢靠近陆地。他们在海上时乘坐这些筏子，如想吃喝，便从皮囊中掏出所需食物与酒水，接着吹气让皮囊重新鼓起来。由此，他们能逃生。但其他载着沉重货物的商船则会受损。

现在咱们离开此题，讲讲另一座隶属于阿丹的大城，此城有一位自己的小君王，位于西北方，名为施曷。

第二百一十一章　施曷城

施曷疆域辽阔，位于西北方，距离阿丹港口四百英里。由一位贤明的伯爵治理。除施曷外，他还统治着其他许多城市及集镇。请诸位注意，他臣属于阿丹苏丹。居民拜偶像，信仰穆罕默德。此城有一个绝佳的港口。诸位得知，许多船只载着大量商人及货品从印度前来。许多商船载着许多商人及货物从此港口出发，前往印度。诸位得知，许多战马及两个马鞍的骏马从此城销往整个印度。它们价值昂贵。商人由此获利颇丰。

此州盛产白色供香，品质极佳。还盛产枣子。除大米及粟外，没有别的粮食。商人从别的地方运来粮食，获利颇丰。有许多鱼儿，肥美的金枪鱼数量尤其多。以一枚威尼斯银币便可购得两条上好的大金枪鱼。他们吃米、肉、乳及鱼。不产葡萄酒，人们以蔗糖、大米及枣子制成一种美酒。

我还告知诸位一事。诸位得知，这儿的山羊既没有耳朵也没有耳孔。在本该长着耳朵的地方有一个小羊角。这是一种精致玲珑的小动物。

我还补充一事，必将让诸位大吃一惊。诸位得知，他们的动物，如山羊、水牛、骆驼及小马等，都吃鱼。这是动物的饲料，因为施曷城及其他所有地方都没有草。这是世上最干旱的地方。动物们吃的鱼儿都很小，主要在3月、4月及5月捕捞。鱼儿无可尽数，令人叹为观止。他们将鱼晒干，储藏起来。在新捕捞季来临前，都以干鱼作为动物饲料。请诸位注意，动物也吃那些刚从水中捞上来的活鱼。

除了这些小鱼外，还有许多大鱼，价格低廉。我告知诸位，他们做鱼饼。他们将鱼切成小块，用面粉制成一种蘸料，将鱼块浸在其中。每个面饼重一磅。他们将鱼饼挂在他们房子上，在太阳底下晒干。全年都可吃这种鱼饼。

正如上文所述，此地盛产供香，君王以十枚拜占庭金币一大石的价格买下，接着以四十枚拜占庭金币的价格转卖给外来商人。但他并非为施曷的君王囤货。他为阿丹苏丹囤积供香。阿丹苏丹命他以十个拜占庭金币的价格为自己及整个州购买，随后以上述价格卖出。由此他可获得巨大利润。

再无其他内容值得在此记录，咱们离开此地，讲讲祖法儿城。

第二百一十二章　祖法儿城

祖法儿城美丽华贵，疆域辽阔，位于西北方，距离施曷五百英里。居民均为撒拉森人，崇拜穆罕默德。君王为伯爵，臣属于阿丹苏丹。此城也隶属于阿丹州。

此城位于海上，有一个极佳的港口。许多船只载着大量商人及无可尽数的商品来此经商。诸位得知，他们带着许多阿拉伯及其他地方的战马从此港口出发，商人由此获利颇丰。

此城下辖许多城市及集镇。

此外，也盛产供香，品质极佳。我为诸位介绍供香获取方式。

诸位得知，有一种较小的树，与小松树类似。用一把刀子在树身多处切开一些口子。一些液体由这些口子中流出，接着变硬，这便是供香。即使没有这些切口，这些液体也可在树皮上形成橡皮黏胶，这也是供香。这是因为此地气候炎热。

商人将这种供香及骏马运至印度，获利颇多。

再无其他内容在此记录，因此咱们离开这，讲讲加剌都（Calatu）海湾。[1]

第二百一十三章　加剌都城

加剌都是一座大城，位于同为加剌都的海湾之内，处于西北方，距离祖法儿六百英里。是海上的一座繁华城市，居民为撒拉森人，信仰穆罕默德。臣属于忽里模子。每当忽里模子的藩王（Melic）与比自己更强大的军队交战时，都会躲进此城中，城池地处要塞，险要坚固，不惧任何人。

此地不产粮食，从别处进口。商人乘船将粮食运来。

此城港口极佳。诸位得知，许多商船载着大量货品从印度前来，商品销路很好。这些商品及香料从此城转运至内陆许多城市及集镇。

1　伯希和指出，马可·波罗所言Calatu即阿曼沿海的Qalhāt，也即赵汝适（《诸蕃志》）记录的“伽力吉”，《（大德）南海志》中的“加剌都”。参见Paul Pelliot, Notes on Marco Polo, Paris: Imprimerie Nationale Librarie Adrien-maisonneuve, 1959, p. 138, n.102.陈佳荣等编：《古代南海地名汇释》，北京：中华书局，1985年，第431页。

我还告知诸位，商人将许多上等战马从此城运往印度，由此 302
获利颇丰。从此地运往印度的良驹数量极多，无可尽数，与上文前章所述情形相似。

此城正好位于加剌都海湾入海口，因此，未经城中人允许，没有船可以进出，此城臣属于忽里模子的藩王，它又受起儿漫的苏丹统治。二者之间多次拟定协议。假如苏丹想让忽里模子的藩王或他的其他臣属缴纳税赋，但他们拒绝支付。为了逼迫他们交税，苏丹派士兵攻打他们。他们就放弃忽里模子，乘船躲进此加剌都城中，不放任何船只进去。起儿漫士兵由此遭受巨大损失。他不得不与忽里模子的藩王议和，放弃收缴此前想要的金额。请诸位注意，忽里模子的藩王有一座比城市还坚固的城堡，可更好地控制此海湾与海域。

诸位还得知，此地枣子及咸鱼产量丰富，居民以此为食。尊贵富裕的人也吃其他更好的食物。

上文已为诸位介绍加剌都城、海湾及其他可值得记录的事情。现在咱们离开此地，讲讲忽里模子。诸位得知，离开加剌都城，朝西北方及北方之间行三百英里，抵达忽里模子城。离开加剌都，朝西北方与西方之间行五百英里，抵达怯失。咱们离开怯失，讲讲现在抵达的忽里模子。

第二百一十四章　忽里模子城

忽里模子是一座海上的华贵大城。隶属于起儿漫苏丹。由藩王治理，下辖其他城市及许多集镇。居民拜偶像，信仰穆罕默德。

气候酷热。因为天气炎热，他们盖房子时预备了风箱，可将风引入。他们将风箱放在风吹来的方向，将风引进屋内。否则这炎热将无法忍受。

关于此城再无其他内容值得在此记录，因为咱们已在本书其他地方介绍了怯失及起儿漫。这是咱们第二次来到此地。此地也是其他地区的出发点，上文已详尽介绍此地情形，咱们继续往前。

现介绍大突厥(Turchia)，请诸君听来。

第　四　卷

第二百一十五章　大突厥

306

大突厥国王名为海都，是大汗侄子。他的父亲为察合台的儿子，是大汗胞弟。海都统治着许多城市及集镇。他是强盛的大王。海都是鞑靼人，他的人民也是鞑靼人。

他们是善武的战士。这不足为奇，因为他们久经沙场。诸位得知，海都与大汗长期不睦，总是交战。离开上文所述的忽里模子，朝西北方前行，抵达大突厥。只浑（Gion）河贯穿城中，从北方一直延伸到大汗领土。

海都与大汗军队多次交战。我告知诸位，他为何与大汗交恶。

诸位得知，海都多次请求大汗将鞑靼人占领的部分土地赐封给他，他尤其想要契丹及蛮子州的部分土地。大汗总是答说十分乐意将土地赐封给他，与他的其他子孙一样，一视同仁。但他希望每次召唤时，海都都与其他人一样，前来皇宫，听候命令。他还希望海都与其他后嗣及官员一样服从自己。只有这样，大汗才会将征服来的土地赏给他。但海都并不信任叔叔大汗，答说不愿前往。他可在任何地方都听命于大汗，但绝不会去他的宫廷。因为他害怕自己被大汗暗杀。

这便是大汗与海都之间的冲突。二人之间由此爆发了残酷的战争。他们已经交战多次。大汗长年派遣军队屯守在海都周边，防止他及他的士兵攻陷自己的土地，伤害百姓。但尽管大汗戎兵驻扎，海都王仍多次成功踏入了大汗领土，多次与他的军队交战。

诸位得知，如果海都王想背水一战，他甚至可派出十万骁勇善战、久经沙场的骑兵。

此外，他的部下中有不少皇室族裔，即成吉思汗族裔(成吉思汗族裔等于皇室族裔)。因为成吉思汗是帝国缔造者，是第一位统治之王，第一位征服世界的人。

但咱们就此打住，讲讲海都王与大汗军队之间开展的几次战役。

为诸位介绍鞑靼人如何作战。

诸位得知，每名士兵都必须携带六十支箭上战场。三十支小的，用于近距离肉搏；三十支大的，带有铁尖，用于短距离投掷，可攻击敌人的面部与胳膊，可砍断弓弦，造成其他伤害。所有的箭都射完后，他们便使刀剑及棍棒，凶猛搏斗。

上文已为诸位介绍他们的作战方式，咱们回到正题。

诸位得知，在基督降生第1266年，海都王与他的几位堂兄弟召集大队士兵反叛大汗的两位大将。其中一位堂兄名为也速答儿(Jesudar)。这两位大将也是海都王的堂兄弟，但他们臣属于大汗。其中一位名为只伯(Cibai)或只班(Ciban)。他们都是察合台一个儿子的儿子，察合台是受洗礼的基督徒，是大汗的胞弟。还有什么？海都王带着他的士兵与自己的这两个堂兄弟交战，对方也率领大队人马。双方派出十万骑兵奔赴战场。这是一场残酷可怖的战役，双方死伤无数。但海都最后赢得了战役，敌军被屠杀。这两兄弟，即海都王的堂兄弟，逃得生天，毫发无损。因为他们的战马灵敏矫健，护佑他们逃生。

海都王赢得了战役。这场胜仗让他更加狂妄自大。

正如上文所述，海都王打赢了，他班师回朝。整整两年，他

都安宁自守，未起战事。在此期间，大汗也按兵未动。 308

两年后，海都王召集了大队人马，其中包括大量骑兵。他知道大汗的儿子那木罕(Nomogan)及长老约翰的孙子阔里吉思在哈剌和林。这两位大将也率领了大队骑兵。还有什么？双方预备好人马，海都王带着部队离开王国，踏上征程。他们终日骑马行，沿途没有任何值得在此记录的遭遇。最终抵达了哈剌和林附近，这两位大将的大部队驻扎于此。这两位大将，即大汗的儿子及长老约翰的孙子，得知海都王带着大队人马来攻打自己，临危不乱。他们运筹帷幄，勇敢迎战，精心筹划，排兵布阵。共计六万骑兵。准备好后，他们起程，开始反击敌军。还有什么？他们骑马行许久，终于抵达距离海都王十英里的地方。士兵井然有序地排列着。海都王率领部下在此等候。双方都小心休整，为战争准备。

但为何如此赘述？诸位得知，大汗的儿子及长老约翰的孙子抵达的第三日清晨，双方士兵都武装起来，斗志昂扬。两支队伍旗鼓相当。都有六万骑兵，均配备有弓箭、刀剑、棍棒与盾牌。每支军队都有六列，每列为一万骑兵，皆由老练的队长统领。双方都排布好，在战场上预备着，只待号角吹响。因为在吹响君王的号角之前，鞑靼人绝不敢开始战争。号角吹响，大战开始。鞑靼人还有如下习俗。他们排布好，等待号角吹响，开始作战。其间，他们温柔地弹奏一种二弦乐器，他们载歌载舞，热烈欢庆，等待战争开始。这两支队伍都整齐排列，静待号角吹响，等待开战的信号。他们歌声悠扬，乐声动人，真是令人惊叹。他们在等待号角吹响，过了一会儿，双方的号角都吹响。还有什么？号角开始吹响时，他们立刻停止歌唱。迅速凶恶地扑向对方。他们拉出弓，射出箭。诸位应当去瞧瞧那箭雨如林，应当去瞧瞧那横尸惨状。诸位应当去听听那哀鸿遍野，响声震天，甚至听不见雷神的声音。他们是不共戴天的死敌。但为何如此赘述？但凡一息尚存，他们都会射箭厮杀。诸位得知，这真是血流成河，满目疮痍。或许这是一场并不吉利的战役，双方都死伤无数。他们拉弓上弦，射箭而出。他们将弓放回箭袋，拔出刀剑及棍棒，直至刀折矢尽，最后赤膊上阵。这是最惨烈残酷的战争。诸位应当去瞧瞧那刀光剑影！诸位应当去瞧瞧那血肉模糊！诸位应当去瞧瞧那尸骸蔽野！我向诸位确证，刀剑还未出鞘时，地上便已是白骨露野，惨不忍睹。

毫无疑问，海都王也勇敢冲锋陷阵。假如他未曾亲自出征，他的士兵必将数次弃战而逃，将胜利拱手让与对手。海都王身先士卒，领兵冲锋，英勇杀敌，极大地鼓舞了士气，他们果真锐不可当。他们的对手，即大汗的儿子与长老约翰的孙子，也毫不逊色，同样气势威猛。他们深入敌军腹地，英勇无畏。二人一马当先，奋不顾身，大大地激励士兵，实在令人惊叹。

还有什么？毋庸置疑，这是鞑靼人开展的人数最多，最残酷的战役之一。刀剑棍棒的响声震天动地，让人听不见雷神。双方都浴血奋战，只为获胜。双方都破釜沉舟，决一死战。但胜负难分。

战役持续到黄昏后，双方仍相持不下，血流成河，令人哀恸。或许对于双方来说，这是一场并不吉利的战役。战场上尸横遍野，许多妇人在那天成为寡妇，许多孩子成为孤儿。从这天后，无数战死士兵的母亲与姐妹将终日痛哭。

正如上文所述，战役持续到夜幕即将降临。战场上流血漂尸，死伤无数。必须停止作战。双方士兵分撤，班师回营。他们疲惫不堪，精疲力竭，只想稍事歇息。他们整夜都休整，因为白天经历了如此惨烈痛苦的战役，晚上的休息已是最大享受。第二天早晨，海都王得知大汗正派另一支人数众多的大部队来援助，决意擒住和制服自己。海都王认为形势于己不利，决定撤兵。天刚破晓，他和所有士兵便都骑上马，开始返回故土。大汗的儿子与长老约翰的孙子见海都王带着所有部队撤兵了，根本不想去追，因为他们也力倦神疲，就放他们走了。海都王与他的部队日日骑马，中途并未停留，最后抵达故乡，即大突厥的撒麻耳干。

一段时期内，海都在这安宁无事。

大汗对海都切齿痛恨，因为他随时都会危害自己的领土和百姓。大汗说，假如海都不是自己的侄子，而是别人，他无论如何都会让他不得好死。但他们是血脉至亲，大汗不忍心赶尽杀绝，毁掉他和他的王国。

由此，海都王便逃过了大汗的迫害。

现在咱们离开此题，讲讲另一桩与海都王女儿有关的奇事，请诸君听来。

第二百一十六章　英勇无畏的海都王之女

诸位得知，海都王有一个小女儿，鞑靼名为阿吉牙尼惕(Aigiaruc)，即我们所说的“朗月”。这位少女强悍无比，整个王国都没有少年或侍卫可以战胜她。她所向无敌。

那当国王的父亲想让女儿出嫁，给她寻一位夫君。但她不愿意。她说，除非找到一位能够战胜她的高贵男子，否则她绝不嫁人。当国王的父亲同意了，允许她自由选择丈夫。

我得为诸位介绍鞑靼人的一个婚嫁习俗，男子娶妻时，不在意其出身，仅考察这女子本人。国王、亲王，或任何贵族娶亲时，不会寻找一位贵族，或一位与他门当户对的女子。他们可娶任何一位美丽或可爱的女孩，即使她并非贵族出身。他们解释说，因为所有子嗣只会冠上男人的名字，与妇人名字无关。他们介绍某人时，不会说："某人是贝塔（Berta）或玛丽亚（Maria）之子。"而说："某人是彼得（Pietro）或马丁（Martino）之子。"因此他们并不在意妇人的出身。

国王女儿得到父亲书面同意，可以随意选择丈夫，感到欣喜万分。她昭告天下，如有尊贵男子，想要来接受挑战，凭武力战胜自己，她便会嫁给他。这个消息传播到了许多地区与国家，许多贵族男子从四面八方赶来，与她较量。比试方式如下。鞑靼人驻扎在帐篷中。国王带着许多男女来到帐篷的主殿中。国王的女儿身穿一件装饰华丽的熟牛皮铠甲走到主殿中间，来到父亲面前。接着同样身着牛皮铠甲的少年走来。规则如下：如果少年能战胜少女，迫使她接触地面，便可娶她为妻。如果国王女儿战胜了少年，那么他将输掉一百匹马，全归少女所有。少女由此赢了一万多匹马。没有一个少年的武艺比公主高超。这不足为奇，因为公主四肢匀称，高挑肥壮，仿佛女巨人。

约在基督降生第1280年，一位富裕国王的儿子前来挑战，他年轻英俊。王子带着一队随从和千匹骏马来与女子比试。国王的儿子抵达后，说明来意。海都王十分高兴，因为这正是他为女儿找的丈夫。他知道这是普玛尔(Pumar)国王的小儿子。国王悄悄告诉女儿，让他得胜。但女儿答说，她无论如何都只会依照正义及理智而行事。 312

还有什么？诸位得知，那天，国王、王后及许多男女都聚集在主殿下方。国王的女儿与国王的儿子到来了，二人都华美动人，真是令人惊叹。请诸位注意，这少年同样强壮勇武，没有人如他一样强壮。少女与少年来到主殿中间，走到上述围观人群前，宣布比赛规则。即如果少年获胜，可娶国王女儿为妻。如果少年输了，将交出专门为此次比赛而预备的千匹骏马。规则宣布完后，少年与少女开始较量。围观的所有人都祈祷国王女儿输掉比赛，好让少年成为她的丈夫。这也是国王与王后的心愿。但为何如此赘述？这两个年轻人扭打在一起，互相拉扯，好将对手摔在地上。但命运将胜利给了这位少女。少年被摔在地上。国王的儿子便输掉了比赛，丢了千匹马。他立刻带着所有随从离开，羞愧地回到了故乡。我向诸位确证，围观比赛的人无不感到惋惜。

海都王的女儿，即战胜了国王儿子的少女，曾多次追随父亲出征。整个战场上没有任何骑兵能与她比肩。诸位得知，她曾多次冲入敌军，以蛮力抓住骑兵，将俘虏带回己方军营。此类事情发生过多次。

上文已为诸位介绍海都王女儿的故事，现在咱们离开此地，继续讲讲其他内容。我们要为诸位介绍海都王与阿鲁浑王，即东鞑靼君主阿八哈(Abaga)儿子之间展开的一次大战。请诸君听来。

第二百一十七章　阿八哈派儿子阿鲁浑出征

诸位得知，东鞑靼君主阿八哈统治着许多州及地区。他的国家与海都王的国家接壤。边界为“独树”，即《亚历山大史书》中称之为“枯树”的地方。阿八哈派遣儿子阿鲁浑率领大队骑兵驻守在“独树”至只浑河的区域，防止海都王与他的士兵侵扰自己的百姓与土地。阿鲁浑率兵驻扎在此，守卫边境，防止海都王入侵。

正如上文所述，阿鲁浑驻扎在“独树”平原，保境息民，守护着那儿的许多城市及集镇。海都王召集了大队骑兵，让自己的弟弟八剌(Barac)做了统领。八剌睿智勇敢，海都王命令他与阿鲁浑开战。八剌答说将不辱使命，会竭尽全力战胜阿鲁浑及他的部队。

于是，八剌带着无可计数的士兵踏上征程。他们骑行多日，沿途没有值得记录的事情，最后抵达只浑河，与阿鲁浑相距十英里。

还有什么？当阿鲁浑得知八剌率大军前来，便厉兵秣马。不到三日，阿鲁浑与八剌都带着自己的兵马来到了战场上，枕戈待旦。还有什么？他们整顿军队，经营武备，吹响号角。立刻毫不迟疑地白刃相接，相互拼杀。诸位应当去看看那箭如雨飞，遮云蔽日。双方都将所有箭射完了，满目疮痍，死伤无数。他们接着转而采用刀剑与棍棒，相互厮杀，这是一场最惨烈最可怖的战役。断臂断足，漫天飞舞。无数战马惨遭屠杀。响声震天，雷声都已听不见，不一会儿，战场上便已是尸横遍野，满目疮痍。但为

何如此赘述？八刺与他的部下无法抵抗阿鲁浑。被迫撤兵，退回 314
河边。阿鲁浑与他的部下穷追不舍，大举屠杀。

这便是此战役的经过，阿鲁浑取得胜利。

因上文已开始介绍阿鲁浑，现将为诸位详尽描述他如何被擒，以及他如何在父亲阿八哈去世后继承王位。

第二百一十八章　阿鲁浑出发夺位

诸位得知，阿鲁浑战胜八刺及海都王部队不久后，便得知父亲阿八哈去世了。他悲痛万分，随即率领部下返回父亲朝廷，准备继承王位。但诸位得知，他必须行四十天，才能抵达终点。

阿八哈的弟弟为撒拉森人，名为阿合马苏丹(Acomat Soldano)。他得知哥哥阿八哈去世了，而阿鲁浑尚在远方，便计划夺取王位。他召集大队人马，径直奔向了阿八哈的宫廷，篡位称王。诸位得知，皇宫藏有巨大财富，价值连城，令人难以置信。大臣与骑兵都得到了令人惊叹的丰厚赏赐。大臣与武士见阿合马苏丹如此慷慨赏赐，都称赞他是一位贤君。所有人都爱戴他，对他很是恭敬。他们说，除了他之外，不再想要其他君王。阿合马苏丹的确治理有方，没有人不满意。我必须告知诸位，但他做了一件无德之事，由此遭受许多人的谴责。他将阿八哈所有的妻妾都据为己有。

还有什么？登基一段时间，他得知阿鲁浑率大军前来，但处变不惊，果敢坚毅。他立刻召集大臣与士兵。一周之内，他便聚集了大队骑兵。部下都表示愿意与阿鲁浑开战。所有人都异口同声地说，他们最大的愿望就是杀掉阿鲁浑，或是活捉他，让他遭受酷刑。

第二百一十九章　阿合马率军与阿鲁浑开战

召集六万骑兵后，阿合马苏丹开始上路，迎击阿鲁浑与他的部下。他们马不停蹄地骑马行十日。十日后，他们得知阿鲁浑距己方仅有五日路程。阿合马知道敌方实力比己方强。他们驻扎在一片广袤美丽的平原上。他说将在此等候阿鲁浑前来，这是两军交战的绝佳位置。

他将部下井然有序地整顿好，接着开始训话。他召集所有士兵，对他们说:“诸位！你们知道，我哥哥阿八哈所拥有的一切，我都有合法继承权。因为我和他是由同一个父亲生下来的。他去征服我们现有的这些土地与州时，我也参加了所有战役。阿鲁浑是我哥哥阿八哈的儿子，这不假。有人或许也会说，阿鲁浑应是王位继承人。但请那些这样想的人原谅，这样的想法并不正确，也不应当。因为诸位得知，他父亲在生时是君王，他去世后，我也应成为君王。因为按照道理来说，在他还活着的时候，我就应该分一半国土。但我因为仁善，将全部土地都让给了他。因此，我请求诸位反击阿鲁浑，捍卫我们的权力，因为这王国与王位都只属于我们。至于我，我向诸位保证，我仅要荣誉与名声。我会将所有利益、物质及统治我们这片土地和州的权力都交给你们。我知道你们都是明白人，我就不再说什么了。你们都热爱正义，你们将为我们所有人的利益而光荣作战。”接着，他停止讲话，一言不发。

他的大臣、骑兵及在场的所有人都明白了阿合马的训话。他 316
们高声答说，只要一息尚存，他们必将誓死奋战。他们将帮助君王抵抗世上任何人，尤其是阿鲁浑。他们对阿合马说，他们毫无畏惧，必将擒住阿鲁浑，送到他手中。

阿合马这样对他的士兵讲话，他便知道了他们的决心。他们现在最大的愿望就是阿鲁浑及他的士兵能立刻出现在战场上。

咱们离开阿合马和他的部队，回到阿鲁浑和他的士兵。

第二百二十章　阿鲁浑与部下商议如何与阿合马开战

诸位得知，阿鲁浑确定阿合马带着大部队等候自己，不禁愁眉不展。但他明白忧心忡忡将对自己不利，对敌人显露出恐惧害怕，将打击部队士气。因此他决定表现得英勇无畏。接着，他召来所有睿智的官员。他聚集了大队人来到他的主殿中（他们驻扎在一个优美的地方），开始训话："我亲爱的兄弟们，朋友们！你们知道我的父亲深爱着诸位。他在世时，一直将诸位视为他的兄弟与孩子。你们与父亲出生入死，是有功之臣，帮助他征服了所有这些土地！你们知道，我的父亲便是那位深爱着诸位的君王，我本人也爱诸位，如同爱我自己一般。因此，诸位应当助我反击那背弃道义与公正，那想要对我们做出不义之举，想要夺走我们这片土地的人，这是正确且应当的事情。另外，诸位不要忘记了，他并不是我们的同教中人。他背弃了我们的律法，成为撒拉森人，信仰穆罕默德。诸位看看，如果说撒拉森人居然能统治鞑靼人，这将是多么不正确的事情！所以，我亲爱的兄弟朋友们，你们应鼓起勇气，竭尽全力阻止他。我请求各位在战场上英勇杀敌，不惜一切代价赢得胜利，将这统治权夺回来，而不是交给撒拉森人。当然，各位应该有信心，这胜利必将属于我们。因为正义站在我们这边，我们的敌人是不义之人。我再不对诸位说别的了，我只请求各位能好好想想，作出正确选择。”

接着，他停止讲话，一言不发。

第二百二十一章　大臣答复阿鲁浑

所有在场的人，包括大臣与骑兵，都听见了阿鲁浑说的这番漂亮睿智的话。他们心中都已决定，必将竭尽全力赢得战争，宁死不降。所有人都安静着，沉默不语。一位大官站起来，说：“我们敬爱的陛下，我们确信事情的确如您所说。因此我代表您所有的士兵，所有那些将追随您奔赴战场的人回答您，我代表他们表示，只要一息尚存，他们绝不放弃。他们宁死都不会输掉战争。我们确定必将取得胜利，因为正义站在我们这边，而他们是不义之人。因此，我提议您，建议您，尽快朝敌军开火。我请求所有同伴，在此战中负起责任，让全世界评说！”接着，这位大官停止讲话，一言不发。

还有什么？在他之后，再无人敢说话。所有人都同意他所说的。所有人最大的愿望都是立刻与敌人在战场上交战。

次日，阿鲁浑与他的士兵一大清早便上路，迫切渴望与敌军交手。他们骑马行良久，终于抵达了敌军埋伏的平原。他们布阵有序，距离阿合马十英里远。

驻扎好后，阿鲁浑选出两名亲信，派他们给阿合马送信，内容如下。

第二百二十二章　阿鲁浑派人出使叔叔阿合马

这两名杰出的使臣辞别统领，领受命令，虽然年事已高，但他们毫不迟疑，立刻骑马上路。二人径直来到敌军阵营，在阿合马帐篷前翻身下马。阿合马身边环绕着大群官员。两位使臣与阿合马是旧相识。双方礼貌致意。阿合马面色和善，欢迎了他们，在殿内设座椅，请他们坐在自己面前。他们沉默了一会儿，其中一位使臣站起身来，说："敬爱的陛下，您的侄子阿鲁浑对您的所作所为深感震惊。您夺走了他的王位，还要与他展开生死决战。这自然是一件不仁之事，不是一位好叔叔对自己的侄子应当做的。他想派我们对您说，他将您视为自己的父亲。他恳求您，作为一位好叔叔和好父亲，放弃您的行动。让你们之间没有战争与屠杀。他向您保证，他会将您如父亲一般恭敬。会将您封为他王国中最大的君王。这便是您的侄子想对您说的话，这便是他希望我们跟您转述的请求祈求。"接着，他们沉默不语。

第二百二十三章　阿合马答复阿鲁浑使臣

听见侄子派来的使臣如此说，阿合马苏丹答说："使臣先生，我侄子说的话毫无道理，这是我的王国，不是他的。与他的父亲一样，我也有征服的功劳。你们去转告我的侄子，如果他同意，我将让他成为大君王，我将赏给他许多土地。将他视为我的儿子，他将成为整个王国权力最大的臣子，仅次于我。如果他不同意，我必将不惜一切代价制服他。这便是我对他的决心。你们不要期待任何其他条件。"接着，阿合马停止讲话，一言不发。

听见苏丹所说的话，使臣们再次问他："难道我们真的不能从您那得到比您方才所说更多的条件了吗？""再无别的了，"阿合马回答说，"只要我还活着。"

听到这回答，使臣们不再停留，动身返回。他们骑马行良久，回到了己方军营。他们进入殿内，将他叔叔的答复转述给阿鲁浑听。得知叔叔的答复，阿鲁浑苦恼不已。他高声喊道，好让在场所有人都听见："我叔叔对我如此不仁不义，倘若我不能报复，让全世界评说，那就让我不得好死，让我不再拥有任何王国！"接着，他对自己的大臣及骑兵们说："刻不容缓了。咱们要尽快起程，将这个叛徒反贼处死。我决定明天早晨开战。必将竭尽全力，摧毁他们。"

还有什么？他们整夜都在做着作战准备。阿合马苏丹通过探子得知了阿鲁浑的计划，即将在早晨发起进攻，他也做着作战准备，同样鼓舞士兵英勇杀敌。

第二百二十四章　阿鲁浑与阿合马之间的大战

次日早晨，阿鲁浑与所有士兵都武装起来。他统率有方，布阵得当。他和善地激励士兵奋勇搏杀。一切就绪后，他们朝敌军进发。

阿合马苏丹也同样如此。他也善于领兵，他排布部下，不等阿鲁浑抵达战场，就带着所有士兵出发迎击。

未行进多久，便遇见了阿鲁浑与他的部下。两军相遇，双方正面抗敌，都迫不及待，渴望厮杀。他们毫不迟疑，立刻扑向对手。诸位应当瞧瞧那弩箭离弦的壮观场面！诸位应当瞧瞧那箭如雨飞的可怖景观！诸位应当瞧瞧那横尸满地！诸位应当听听那哀鸿遍野，那痛苦哭号！箭射完后，他们以锋利的刀剑互相砍杀。诸位应当看看那飞舞的手、胳膊、身躯与头颅！哭喊震天，听不见雷神。双方都是在不吉利的时间展开这场战争。多少勇士灰飞烟灭！多少妇人长夜哭泣！

但为何如此赘述？阿鲁浑在那天表现英勇，他冲锋陷阵，身先士卒。但一切都是枉然。命运于他不利，他遭受了噩运的迫害，落了下风，不幸落败。他的士兵见无法再支持，便掉头开始拼命逃跑。阿合马率兵追捕，大举屠杀。诸位得知，阿鲁浑也被追上，成了俘虏。

阿鲁浑落到他们手上后，对方便停止了追杀。他们班师回营，欢欣鼓舞地回到帐篷中。阿合马将侄子关押起来，命人好生看守。

阿合马生性奢淫，他想回到朝廷，与后宫那许多的美貌女子好好享乐一番。于是他让一位大藩王统领军队，命他负责看守阿鲁浑，嘱咐他如同照看自己的性命一般，小心谨慎。阿合马还吩咐他无需紧急回朝，不要使士兵太过劳累。藩王对他说，将严格执行他的命令。阿合马于是带着大队人马离开了。他们上路，返回朝廷。

正如上文所述，阿合马苏丹离开军营，让这位藩王统率部队。他们用镣铐锁着阿鲁浑，将他关押起来。他痛苦不堪，以为自己即将被杀。

第二百二十五章　大臣同意释放阿鲁浑

一位年迈的鞑靼大臣极为同情阿鲁浑，他心想，他们关押自己的君王，这是不仁不义之事，违背了道德。他决定竭尽全力释放阿鲁浑。于是他立刻开始行动。他召来其他许多大臣，对他们说，他们不该将合法的君王关押起来，他们做了不义之事。而释放他，将本属于他的王位交还给他将是仁善之举。其他大臣将他敬为最睿智的人，他们也确信他所说的是事实，听见他的提议，他们都一致同意。他们说将支持他的行动。发起提议的大臣名为不花(Boga)，其他成员分别为宴只歹(Elcidai)、脱欢(Togan)、忒罕纳(Tegana)、塔哈(Tagaciar)、乌剌台(Oulatai)与撒马合儿(Samagar)，他们商定后，就来到关押阿鲁浑的帐篷中。他们进去后，最重要的大臣及行动负责人不花率先开始说话："我们亲爱的陛下，我们坦承，关押您是不对的。我们来告诉您，我们想要弃暗投明，想要回归正义。我们想释放您，将您奉为我们的君王，因为您理应为君。"接着，不花停止说话，一言不发。

第二百二十六章　阿鲁浑被释放

阿鲁浑听见不花说的话，以为他们在嘲讽自己。他痛苦忧伤地说："我的先生们，你们真是不应该来嘲笑我。你们如此不公正地待我，我已经承受够多了。你们既然承认我是君王，却又用枷锁把我关押起来。当然，你们很清楚自己做了不仁不义的事情，犯了大恶。我求你们，你们尽管走你们的路去吧，不要再来嘲笑我了。”“我亲爱的陛下，”不花接着说，“您得确定这不是讥讽。我们说的都是真的。我们以我们的律法向您起誓。”所有大臣都发誓将奉他为君王，阿鲁浑也对他们发誓，绝不会报复这关押之辱，将与父亲阿八哈一样，对他们仁慈友善。双方发了誓言后，他们取下阿鲁浑的镣铐，将他奉为君王。阿合马留下了藩王，阿鲁浑指着藩王所在的帐篷，命令道：“你们朝这个帐篷射箭，将这关押我、统率军队的藩王射死。”他的话还未说完，无数弓箭便如雨一般射向了那个帐篷，藩王被杀了。

就这样，阿鲁浑夺回了王位。他如同一位君王一般发号施令，人人都听从他的号令。诸位得知，我们称之为藩王的大臣，即那被阿鲁浑下令杀死的、名为阿里纳黑苏丹，是最有权势的大臣，仅次于阿合马。

阿鲁浑就这样收回了统治权。

第二百二十七章　阿鲁浑杀死叔叔阿合马

见所有人都忠诚服从自己，阿鲁浑决定下令向朝廷进军。他立刻毫不迟疑地率军上路。

一天，阿合马正在朝廷里，他在皇宫内悠闲地散心。一位使臣来到他面前，对他说：“陛下，我有消息禀告。这并非我本意，但这是很坏的消息。您得知，大臣们释放了阿鲁浑，将他奉为君王。他们杀了您亲爱的朋友阿里纳黑苏丹。我必须提醒您，他们正飞速朝这边进军，想要来将您擒住杀死。您最好尽力守卫。”接着他停止说话，一言不发。这使臣是他最亲信的属下，阿合马听到他带来的消息，大为惊愕，惊恐万分，不知道如何回答和行动。但他是有勇有谋的将领，他命令送信的使臣不要走漏任何风声。使臣答说必将遵命。

接着，他立刻上马，带着自己最信赖的属下上路了。他们想去找巴比伦苏丹，希望能逃过一劫。除了随同他的亲信外，没人知道他去了哪里。

前行六日后，他们来到了一个必须经过的关卡，因无法从别的路通过。那守卫的人认出了阿合马，察觉到他正在逃跑。守卫决定拿住阿合马，这是轻而易举的，因为阿合马没有任何兵马。他决定后，便立刻采取行动，迅速抓住了阿合马。阿合马反复求饶，乞求他放过自己，许诺给他大笔酬金。但这看守很尊敬阿鲁浑，他答说这一切都无济于事，就算以全世界的财富来换，他也不会同意。他只想将阿合马交到他合法的君王阿鲁浑手中。还有什么？那看守要塞的侍卫抓住阿合马后，毫不迟疑，立刻组织一支精良的护卫队，向朝廷出发。他带着阿合马，严加看守，不让他有任何机会逃跑。他们马不停蹄，终于抵达了朝廷。阿鲁浑已于三日前到达，正在忧愁不已，以为阿合马逃走了。

这位要塞守卫押送着阿合马来到阿鲁浑面前，他感到了前所未有的愉悦。阿鲁浑对叔叔说，这是他的噩运。他补充说，自己将依据正义行事。说完后，他命人将阿合马带走。他未与任何人商议，便下令将他处死。执行命令的人抓住阿合马，将他带到死刑场，再也没有人见到他回来。这是自然的事情！他们不仅将阿合马杀了，还将他的尸身抛在任何人都找不到的地方。

这便是阿鲁浑与叔叔阿合马之间的故事。

第二百二十八章　大臣致敬阿鲁浑

做完上述所有事情后，阿鲁浑稳稳地据守在皇宫中，一切已成定局，所有的统治权力都掌握在自己的手中。随后，所有那些臣属于他父亲阿八哈的属国都派遣大臣从四面八方前来朝贺他，以对自己君王所应有的礼节进行祝贺。所有人都将听命于他视为责任与义务。

阿鲁浑觉得自己真的成了君王，便派自己的儿子合赞(Casan)带着三万骑兵去“独树”地区驻守，保卫国土与百姓。

阿鲁浑便这样夺回了统治权。诸位得知，这是在基督降生第1286年发生的事情。阿合马苏丹仅在位两年，阿鲁浑的王朝持续了六年。六年后，阿鲁浑去世了，应为病死。但也有传言说他是被毒死的。

第二百二十九章　阿鲁浑死后，海合都篡位

阿鲁浑去世后，他的叔叔海合都，即其父亲阿八哈的胞弟，篡夺了王位。这是轻而易举的事情，因为合赞当时尚在“独树”。合赞知道父亲死了，海合都篡夺了王位。他为父亲的死而哀恸，也为海合都的篡位而愤慨。但他无法离开边界，因为害怕敌军来

犯。他决定在合适的时机行动，伺机报仇，绝不会亚于他的父亲给阿合马的复仇。

还有什么？海合都执掌国家。除合赞外，所有人都听命于他。海合都霸占了侄子阿鲁浑的妻子，将她据为己有。他十分骄奢淫逸，整日与后宫无数女子玩乐享受。

还有什么？海合都在位两年，两年后，他去世了。诸位得知，他是被毒死的。

第二百三十章　海合都死后，伯都(Baidu)继位

海合都死后，他的叔叔基督徒伯都夺取王位。此事发生于基督降生第1294年。伯都登基称王。除合赞与他的部下外，所有百姓都听命于他。

合赞听说海合都去世，伯都篡夺了王位。海合都去世了，合赞悲痛不已，因为他再无法复仇。但他发誓会报复伯都，好让全世界都知晓他的壮举。他决定不再迟疑，立刻进攻伯都，将他处死。合赞武装起所有的士兵，返回朝廷，去收复失地。

伯都得知合赞前来攻打自己，立刻召集了大量士兵，为作战而准备。他们出发迎击敌军，行进十日。十日后，伯都停下来，命令部队驻扎。他们在那等着合赞和他的部下，与他一决生死。伯都反复督促，激励士兵们英勇奋战。

但为何如此赘述？伯都刚抵达此地两日，合赞便带着所有士兵赶到了。诸位得知，他们抵达当天便与敌军交战，这是最惨烈可怖的一场战役。尽管伯都拼尽全力，但他们未能支撑多久。这

是因为战役刚开始，伯都的不少士兵便纷纷倒戈，投奔了合赞。 326
合赞的实力由此大为增强。伯都惨遭失败，他被杀了。合赞赢得了战役，夺回了王位，成为所有人的君王。

赢得战役，杀掉伯都后，合赞班师回朝，成为君王。所有大臣都来朝贺。他们将合赞奉为合法君王，奉命惟谨。

基督降生第1294年，合赞登基，夺回统治权。

正如上文所述。这便是从阿八哈直至合赞各朝君王的历史。此外，上述所有君王的祖先都为旭烈兀，即报达的征服者，忽必烈大汗的兄弟。旭烈兀是阿八哈的父亲，阿八哈是阿鲁浑的父亲，阿鲁浑是当今陛下合赞的父亲。

上文已为诸位介绍东方鞑靼人的相关情况。咱们可以离开此题。接着介绍大突厥，请诸君听来。

本书前章已介绍大突厥，诸位已知海都为君王。再无其他内容介绍。

咱们结束此题，讲讲位于北方的州及百姓。

第二百三十一章　居于北方的宽彻王(Canci)

诸位得知，北方有一个名为宽彻的国王。他是鞑靼人，他所有的臣民皆是鞑靼人。他们奉行真正的鞑靼律法，此律法极为野蛮，但他们如同成吉思汗及所有那些宣称为真正的鞑靼人一般遵守此律法。

现为诸位介绍。

诸位得知，他们以毛毡子造了一个名为纳赤该的神，也为这个神造了妻子。他们说这两个神，即纳赤该与他的妻子，都是土地神，负责保护他们的牲口、粮食及所有与土地有关的财产。他们敬拜这两个神。如他们享用了美食，会在这两个神的嘴上也抹点。

完全可以说，他们如同野兽一般生活。

宽彻王不臣属于任何人。请诸位注意，他是成吉思汗的后裔，是皇室血脉。他是大汗的近亲。

此王没有城市，也没有集镇。他的臣民总是住在旷野中，居住在平原、山谷与高山上。他们吃牲口的肉与奶。没有任何粮食。即使人数众多，他们的国王也不与任何人交战，而是信奉和平。他们有无数牲口，骆驼、马、牛、羊等动物。还有浑身雪白的大熊，长二十掌。还有体型巨大的黑狐狸。有大量野驴。还有许多紫貂，即上文所述以其皮毛制成珍贵皮裘的野兽。人穿的一件貂毛可价值一千拜占庭金币！还有许多松鼠毛皮。有无数硕大的法老鼠，整个夏天人们都吃它们的肉。此地野蛮荒僻，因此各种野物皆丰富。

诸位还得知，国王所管辖的地区中，有一处荒地，没有任何马儿可前去。那儿有许多湖泊与泉水，水会结冰，到处是淤泥坑，因此人无法骑马前行。这片地长十三日路程。每行一日，都可抵达一个驿站，可供在此行走的钦差歇息。每个驿站至少有四十条大狗，体型硕大，如驴子一般。这些狗可引路，将信使从一个驿站带至下一个驿站，共行走一日。方式如下。正如上文所述，此路长十三日，因为此地多冰，遍地淤泥，人无法骑马。两座高山中有一个大深谷，因为遍地都是冰川与淤泥，所以马儿无法前行，也无法使用带轮子的马车，否则轮子便会陷在淤泥里，在冰上打滑。在这十三日中，人们使用没有轮子的雪橇，可以在冰上滑行，也可穿过淤泥，不会深陷其中，我们这边有许多这种雪橇。冬天或是大雨天时，我们用雪橇运输干草与麦秸。他们在雪橇上铺上一张熊皮，钦差坐在上面。每个雪橇都由六条狗拉着，体型如上所述。雪橇上没有车夫，这些狗径直奔到下一个驿站，它们擅长在冰上及泥土里拉着雪橇前进。狗儿在各个驿站中穿行。有时，看守驿站的人也会坐在雪橇上，他驱赶着狗，带领它们走一条更短更好的路。下一个驿站同样为钦差预备了雪橇与带路的狗。狗拉着雪橇带领信使行到下一个驿站，随后自行返回。这十三日中全都如此。钦差在每个驿站都能找到领路的狗。

诸位得知，那些居住在这些山谷与高山中的人，即这十三日范围的地区中，都是猎人。他们捕捉了许多珍稀昂贵的野兽，如紫貂、白鼬、松鼠、黑狐狸等，用这些稀有动物制成价值高昂的珍贵皮裘，猎人由此获利颇丰。猎人制造出捕兽器，没有任何动物能逃脱。我还得告知诸位，此地严寒刺骨，他们所有房子都建在地下。他们必须总是住在地下。

他们外观并不美丽。

再无其他内容值得在此记录，咱们离开此地，讲讲一个永远处在黑暗中的地方。

第二百三十二章　黑暗之州

诸位得知，沿北方一直往前，在距离此国遥远的地方有一个名为“黑暗”的州。是因为这儿总是漫漫长夜，从不见太阳、月亮与星星，总是一片黑暗，与我们这边的黑夜一般。此地人相貌丑陋。他们没有君王统治。他们不臣属于任何外来君王。只是鞑靼人时常来侵扰他们。现为诸位介绍。

入侵时，鞑靼人骑上刚生幼崽的牝马，他们将刚出生的小马驹放在此州边界的黑暗中。鞑靼人确定牝马会返回来寻找它们的幼崽，这些马比任何人类都善于辨别方向。鞑靼人便骑着上文所述的牝马，将小马驹留在黑暗中，从而入侵此地。他们将所有能找到的东西都抢走，抢掠完后，会让牝马带领着回到小马驹那，这些牝马有极佳的辨向能力。

此地居民有无数极其珍贵的皮毛。他们有上文所述极其昂贵的紫貂，还有白鼬、栗鼠、松鼠、黑狐狸及其他许多珍贵皮毛。他们是猎人，收集的皮毛数量令人惊叹。他们将这些皮毛全都运至那有阳光的边界，在那找到买主。他们将皮毛带到阳光下卖掉。我向诸位确证，从他们那购得这些皮毛的这些商人由此获得巨大利润。

他们身材高大，四肢修长。但他们皮肤苍白，毫无血色。

诸位得知，大斡罗思正是与此州接壤。

再无其他内容值得在此记录。咱们离开此地，继续往前，首先讲讲斡罗思州。

第二百三十三章　斡罗思大州及百姓

斡罗思州疆域辽阔，位于北方。百姓为基督徒，信奉希腊律法。有许多国王。他们有自己的语言。生活简朴，但外貌美丽，男女皆是白肤金发。在此州入口及内地有许多险要关卡。他们不对任何人纳贡。有部分居民给一个名叫脱脱(Toctai)的西方鞑靼国王进贡。他们纳贡，但并不丰厚。

此地并不以经商为业。他们有许多珍稀昂贵的皮毛。这儿有世上最好最美的紫貂、白鼬、松鼠、栗鼠、狐狸等，数量极多。此外，此地还有许多银矿，开采出大量银资源。

再无其他内容值得在此记录，咱们离开斡罗思，讲讲大海(Maggiore)及其周边各州及当地百姓，请诸君听来。咱们首先介绍君士坦丁堡。

首先我告知诸位一个位于北方及西北方之间的州。

诸位得知，在上述边界有一个名为剌乞(Lac)的州，与斡罗思接壤。他们有国王，居民为基督徒及撒拉森人。这儿盛产珍贵皮毛，商人将其销往世界各地。百姓以经商及手工业为生。

再无其他内容值得在此记录，咱们离开此地，讲讲其他内容。

此前遗忘斡罗思其他内容，现补充如下。

诸位得知，斡罗思天寒地冻，令人难以忍受。比世上任何地方都要严寒。如果不是这儿有许多暖房，这儿的人早就被冻死了。他们受上天眷顾，拥有许多暖房。权贵出于信仰修建暖房，就好比我们这边修建医院一样。这暖房随时开放，任何需要取暖的人都可进入。因为诸位得知，这儿冰天雪地，叫人无法忍受。那些待在外面的人，或是要回家，或是去某地办事，从一座暖房离开后，在找到下一个暖房前，几乎都会冻僵了。好在暖房随处可见，相距不远。每隔六十来步便有一座暖房。正如上文所述，人们暖暖活活地从一座暖房中走出来，走几步，在找到下一个暖房前，几乎会被冻僵了。他们立刻进去取暖，暖乎后，接着上路，抵达下一座暖房，再次取暖。直到回家，或是抵达他们去的另一个地方前，他们都以上述方式取暖。他们总是奔跑着，为了从一座暖房快速赶到下一座，尽量保护自己不被冻坏。但时常有人穿的衣服不够多，或是因为上了年纪，走不快，或是体质虚弱，不如其他人强壮，或是因为他住得太远，那么从一座暖房走出来，抵达下一个暖房前，他们会因为太过寒冷而倒在地上。其他过路人会立刻把他扶起来，抬到暖房里，把他的衣服脱下来，让他取暖。这人便逐渐恢复意识，重新活过来了，否则他就只能一直倒在地上。

诸位得知，暖房结构如下。将多根方形大梁一个个对接在一起，各梁之间密不透光。接着在缝隙中填上石灰或其他物质，不让外面的风吹进来，也不让寒冷透进去。上方屋顶上开着一扇窗户，可让屋内燃烧的烟通出。屋内有许多木材，人们拿上柴火，生起大火，火焰极高。烧柴火生烟时，便将屋顶上的窗户打开，好让烟出去。如果没有烟，则用一块很厚的毛毡子将窗户盖住。火中还留着许多木炭，将暖房烤得热乎乎的。下方，即暖房墙壁，开着第二扇窗户，以一个极厚极结实的毛毡子盖住。如外面不刮风，想让屋里亮堂一点，便打开这扇窗户。如外面刮风，又想照明，那么他们便会打开上面的窗户。入口的门同样以毛毡子制成。

这便是暖房的构造。贵族与富人每家都有自己的暖房。此外，他们的房子都关得严严实实的，可抵御严寒。

我为诸位介绍他们的一个风俗。他们以蜂蜜及粟制成一种极其美味的酒，名为赛尔伏加大麦酒（Cervogia）。他们酷爱喝这种麦

酒。他们喝酒的方式如下。诸位得知，他们结成不同的团体，男 332
女都有，权贵尤多。通常为三十、四十或五十人，也算上各人的妻子与孩子。每个团体都会选择出一个团长，或是一个首领，制定出章程。要是有人说的某句话，或是做的某件事违反了章程，便会被所选出来的团长惩罚。这儿有一些与我们这边小酒馆老板相似的人，他们贮藏着这种麦酒。上述团体便会整天都去这些酒馆里喝酒。他们将这种喝酒的方式称为斯特拉维扎（Straviza）。到了晚上，小酒馆会计算喝掉的麦酒，每人都支付自己应该的份额，将带来的妻子与孩子那一份也算上。在这样喝酒时，即进行斯特拉维扎时，总有某个外来商人，从可萨里亚（Gazaria）、苏达克或是其他邻近国家来的商人，抵押自己的孩子，好去借钱。他们花钱买酒，将自己的孩子们都卖掉。那些贵妇人也被迫整天在那儿喝酒，我告知诸位，她们如何撒尿。她们从小酒馆中走出来，她们的女仆会小心地将大海绵放在她们身下，不让周围的人发觉。一人假装与贵妇说话，另一人就偷偷地将海绵塞在身下。坐着的贵妇人便尿在海绵里面，随后女仆将这涨满尿的海绵拿走。每当她们想要排便时，便采取这种方法。

我告知诸位，这儿曾经发生过一件事。

诸位得知，有人喝醉酒后，带着妻子回家。妻子在路上半蹲着小便。她腿上的毛被这严寒给冻僵了，跟草粘在一起。于是这妇人便动弹不得，因为只要稍稍移动，便会感到痛苦，她只好求救。这丈夫喝得烂醉如泥，他同情妻子的处境，朝她弓下身子，向她吹气，希望能以热气吹散这严寒。但吹气时，他那湿润的口气也结了冰，由此他的胡子便与妻子的大腿粘在一起。他也无法动弹，稍稍移动便感到痛苦，两人都弓着身子待在那。要是有人想移动他们，非得将这冰打破不可。

诸位还得知，此地人们有一种长一拃的大金币，价值约五个威尼斯银币。他们以松貂脑袋做零钱。

此州疆域辽阔，范围广至大洋海。诸位得知，此海有许多岛屿，有许多矛隼与游隼，数量极多，销往世界多地。

我还告知诸位，斡罗思与挪威(Noroech)相距不远，如非气候严寒，短时间内便可到达。但此地寒风刺骨，无法快速前往。

咱们离开此地，讲讲上述的大海。许多商人和其他人的确都很了解这个地方，但还有许多人从未听说过此地。由此，最好还是为它们稍作介绍。我们从入海口开始，即君士坦丁堡海峡。

第二百三十四章　大海入海口

在海峡入口，即进入大海的地方，西侧有一座名为法罗(Faro)的高山……

我们想为诸位介绍大海，上文已开始介绍，但咱们决意停住，因为这些实为尽人皆知的内容。因此，咱们就此打住，讲讲其他内容。

我们为诸位介绍西方鞑靼人及在此统治的君主们。

第二百三十五章　统治西方鞑靼人的君主

西方鞑靼人的第一位君主为赛因(Sain)，他是一位极有权势的强王。此赛因王征服了斡罗思、库蛮（Comania）、阿兰（Alania）、剌乞（Lac）、马扎尔（Mengiar）、撤耳柯思（Zic）、克里米亚（Gozia）、可萨里亚（Gazaria）。赛因王征服了所有这些州。 334

在赛因征服这些地区之前，此地居民都臣属于钦察。但他们并未聚在一起，并不团结一致。他们失去了领地，离散而去。也有人未被驱逐，他们留下来，成为赛因王的奴隶。

赛因王的继任者为拔都（Batu）王，拔都王的继任者为别儿哥王，别儿哥王的继任者为蒙哥帖木儿（Mongutemur）王，蒙哥帖木儿王的继任者为脱脱蒙哥（Totamangu）王。最后的君王为当今统治的脱脱王。

上文已为诸位介绍西方鞑靼人的君王，接着，我们讲讲在东方鞑靼君主旭烈儿与西方鞑靼君主别儿哥之间的一场战役，我们还将为诸位介绍大战原因及战争情况。

第二百三十六章　旭烈兀与别儿哥之间的战役与战争

诸位得知，在基督降生第1261年，东方鞑靼君主旭烈兀与西方鞑靼君主别儿哥之间产生了严重冲突。两国接壤的地方为一个州，双方都不愿将此州让给另一方。各方都宣称自己有合法所有权。双方都下了战书，一方对另一方宣称要将其捉拿，让他看看究竟是谁更厉害。各方都挑衅对方，都将所有臣民动员起来。他们做着作战准备，这是数年中最大的军事准备。我告知诸位，双方都决意要不惜一切代价赢得胜利。

诸位得知，双方挑衅后，不到六个月的时间，各方都已召集起了三十万骑兵，战争所需的一切东西都准备妥当了。

一切就绪后，东方鞑靼君主旭烈兀便带着所有人马上路了。他们骑行多日，沿途没有值得在此记录的遭遇。骑行良久，抵达位于铁门（Porte Di Ferro）与里海（mare di Sarai）之间的大平原。旭烈兀在此整顿军队，驻扎了下来。

我向诸位确证，军营中有许多富丽堂皇的帐篷，满是华丽的贵族。旭烈兀决定在此驻扎，等着别儿哥及他的士兵前来。他们便在此等候，等着敌军来犯。

诸位得知，此地正是位于两国边界。

咱们离开旭烈兀及他的部队，讲讲别儿哥王及他的士兵。

第二百三十七章　别儿哥与士兵反击旭烈兀

诸位得知，别儿哥王做好了所有战争准备，召集了所有人马。他得知旭烈兀已带着所有部下启程，便决意不再耽搁。他立刻上路。他们日日骑行，抵达了敌军所在的平原。别儿哥也整顿部队，驻扎下来，与旭烈兀相距十英里。我可向诸位确证，他们的军营同样富丽堂皇，绝不亚于敌方。假若有人见到这些华丽的镶金锦缎帐篷，必定会赞叹这是数年中所见的最华美军营。别儿哥的兵力要强于旭烈兀。我可告知诸位，他的骑兵数量不少于三十五万。他们扎营安顿，休整两日。

第三天，别儿哥召集部下。他说道："各位大臣，诸位已经很清楚，自我登基那天，我便将各位视为自己的兄弟与孩子。诸位也知道，你们中不少人曾跟我出生入死，经历了许多大战。我们现有的大部分土地都是在你们的帮助下得来的。诸位不要忘记了，我所有的一切，同样也都是你们的。因此，你们要不遗余力捍卫我们的荣誉。至今为止，我们从未有所懈怠。旭烈兀很强大，这不假。没有正当理由，他便想要与我们开战。他是不义的一方，而我们是正义的一方。我们绝不能不对胜利坚定信心。此外，我们人数比他们多，各位更应有必胜的信心。我们确定，他们仅有三十万骑兵，而我们有三十五万骑兵。咱们的骑兵与他们旗鼓相当，甚至更要骁勇。因此，考虑到方才跟你们说的话，各位必须坚信，我们必将赢得此次战役的胜利。既然我们长途跋涉，只为来此作战，那就让我们大战一场吧！我决定，三日之后开战。我希望诸位谨慎小心，纪律严明，我们必将为胜利而欢呼！我再三请求各位，务必英勇奋战。我们这次必将让全世界都从此惧怕我们！我不想再说别的了，我只请求各位枕戈待旦，在约定好的日子冲锋陷阵，勇往直前。”别儿哥接着停止讲话，一言不发。

上文已为诸位介绍别儿哥和他的士兵，咱们结束此题，现在讲讲旭烈兀与他的部队。为诸位介绍他们知道别儿哥与军队驻扎在附近时所采取的行动。

第二百三十八章　旭烈兀鼓舞士气

据传说，旭烈兀确定别儿哥带着一支强军抵达了，他将最睿智的属下召集来。所有人都到齐后，他对大家说：“我亲爱的各位兄弟、孩子与朋友们！你们非常清楚，你们在我有生之年的任何时候都是我的心腹与后盾。你们帮助我打赢了许多场战役，至今为止，你们从未跟我吃过任何败仗。因此，咱们与这强大的别儿哥一决生死，绝非狂妄自大！不说他们的实力比咱们强大，至少与我们势均力敌，这点我很清楚，也不能否认。但他们的士兵绝比不上我们，就算他们是我们的两倍，我们有这么多骁勇的战士，我们必将打败他们！我们从探子那得知，他们将在此驻扎三日，我很高兴。我请求诸位做好万全准备，在那天时奋不顾身，如我们平常一样。我还要提醒诸位一件事：宁愿战死，也要捍卫我们的荣誉，宁死不降！请各位竭尽全力守护我们的荣誉，我们的敌人必将被击溃杀死。”接着旭烈兀王停止讲话。

正如上文所述，这两位强大的君王都发表了演说。

他们等待作战的日子。双方都竭尽全力，做了最好的准备。

第二百三十九章　旭烈兀与别儿哥之间的大战

到了约定开战的日子，旭烈兀一大早便起来，武装起所有的部下。他是优秀的统领，排兵布阵，运筹帷幄。诸位得知，他将军队分成三十队。每队都有一万骑兵，正如上文所述，共计三十万骑兵。他给每队骑兵都挑选了能干的将领和统帅。他细心而睿智地安排好一切，接着下令军队朝敌军进发。部下们立刻执行了他的命令，士兵们缓慢前行，抵达两军之间半道的位置。他们停下来，等待敌军来犯。

正如上文所述，旭烈兀与他的士兵在此等候。

对手也同样如此。那天早晨，别儿哥王与所有士兵起床后，开始精心准备，全副武装。别儿哥是足智多谋的将领，他运筹帷喔，排兵布阵。与旭烈兀一样，他也将部下分成三十五队。每队为一万名骑兵，选派了能干的将领与统帅。一切准备就绪后，别儿哥命令部队前进。他们是骁勇聪明的士兵，听候命令前进。他们缓慢前行，抵达与对手相距半英里远的地方。接着停下来，稍事休息。接着，他们朝敌军冲击。

还有什么？两军在相距不到两箭的距离时都停了下来。所有军队都在他们休息的地方原地布好阵列。他们的战场是最美丽广袤的平原，这平原可让成千上万的骑兵在此展开激烈搏斗。自然需要一个如此美丽广袤的平原，因为已数年未见如此多的士兵在平原中交战。我并无虚言，共计逾六十五万骑兵。旭烈兀与别儿哥都是世上最强大的君王。诸位得知，他们是近亲，都是成吉思汗后裔，为皇家血脉。

第二百四十章　旭烈兀与别儿哥之间的战役

两位大王率领各自军队在此静候，他们面对面，相距上述距离。他们只等开战，迫不及待地等待着号角吹响。未等太久，双方的号角都吹响了。一听见号角的声音，他们便立刻朝对方扑杀过去，他们拉弓射箭，各人都将箭射向对手。战场上箭矢如雨！可谓不到一会儿，天空中便飞满了箭矢，遮云蔽日。战马与士兵都尸横遍野，生灵涂炭！这是必然的结果，因为他们射出了成千上万支箭。但为何如此赘述？他们将箭射完，便开始用刀剑和棍棒拼杀。他们扑向对方，激烈搏斗。这是惨烈而可怖的战役，惨不忍睹。许多人的手、胳膊和头颅都被砍了下来！无数士兵与战马倒在地上！双方死伤无数，显然他们是在不吉利的星象下开始战役。自此之后，许久都再未有如此多士兵死在战场上了。哀鸿遍野，响声震天，甚至听不见雷神。我告知诸位，甚至只能在尸身上走路，这绝非虚言。地上血流成河，硝烟弥漫。我向诸位确证，世上许久再无一场战役有如此多士兵参与。无数士兵倒在血泊中，再无法站起，他们呼天号地，叫人闻之落泪。双方都是在不吉利的时间开始了这场战役。多少妇人将沦为寡妇，多少孩子将沦为孤儿！他们之间再无友爱，有的仅是深仇大恨！

旭烈兀王在战场上骁勇搏杀，他身先士卒，很好地证明了自己的确当得起这王位与王冠。他不仅一马当先，勇敢无畏，还不停地鼓舞属下。见到君王如此冲锋陷阵，所有人都精神振奋，勇往直前。我们毫无疑问可将其称为军事奇迹，所有亲眼见到的人，不论朋友与敌人都目瞪口呆。旭烈兀简直不像一个人，而是一道闪电、一阵暴风。

上文为诸位介绍了旭烈兀在战场的表现。

第二百四十一章　别儿哥浴血奋战

现告知诸位别儿哥王在战场上的表现。

诸位得知，他在战场上以身作则，奋不顾身，全世界都应称颂他的英勇。但那天，他再无畏，也是徒劳。许多士兵被屠杀，无数人受伤倒地，再无法支撑。战役持续到了黄昏，别儿哥王和他的部下再也支撑不下去了，只得撤离战场。

还有什么？当见到无法继续支撑，他们便快马加鞭地飞速逃跑了。旭烈兀与士兵见他们的敌人开始逃窜，立刻开始追击捕杀。许多人都被打倒屠杀了。这是一次惨烈的屠杀，叫人见之心碎。

他们追杀了一阵，停止追捕，回到自己的帐篷。他们卸下武装。受伤的士兵开始清洗伤口，包扎上药。他们都疲惫不堪，所有人都情愿休息，而不是战斗！那天晚上，他们精疲力竭，安心休息。第二天早晨，旭烈兀命令将所有尸体，包括己方及对方的尸体，全都放火烧了。属下即刻执行了他的命令。

做完这些事情后，旭烈兀王带着那些死里逃生的士兵回到了自己的国家。因为诸位得知，即使他们得胜了，但他们也损失了许多兵力。但毫无疑问，敌军死伤人数更多。这场战役死伤极多，令人难以置信。

这便是此战情形，旭烈兀赢得了胜利。

现在咱们离开旭烈兀，结束此题，介绍西方鞑靼人之间的一场战役，请诸君听来。

第二百四十二章　脱脱蒙哥成为西方鞑靼君王

诸位得知，西方鞑靼人君王蒙哥帖木儿去世后，王位继承者为年轻的秃剌不花 (Tolobuga)。但脱脱蒙哥实力雄厚，他在鞑靼君王那海 (Nogai) 的帮助下，杀掉了合法储君。

由此，在那海的帮助下，脱脱蒙哥成了统治者。

脱脱蒙哥登基继位，但不久后他去世了。睿智英明的脱脱被推举为君王，统治了国家。

脱脱执政，继承了脱脱蒙哥的王位。那被杀害的国王，即秃刺不花的两个儿子长大成人，可参加战争。他们聪明而谨慎。这两兄弟带着大队人马开始上路。他们来到脱脱宫廷。抵达后，二人来到脱脱面前，极为恭敬地拜见他。他们纹丝不动地跪在脱脱面前。脱脱对他们表示热烈欢迎，让他们站起身来。他们站起来后，哥哥率先说话，他说："亲爱的陛下，我们将详细说明我们来拜见您的原委。正如您所知，我们是秃刺不花的儿子。他被脱脱蒙哥和那海杀害了。关于脱脱蒙哥，我们没有其他计划，反正他已经死了。但我们希望能将那海绳之以法。您是英明的天子，我们请求您，让他与我们清算这杀父之仇。我们请求您，让他来到您面前，让他陈述我们父亲死亡的缘由。我们为此来到您的宫廷。这便是我们对您的请求。"接着，少年停止说话，一言不发。

第二百四十三章　脱脱召来那海陈述杀害秃刺不花之情

听见这年轻人的话，脱脱国王明白这是完全正义的主张，他答说："亲爱的朋友，我乐意做你要求我的事情。我将让那海对你们陈述一切。我会让他来到我们的宫廷，我将伸张正义。"

他派两位使者去传唤那海，请他来宫觐见，与秃刺不花的儿子们清算。这两位使者转告那海，但那海却嗤之以鼻，对使者们说他绝不会前去。

听到那海的回答，使者们离开了，返回宫廷。他们骑行良久，抵达了君王宫廷。使者将那海回答他们的话，即无论如何都不会前来，转达给脱脱。脱脱听到那海的回复，倍感耻辱。他高声喊道:“愿上帝帮助我。要么那海来到我面前，给秃剌不花的儿子们说明一切；要么我就要带着士兵们去毁掉他。”在场所有人都听见了。

说完后，他立刻派遣两位使者前去，传达如下消息。

第二百四十四章　脱脱派遣使者去见那海

听候完脱脱的命令后，两位使者开始上路。他们骑行良久，抵达了那海宫廷。他们前去觐见，恭敬地拜见。那海对他们表示了欢迎。接着，其中一位使者开始说话，他说:“亲爱的陛下！脱脱派我们来转达您，如果您不去他的朝廷，对秃剌不花的儿子们陈述一切，他便会率领所有士兵前来攻打您，他将夺走您的一切，包括您的财富和百姓。请您深思熟虑，好好考虑该如何答复他。”那海听到脱脱使臣所说的话，倍感耻辱。他对使者们说:“使者先生，你们尽管去回禀你们的君王吧，你们告诉他，他无法用交战来威胁我，你们去告诉他，如果他来攻打我，我绝不会让他踏入我的领地，我就在半道等着他。这就是我派你们去说的话，这就是我对你们君王的回答。”接着，他停止说话，一言不发。听见那海的回答，使者们不再逗留，他们立刻上路。他们骑马良久，回到君王宫廷。他们将那海的答复全都转告脱脱，那海绝不惧怕进攻，而且会在半路迎击。

听见他的回话，脱脱明白战事已无法避免，他不再犹豫，立刻派遣使者去所有封地召集军队，命令所有人都准备好攻打那海王。还有什么？他做了世上最好的战争准备。

当那海得知脱脱将带着大量士兵来攻打他，他也为大战做着准备。尽管他的人马不如脱脱，军事实力较弱，但他仍拥有一支强大军队。

第二百四十五章　脱脱进攻那海

做好所有战争准备后，脱脱带着士兵出发上路。我告知诸位，他率领着二十多万骑兵，这绝非虚言。他们日日骑马，沿途并无值得在本书记录的遭遇。他们抵达了一片美丽广袤的平原，即赖儿吉（Nerghi）平原。

脱脱在此驻扎，等候那海。他知道，那海会飞速赶来反击。请诸位注意，秃剌不花的两个儿子带着一大队骑兵，跟在脱脱身边。他们正是来报杀父之仇。

但咱们离开脱脱和他的士兵，讲讲那海和他的部下。

诸位得知，那海得知脱脱朝自己扑来，他不再迟疑，立刻带着所有兵马上路。他们的骑兵数量不少于十五万，他们都是骁勇善战的勇士，与脱脱的士兵旗鼓相当。还有什么？脱脱抵达此平原两天后，那海也带着所有士兵抵达此地。他们在此整顿，与敌军相距十英里。

他们在此扎营。军营中有许多富丽金锦帐篷，简直称得上一个富饶国王的宫殿。

脱脱的帐篷更要富丽堂皇。那豪华精美的帐篷令人叹为观止。

两个国王都已经抵达赖儿吉平原，他们在此休整，补充体力，等待开战，

第二百四十六章　脱脱誓师鼓舞士气

脱脱国王召集来一大群人，对他们说：“诸位！我们来这与那海王和他的部队作战。我们师出有名。你们确知，我和那海之间的愤怒和冲突都是因为他拒绝来向秃剌不花的儿子们说明情况。当然，因为他是不正义的一方，我们必将取得胜利，必定能将他杀掉。你们各位必须怀有坚定信心，我们必将战胜敌人。我反复请求各位，在战场上勇往直前，不遗余力，将敌人置之死地。”接着他沉默，一言不发。

而那海王那边，也作了演讲，他说：“我亲爱的兄弟和朋友们！你们很清楚，我们经历了多少次大战，多少次惨烈战役，而我们都取得了胜利！我们跟多少比这更强的敌人较量过，我们都获胜了！正如诸位所知，因此我们必定会赢得此次胜利。此外，我们师出有名，而他们是不正义的一方。正如诸位所知，脱脱召我去他的宫廷觐见，去为别人说明情况，难道他是我的王吗？我不想再说别的了，我只请求各位英勇奋战。我们这次必将让全世界称颂，让他们听到我们及我们后代的名字时，都感到惧怕。”接着，他一言不发，保持沉默。

两位君王都誓师完毕，他们不再犹豫。第二天早晨，他们排兵布阵，武装起来。脱脱王将士兵分成二十队，为每队选派优秀将领和统帅。那海则分成十五队，同样挑选了优秀将领和统帅。

还有什么？两王都将军队井然排布，准备就绪，开始上路。他们朝对方骑马，在相距一箭距离时，双方停住，稍事休息。不久后，号角开始吹响。刚听见号角的声音，他们便立刻扑向对方，拉弓射箭，开始厮杀。战场上的箭矢漫天飞舞！双方放出成千上万支箭，箭矢如雨，令人惊叹。多少战马和士兵惨遭屠杀，横尸满地，哀鸿遍野，响声震天。将箭射完，再没有什么东西可以投掷了，他们便转用弓箭和棍棒攻击。他们扑向对方，凶狠搏杀。战争开始了。这是一场极其惨烈可怖的战役。许多士兵的手、胳膊、身体和头颅都被砍掉，战场上血流成河！呼喊声、哀号声和兵器碰撞的声音如雷般巨大，甚至听不见雷神！死伤人数是多年来许多战役中最多的。但毫无疑问，脱脱损失的人马要多于敌军。那海的士兵比脱脱的更为骁勇。我可向诸位确证，秃剌不花的两个儿子在此次战役中英勇无畏，他们勇往直前，竭尽全力想要报杀父之仇。但一切都枉然，杀死那海王实在太过困难。还有什么？战役实在太过残酷惨烈，他们选择了不吉利的时间开战！无数在早晨尚鲜活健康的生命却瞬间陨落！无数妇人在此次战役后沦为寡妇！诸位无需惊讶，因为这真是一场悲惨的战争。

脱脱王拼尽全力守卫士兵和他的荣耀。他一马当先，奋不顾身，值得全世界为之赞颂。他气吞山河，深入敌军，临危不惧。他东冲西突，冲散敌军阵脚，万人丛中进退自如。他骁勇善战，让敌军及己方都受到了损失。让敌军受损，是因为他斩杀了许多人。让己方受损，是因为他身先士卒，让部下振奋精神，冲锋陷阵，从而丢掉了性命。

第二百四十七章　那海王英勇作战

我也要为诸位介绍那海王。诸位得知，他在此战中无畏冲锋，己方和敌方都无人可与之比肩。整场战役的胜利绝对属于他。他如雄狮追逐猎物一般，深入敌军厮杀。许多人被打倒和屠杀了。他大开杀戒。他向着敌军最盛的地方冲刺，冲乱敌军阵脚，万人丛中进退自如，将他们视为弱小的猎物一般。他的士兵见君王如此英勇，都义无反顾，勇往直前，斩杀敌军。

但为何如此赘述？诸位得知，脱脱部队竭尽全力守护荣誉，但都无济于事，他们的对手实在太过骁勇强悍。如果负隅顽抗，他们将被全部歼灭，损失太大。见再无法支撑，他们便开始飞速逃跑。那海王和他的士兵赶上来追杀，大开杀戒。

那海赢得了战役。诸位得知，死伤人数不少于六万。但脱脱王和秃剌不花的两个儿子死里逃生。

诸位还得知，脱脱王并未召集起所有人马，那海的人马仅是他的四分之一，他以为仅靠身边的兵马便必能得胜。但正如上文所述，那海的士兵更要骁勇善战，脱脱输了战争，惨遭失败。但脱脱王不久便聚集起所有人马，向敌军勇敢发起反击。他们将那海王击败斩杀。他那四位同样英勇善战的儿子也被杀。

由此，他们便为秃剌不花的死复了仇。

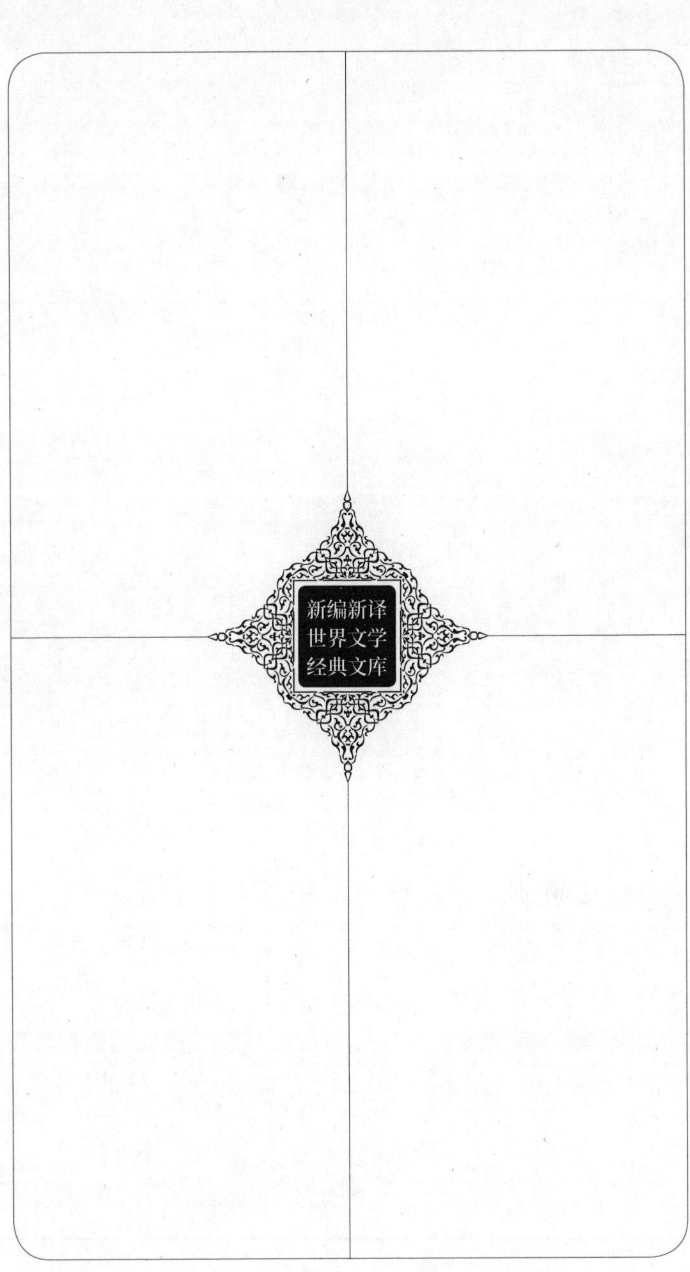
新编新译
世界文学
经典文库

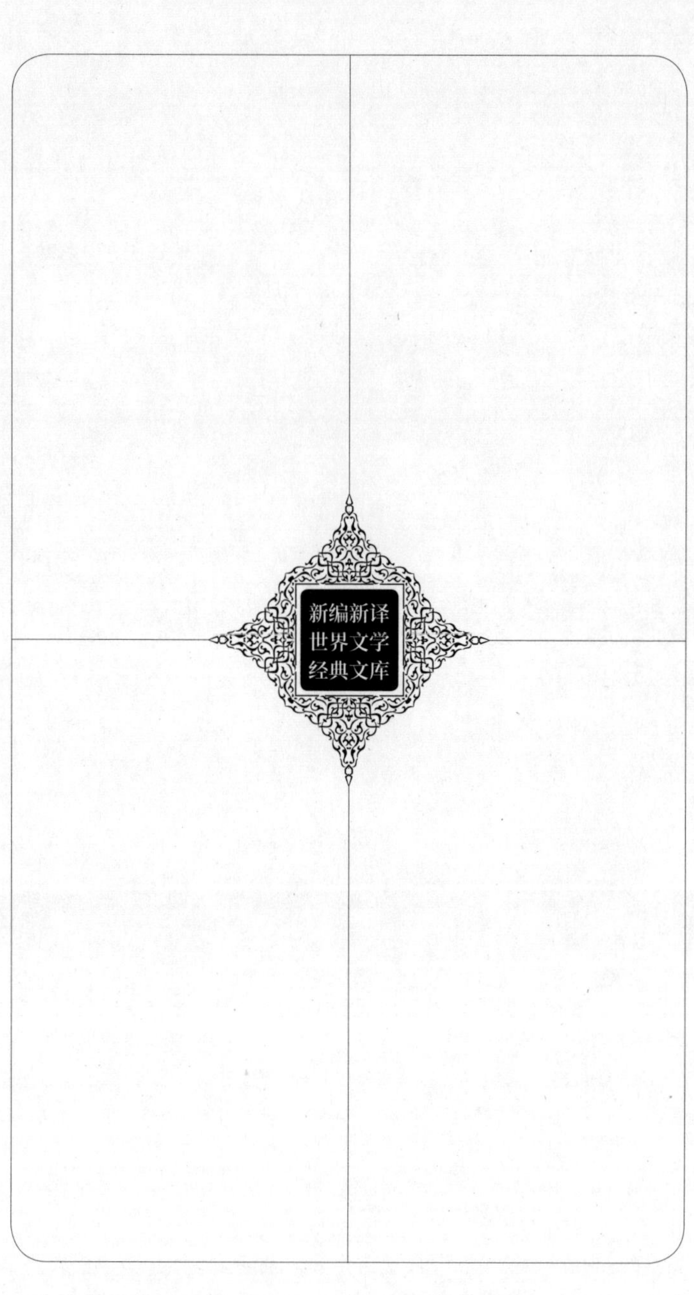
新编新译
世界文学
经典文库

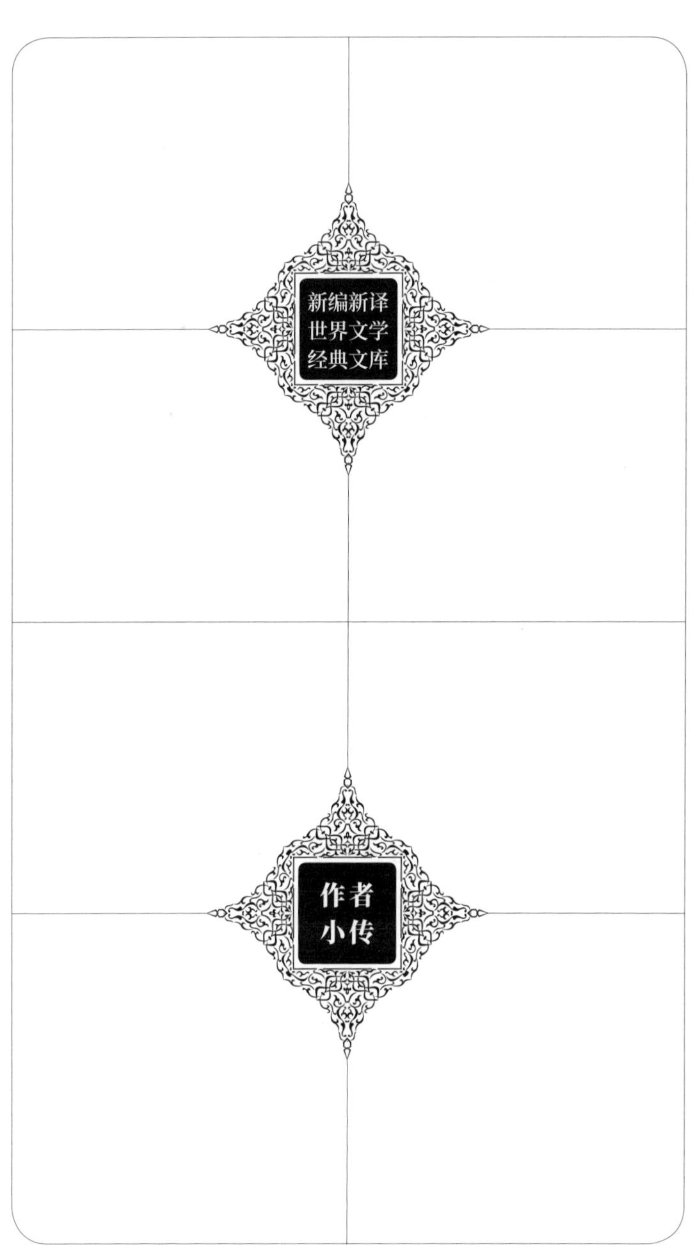
新编新译
世界文学
经典文库
作者
小传

马可·波罗肖像，1816年前，由意大利艺术家费里切·祖力安尼（Felice Zuliani）所刻

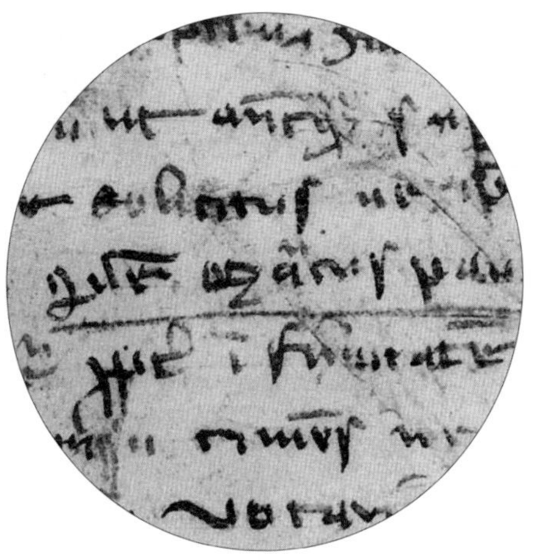

Marco Polo

约1254—1324

马可·波罗小传

彭倩

马可·波罗肖像，藏于罗马巴蒂亚亲王旧藏画廊

5 十七年仕元之路

1254年，马可·波罗出生在一个商人家庭。据称，波罗家族起源于达尔马提亚（Dalmazia），并于 11 世纪中叶移居至威尼斯。在政治动荡的威尼斯，父亲尼克与兄弟们经营着一家东方进口贸易公司，在君士坦丁堡、地中海及黑海北岸等地从事国际业务。威尼斯共和国独特的潟湖环境及海洋文明赋予了波罗家族对无涯海洋的征服信念，多民族大都市的熔炉文化让他们对异域文化怀抱着包容与理解之心，13世纪的商人阶层崛起与威尼斯强大的商业文明融入并塑造了未来游记主角的精神和性格，这些共同构成了独属于马可·波罗的文化和价值基础。正如同为威尼斯人的贝内代托在此译本中解释道，商人并非贬称，“不应将它视为美好精神道德的反面”，相反，这是“诗意的威望和宏伟的气度，因为在那生机勃勃的时代，经商实则意味着英勇地开辟新道路，艰苦地征服自然和人类”，而“正是马可·波罗所秉持的那种商业精神将我们这座海滨小镇塑造为欧洲强国”（本书，第17页）。

13世纪中叶，马可·波罗的父亲尼克同叔叔玛窦开始了远征的贸易之旅，前往成吉思汗建立的蒙古帝国中心。蒙古族于13世纪初在首领铁木真的带领下开始大扩张，在征服亚洲和部分伊斯兰世界后，蒙古帝国逐渐进入了西方边界。成吉思汗的子孙们随后建立起金帐汗国、察合台汗国、窝阔台汗国与伊利汗国这四大汗国，在马可·波罗父、叔于1260年离开君士坦丁堡，前往东方开启贸易时，它们与大汗宗主权的元朝帝国形成了短暂和平的局面。马可·波罗幼年丧母，史料未记载具体时间，有推测或

是死于难产，其母甚至没有留下名字，关于马可·波罗童年及青 6
春期的信息也极为稀少。1269年，时年十五岁的马可·波罗在时隔十年后再次见到了父亲。得知原来父亲和叔叔在东方经商后返乡，适逢战乱，意外来到上都并参谒忽必烈汗，受隆重接见。当时基督教已经传入中国，甚至传闻忽必烈汗的母亲本人便是聂斯脱利派基督徒。父、叔二人奉大汗之命，出使罗马教廷，请求教皇选派百名牧师，并从耶稣圣墓教堂带回圣油。

1271 年夏季，尼克和玛窦携十七岁的马可·波罗向忽必烈复命，三人离开威尼斯，于同年11月从阿迦起程，再度前往东方的大汗宫廷，也由此拉开了伟大征途的序幕。一行三人历时三年有余，先渡地中海，后经两河流域，轶逾巴勒斯坦、小亚细亚与亚美尼亚，攀登伊朗高原，穿越中亚沙漠与雪山，跨过帕米尔高原，走过丝绸之路的清凉绿洲和荒漠戈壁，取道河西走廊，终于在1275年抵达上都，后又至汗八里（大都）朝廷。马可·波罗伶俐精明，聪慧过人，他留心观察蒙古山川风貌以及居民性情，很快通晓蒙古风俗礼节、传统习惯甚至战策谋略，并迅速习得元朝使用的四门语言（或为波斯语、蒙古语、阿拉伯语和突厥语），能以当地语言读书与写作。马可·波罗虽年纪尚轻，但办事沉稳老练，严谨周正，初入宫廷便深受皇帝赏识与信赖。大汗见他如此机敏，便任他为幕僚和顾问。

仕元期间，马可·波罗参与或见证了多次朝廷政治、经济甚至军事大事件，如平定乃颜宗室叛乱、诛灭奸臣阿合马、永昌之战、襄阳之围、常州屠城、南宋灭亡、征伐日本等。曾被派遣出使西藏、云南、缅甸、印度等地，代表大汗执行多项重要外交公务。

7

马可·波罗与父、叔离开威尼斯，牛津大学博德利图书馆藏《可汗之书》手抄本 MS.Bodl.264,ff.2中彩绘插图218.r

马可·波罗游历亚洲和非洲，向皇帝汇报沿途各族风土人情和各地税务及贸易。1280年至1281年期间，马可·波罗首次出使，历经六月，从汗八里到哈剌章（云南），途经京兆府（今西安市）。1282年至1285年，马可·波罗在扬州任职居住三年。此外，他还担任盐务机关官员，自述曾至行在（杭州）“视察”岁课，应为检校盐课。1287年至1289年期间，马可·波罗奉使印度。马可·波罗仕元长达十七年之久，直到1291年年初才最终经由泉州港沿海路离华。1291年，马可·波罗与父、叔一家再三请求返国，委派他们与伊利汗三使臣及其随员护送阔阔真公主下嫁伊尔汗国王阿鲁浑，顺道返国。他们一行由泉州起程，等候信风起航西行，取海道经南

8 马可·波罗与父、叔从泉州回国，牛津大学博德利图书馆藏《可汗之书》手抄本MS.Bodl.264,ff.2中彩绘插图259.v

洋前往波斯。1294 年忽必烈汗去世前不久，他们经历三年惊险，圆满完成护送公主任务，马可·波罗也终于在阔别故土二十四年后重返威尼斯。

关于马可·波罗在元朝的身份有多种推测。早年的鲍梯、玉尔、张星烺、李季等学者均认为马可·波罗在元朝应担任枢密副使。但此观点很快被批驳，因汉文史料中出现的数名“副枢孛罗”或者“孛罗丞相”应为蒙古人，“孛罗”与“波罗”仅读音相近。另据马可·波罗本人宣称，他曾在扬州治理三年。虽然中国史书及扬州各类地方志未发现任何关于马可·波罗在扬州担任官员的痕迹，但扬州本地至少留下三则马可·波罗的历史遗迹和民间传说，即扬州紫藤园的紫藤应为马可·波罗手植，上世纪二三十年代扬州曾有过马可·波罗石像以及扬州曾出现过一方

9 雕刻着马可·波罗像的砚台。晚近学者如蔡美彪、李治安等则跳脱出对马可·波罗官职的纠缠，直接从他的本质身份出发，考证出他应为蒙古政府的斡脱商人，享有特权，非一般色目商人，地位仅次于蒙古人，同时兼任宫廷侍从。因其商人与外围侍从身份，故而马可·波罗虽与朝廷亲近，随忽必烈亲征乃颜但未被官方记载，在扬州三年但未担任正式官职。此外，如此方可解释他为何对突厥语、波斯语等语言的熟悉度远高于汉语。

围绕着马可·波罗游记最大的争议莫过于其真假。马可·波罗来华是元代中西交通史上重大事件，却也是一个世纪悬案。怀疑论大致可分为三派：其一为完全否定游记，或认为马可·波罗所记太过离奇荒诞，是道听途说的产物，甚至是编排拙劣的教会或商业传奇故事。或将其理解为代笔人的创作，是原稿在数百年大量抄写员的以讹传讹中形成的面目全非之作；第二派则否定马可·波罗真正到过中国，其论断大多为马可·波罗的语言文字能力欠佳（多使用鞑靼语或波斯语）、在华身份、游记中对中国记录的疏漏（如未记录长城、茶叶、妇女缠足等）或错误（如成吉思汗逝世及其子孙世系关系）、中国学者在1940年代前始终未曾发现相关汉籍史料提及马可·波罗来华的直接可靠记载等；折中派虽肯定马可·波罗到过中国，但对其最远到达的地方争议颇多，认为他的行迹仅局限于北京。争论真伪的背后究竟说明什么？这个世纪迷思或许无关中西，因为各方都不乏支持和否定的论者，有人披沙拣金，论从史出，严谨稽查，有人真诚希望马可·波罗所代表的东西方友谊不是泡影，也有人抨击马可·波罗对东方的不吝夸赞甚至过誉的描述。

经过中国数代学者的努力，关于“马可·波罗是否来过中 10
国”在2024年的学界早已不再是个“问题”。1941年，尚在读研期间的杨志玖先生便依据《永乐大典》卷19418所录《经世大典·站赤》的一段史料，发表了《关于马可·波罗离华的一段汉文记载》的论文，结合伊利汗史家拉施特丁的《史集》等史料，考证马可·波罗所提三位波斯使者确有其人。随后德国蒙古史学者傅海波（H.Franke）（1966年）、美国学者海格尔（J.W.Haeger）（1979年）、英国馆员克雷格·克鲁纳斯（C.Clunas）（1982年）的怀疑都一一被中国学者所驳论，南开大学教授杨志玖发表《马可·波罗足迹遍中国——与海格尔先生商榷》（1982年）在内的多篇论文，论证马可·波罗至少有三次出使北京以外地区，其关于镇江和福州的描述非常详赡，足证他的足迹遍布中国。此后又有蔡美彪、陈得芝、黄时鉴等知名学者撰文回击包括大英图书馆馆员吴芳思（F. Wood）（1995年）在内的怀疑论调。2000年，杨志玖先生牵头，由南开大学与中国元史研究会组织了“马可·波罗与十三世纪中国”国际学术讨论会，与会多位专家从各个侧面考证了马可·波罗在华期间的重要细节，打响了新世纪中国回应游记虚假论的先声。

中国新一代元史专家马晓林教授于2024年出版的畅销书《第一次遇见马可·波罗》进一步拉近了普通读者与游记的距离，他也指出对马可·波罗是否来过中国的质疑实则与时代限制下学者与媒体、知识与大众传播贴合度较弱密切相关。21世纪只有将专业史学家的科研成果不断通俗化和社会化，才能最终消弭误解。

意大利热那亚多里亚图尔西宫马赛克壁画

阔别二十四年归国生活

回国后不久，马可·波罗卷入了热那亚和威尼斯两个海上共和国的商船冲突。关于马可·波罗的入狱时间素来有两种说法，通行版为1298年的科尔丘拉岛（Curzola）战役。马可·波罗本人仅提及自己在1298年入狱，但未详述因果。剌木学本将其补充为1298年9月科尔丘拉战役，热那亚又一次战胜其死敌威尼斯，在亚得里亚海中部全歼敌舰队，数千人被俘或被杀，马可·波罗正是囚犯之一。科尔丘拉海战久负盛名，不少学者都倾向于以此伟大战役作为被俘起点，如知名美国传记作家贝尔格林（L.Bergreen）的马可·波罗传记便以此战开篇〔*Marco Polo: From Venice to Xanadu*（New York: Knopf Doubleday Publishing Group, 2008)〕。但据14世纪多明我史学家达奎（J. d' Acqui）研究，马可·波罗应于1296年在拉亚佐（Laiazzo）海战中被俘。其推理基于较为确切的马可·波罗出狱时间，因其必然不晚于热那亚和威尼斯签订米兰和约（1299年5月25日）。创作游记本身需要较长时间，显然剌木学所言的1298年秋天与1299年春天之间所余时间太紧，故而不少学者认同马可·波罗应是在返回威尼斯不久后便被俘，将被俘时间从1298年提前至1296年。虽然穆勒批驳达奎的推测，认为“1296 年〔卜尼法斯（Boniface）教皇时代〕拉亚佐附近 15 艘热那亚和 25 艘威尼斯武装商船之间的这场战斗只不过是对 1294 年 22 艘热那亚和 28 艘威尼斯军舰之间那场更为著名的拉亚佐战役的混乱回忆，而当时马可·波罗不可能在场，更未被俘”〔A.C.Moule and P.Pelliot, *Marco Polo: The Description of the World. Vol. 1*（London: George Routledge and Sons, 1938), 34.〕，真实的历史只是

“一次不起眼且没有记载的交战”。但最新的意大利史学著作《马可·波罗的威尼斯——商人和他城市的历史》〔E.Orlando, *Le Venezie di Marco Polo. Storia di un mercante e delle sue città* (Bologna: Mulino, 2023).〕仍采取了达奎的说法，将其推断为1296年的莱亚斯之战。

深陷热那亚囹圄的马可·波罗找到了一位优秀的倾听者，即狱友鲁思梯谦(Rustichello Da Pisa)。鲁思梯谦是比萨人，生活在13世纪晚期，或于1284年热那亚与比萨共和国的美罗利亚(Meloria)海战中被热那亚所俘虏。他与马可·波罗一样热爱旅行，对英法等地颇为熟悉。他精通法国俗语文学，其早期作品包括《亚瑟王传奇》(*Roman de Roi Artus*)，这是最早由意大利作家翻译或编纂的亚瑟王传奇小说。马可·波罗在狱中专程派人去威尼斯父亲处取回了自己随身携带着的大量旅途笔记(足证贵族战俘的待遇)，将自己近三十年的冒险生涯悉数说与这位精通通俗罗曼文学的作家。传记作家贝尔格林认为“如果没有固执的比萨人强迫威尼斯旅行者静坐”，让他滔滔不绝地口述，那么“马可·波罗的旅行故事就永远不会被写出来”(L.Bergreen 327)。正是因为职业小说家鲁思梯谦敏锐地察觉到马可·波罗为打发无聊时光而口述的故事中潜藏着巨大的成功，马可·波罗才最终没有被历史遗忘。

马可·波罗与鲁思梯谦在比萨狱中，英国艺术家约翰·哈里斯·瓦尔达（John Harris Valda）(1874-1942) 所绘

关于鲁思梯谦究竟在原稿中起到何种作用，历来众说纷纭。

一派持幽灵写手论（Ghost writer）。如据贝内代托考证，鲁思梯谦很 14
可能并非直接根据马可·波罗口述，而是自行拼凑出一份马赛克式的法意文本。鲁思梯谦本人就是深谙亚瑟王传奇罗曼文学模式化写作的高手，游记中的某些技巧及用词与其早期作品《库图瓦尔的盖隆》（*Guiron le Courtois*）中的浪漫故事相似。又如“描述兰斯洛特爵士到达亚瑟王宫廷和马可·波罗到达大汗宫廷”这两个截然不同的场景时所使用的“词语和表达方式”竟是一样的〔Wright, J. K, “Il Milione by Luigi Foscolo Benedetto,” *Isis*, 11, no.1 (1928), 136.〕。另一派则认为马可·波罗才是真正的作者，鲁思梯谦不过是抄写员。贝内代托在1932年译本前言中一改此前观点，指出他的“个人贡献一定是微乎其微”，“作用肯定极为有限”（本书，第20页）。《通报》（*T'Oung Pao*）杂志论点与贝内代托一致，也认为鲁思梯谦对马可·波罗那“略显平淡无奇的头脑中产生的非常枯燥和平淡的叙述进行‘修饰’”，因为马可·波罗“缺乏想象力，无法将他的故事变成一个适合浪漫小说作家的激动人心的个人冒险故事”〔J. J. L. D, “A.C. Moule & Paul Pellito, Marco Polo, The Description of the World,” *T'Oung Pao*, vol. 34 (1938), 334.〕。最新意大利研究认为贝内代托降低鲁思梯谦的权重是因为其“对马可·波罗形象的推崇以及对他作为探险家和作家的卓越品质的颂扬”，故而他在成稿中所注入的“思想和文化”价值被大为降低，但显然鲁思梯谦依然推动了“风格选择”和将东方冒险故事加上加洛林传奇氛围〔A.Barbieri, “Il Livre de messire Marco Polo: storia di un’impresa filologica e editoriale,” In *Luigi Foscolo Benedetto, Livre de messire Marco Polo*, ed. S. Samuela (Venezia: Edizioni Ca Foscari, 2016), 27.〕。

在参加海战被囚后，1299 年，马可·波罗出狱，回到威尼斯，在大约 1300 年接管了家族生意，过上了典型的威尼斯商人生活。此后的二十多年，关于他的记载很少。相较于精彩的冒险旅行，他的威尼斯岁月似乎显得有点乏味，或许他还在威尼斯圣约翰与保罗的多明我修道会的支持下忙着编辑出版游记。1300 年，马可·波罗与多纳塔·巴多尔（Donata Badoer）结婚，他们生下三个女儿〔分别为凡缇娜（Fantina）、贝内代托雷娜（Bellela）与莫蕾塔（Moreta）〕（另有一名非婚生女儿）。他们举家搬往圣乔瓦尼·格里索斯托莫（San Giovanni Grisostomo）的一所大宅子。

旧宅历经风雨，已不复踪影，仅可从史料中窥见其时代变迁。15世纪初期，古宅仍归属于马可·波罗后裔，虽然威尼斯市政记录于 1513 年毁于火灾，但据奥尔兰蒂尼（Orlandini）考证，此古宅应已在多名后裔中进行分割，且状况极差，“有倒塌的危险”（Moule&Pelliot, v.1, p. 39）。据朱塞佩·塔西尼（G.Tassini）的《威尼斯记事》（*Curiosita Veneziane*）所述（1897），1597 年，一场严重大火摧毁了整座建筑。1677 年 7 月，一层所有人阿尔梅里戈（Almerig）和马林·巴尔比（Marin Balbi）与二层所有人将其出售给朱斯汀·多纳（Giustin Donà），用于建造剧院，财产契约或转让书中记录了建筑平面图。17世纪末，圣乔瓦尼·格里索斯托

莫剧院（San Giovanni Gristostomo）建造，成为现代马利布兰剧院（Teatro Malibran）的前身。据奥尔兰蒂尼稽证，直到1876年才错误地将萨比奥内拉宫（Corte Sabbionera）称为“百万宫”，而“百万宫（Corte del Milion）位于现在剧院的墙内”（Moule&Pelliot, v.1, p. 39）。此外，卡纳雷乔（Cannaregio）区的“第二百万宫”（Corte Seconda del Milion）广场附近的现存拜占庭拱门也被认为属于马可·波罗之家的残建。 16

尽管马可·波罗是家喻户晓的东方探险者，但奇怪的是，他的家乡威尼斯却对这位同胞似乎始终怀抱着某种偏见。威尼斯甚至没有任何颂扬马可·波罗伟大功绩的雕像，仅市政府于1881 年在圣乔瓦尼·格里索斯托莫教区所立牌匾，表明其旧宅所在地。这也是为何贝内代托会遗憾于世界并未给予马可·波罗应有的荣誉，因为他“也应属于那些帮助我们拓宽对地球认识的先驱（多半为意大利人）”（本书，第18页）。威尼斯人大多认为游记所述历险不过是一派胡言，“甚至据说，叔叔玛窦和马可·波罗本人都曾在临终之际被要求‘放弃信仰’”（E.Orlando 307）。虽然马可·波罗曾将波罗家族赞为“高贵且睿智”的先祖，他们属于城市的显赫家族，曾加入市政府最高议会（即大议会）。但1297—1299年大议会停摆，随后贵族阶层逐渐崛起，马可·波罗被隔绝在外，并未涉足政坛。最新历史研究则从威尼斯商业文明角度出发，给出了另一种解释，正是因为威尼斯的集体维度比个人和英雄维度更为重要：“在威尼斯，重要的是群体，而不是个人；重要的是这个国家的历史，而不是具体的功绩；英雄是集体的，是大商业的，而非某个特定的商人，即便是马可·波罗这样国际知名的商人。”（Ibid）

马可·波罗遗嘱，藏于威尼斯的圣马可·波罗图书馆

马可·波罗去世具体时间并不确切，但遗嘱日期标注为公元1323年1月9日，因威尼斯纪年始于 3 月 1 日，因此日期对应公元 1324 年。1323年，马可·波罗病重，卧床不起。次年1月9日，病危之际，家人召来圣普罗科洛的神父兼公证人朱斯蒂尼亚尼（G.Giustiniani）。马可·波罗在临终前口述遗嘱，并未亲自署名，仅以当时合法的方式象征性地签署，即在见证人面前以手触摸羊皮纸（Signum manus）。马可·波罗分配的金钱数额多达2000威尼斯里拉（Lire），即20000杜卡特（Ducato），其中仅放出的贷款额度便有364杜卡特。马可·波罗按照向各种宗教机构（教堂、修道院及他加入的各类行会和兄弟会）捐赠、债务免除、释放鞑靼奴隶、为妻子与三个女儿分配财产的顺序拟定遗嘱。有趣的是，马可·波罗几乎把其余所有财产都赠予妻子和三个女儿，打破了如无男性继承人，财产将留给家族中其他男性成员的习俗。马可·波罗请求安葬在圣洛

伦佐 (San Lorenzo) 修道院，而非当地的圣乔瓦尼·格里索斯托莫教区教堂，或许是因为其父也埋葬于此。遗憾的是，圣洛伦佐修道院未曾留下任何关于波罗家族的墓葬遗迹。修道院在 16 世纪末被彻底重建，属于马可·波罗时代的一切痕迹几乎都已消逝在时光中。

马可·波罗的羊皮纸遗嘱是具有特殊意义的珍贵历史文献，我们不仅得以窥见这位伟大旅行者的一生，还得到了其旅行真实性的有力证据。马可·波罗遗嘱现藏于威尼斯的圣马可·波罗图书馆 (Marciana)，材质为一张长六十余厘米的高品质羊皮纸，上以加洛林小写体潦草书写。马可·波罗遗嘱发现于一份威尼斯手稿中，但破损极为严重。2016年，威尼斯文化遗产部和圣马可·波罗图书馆决定制作一个完全符合原遗嘱的副本。马可·波罗在遗嘱中特别强调释放一位名为彼得的鞑靼仆人，留给他100里拉的威尼斯第纳尔 (Denari)。显然彼得必然是跟随马可·波罗于1295年返回威尼斯，作为马可·波罗的契约奴在此生活了近三十年，而马可·波罗的旅程持续了近二十年，因此彼得的奴役时间或更长。遗嘱所述“我将他在家里因工作而获得的一切财产都归给他”，表明彼得应单独居住，尽管马可·波罗强调释放彼得是为了“上帝能赦免我灵魂的一切过错和罪孽”〔B.L.Attilio, “Leggere un testamento,” in *Il testamento di Marco Polo*, ed. T.Plebani (Milano: Edizioni Unicopli, 2019), 94.〕，但这其实是在中世纪欧洲非常普遍的家庭奴隶制。此外，亚洲鞑靼仆人这一异国身份不仅佐证了马可·波罗早年穿越蒙古帝国的旅程及在忽必烈汗宫廷生活和工作经历的真实性，也暗示和象征着马可·波罗所拥有的财富与地位。

19

穿鞑靼服装的马可·波罗

马可·波罗年表

（部分引自杨志玖先生“百年来我国对《马可·波罗游记》的介绍与研究”）

1254年	马可·波罗出生。
1271年	与父、叔前往东方。
1275—1276年	抵达上都与大都。
	奉使云南。
1282—1287年	扬州任职（1282—1285年）及杭州检校岁课。
1287—1289年	奉使印度。
1290—1291年	回国。
1291年	1月，离中国泉州港。
1291年	4月，抵苏门答腊，停留五个月。
1291年	9月，离苏门答腊。
1293年	二三月间，抵波斯忽里模子港。
1293年	四五月间，在阿八哈耳见合赞汗。
1295年	初，与父、叔抵达威尼斯。
1296年	莱亚斯海战被俘，关押于比萨监狱。
1299年	出狱。
1324年	逝世。

中译版简介

23 1928年，意大利著名罗曼语文学家贝内代托（L.F.Bendetto）推出的法意校勘本是意大利马可·波罗研究的划时代意义巨著。1928年，受威尼斯市赞助，意大利国家地理委员会委托出版，奥斯基（Olschki）出版社隆重推出贝内代托的校勘本。该本排版华丽，仅限量发行600份。贝内代托在整个欧洲搜寻，一丝不苟地收集数据，成功搜罗出分布在欧洲各大图书馆中的60份未知手稿，大大丰富了玉尔此前记录的约80份手稿。贝内代托毕业于都灵大学文学系，早期主要研究中世纪文学，对法国文学更是精通，不到二十岁便崭露头角，将《罗兰之歌》全文译出。随后，贝内代托将大半生的精力和心血都投入到了马可·波罗研究中，他在文学领域提倡历史学方法，但同时也主张文学史是对灵魂的重新征服，这两种取向都决定了贝内代托对游记研究突破了单纯的语文学视角。贝内代托以系统程序和定性方法，逐字逐句地比较数十份抄本，对整个流传史进行了最全面的梳理，推演手稿谱系，厘清稿本传播的蜿蜒曲折历史。他在221页的引言中详细介绍，对游记版本的语文学问题进行了彻底修正，正如新一代意大利马可·波罗研究专家巴尔比埃里（A.Barbieri）所言，这是对游记手抄本和印刷本的“第一次全体普查”（A.Barbieri 28），这是“没有回头路的转折点”，事实上贝内代托所提出的理念仍然是此后任何想要“拨开复杂云雾”并在它那些“多重化身”中去“系统溯源马可·波罗游记”研究的根基。知名东方学者瓦卡（Vacca）甚至断言28年本“标志着马可·波罗研究的新纪元”〔G.Vacca, “Le divisament dou monde di Marco Polo,” *Rivista geografica italiana*, vol. 35 (1928), 52.〕，也有学者盛赞这“似乎必然会从根本上复兴整个波罗问题，并成为一系列全新研究的起点”，贝内代托的版本是马可·波罗研究史上的一条确凿分水岭，将“之前与之后的研究一分为二”（A.Barbieri 29）。在28年后，对“马可·波罗文本传播史的研究方法将不再相同”〔A. Montefusco, “«Accipite hunc librum»: Primi appunti su Marco Polo e il convento dei SS. Giovanni e Paolo,” in *«Ad consolationem legentium» Il Marco Polo dei Domenicani*, ed. M.Conte（Venezia : Edizioni Ca' Foscari, 2020）42.〕。

贝内代托穷尽传世各写本进行校勘比对，首次将世存所有《游记》版本分为A系统与B系统，在此扼要介绍二者。可粗略将AB系统以其代表手稿，即“F”本和“Z”本进行区分，它们的原型可以追溯到亡佚原本（O）的某个已部分损坏和缩减的原稿复本（apografo）（O^1）。A家族为唯一保留原始法意语的F本（即fr.1116抄本）、早期Fr本、托斯卡纳TA本和威尼斯 VA 本构成，这些写本出自同一原型，贝内代托将其分别命名为F^1、F^2和F^3，均是亡佚法意原本的某个远古复本的产物，但均不完整且不正确，并行但独立于F本，与原始稿本已然相去甚远。1928年贝内代托的重大发现为寻到米兰Z本，并由此宣布自己解决了R使用手稿来源的棘手难题，这也成为马可·波罗研究的最新突破口。他指出，拉丁文 Z本、威尼斯 V本、拉丁语 L 修订本及威尼斯语重写本VB本最终形成了一个单独的 B家族，贝内代托研究刺木学使用来源，最终确定存在F前阶段，正是B族所囊括的写本，也是最接近原始稿本的阶段，虽然从实质和形式上都与F本类似，但从本质上来说，B族比A族更古老，也更准确和丰富。

本中译文底本为校勘本的1932年意大利语普及本。1932年贝内代托的意大利语译本为“校勘翻译”，1928年本是1932年译稿的语文学基础。巴尔比埃里认为1932年译本“在各方面构成了(1928年本)的延续，可以说，构成了其逻辑结果”，因为它正是实践了1928年本所提出的重构理念，即“经由A(族)与B(族)的校对勘正来恢复O^1”(A.Barbier 34)，他形象地将这些纷繁的文本元素和巴别塔式的语言风格进行整合的处理称为“焊接”(A.Barbieri 33)，在1928年本中，原始文本为F本，贝内代托以校注的形式提供了异文比对，但不少学者诟病这对读者要求太高，读者需具备相当程度的专业素养，极度依赖校注，需在头脑中自行推导出各异文与原始F本之间的联系。“读者需在头脑中将法语—意大利语指南文本与校注中的多语种附加段落组合起来”从而实现马可·波罗完整文本的想象式恢复，而贝内代托的角色便是集结且批判性审查了所有“或确凿或极大可能推导至热那亚原稿的文献资料”(A.Barbieri 33)。因此，贝内代托在菲利皮(F.D. Filippi)的鼓励下，决定将校勘本进行翻译统一，在内容与形式上完成同质化处理，将1928年校勘本的文本段落加以糅合，并进行语言和风格的完全统一，目标是为普通读者提供易于理解的文本。正如贝内代托在1932年译本引言中所述，融合所产生的作品可以呈现出一种意想不到的美。1932年译本格式形态统一，以同质风格呈现，字体字号均排版一致，读者无需区分F本与其他补充本的原始内容。由此在1928年本中重建原始内容的责任便不再由读者承担，而直接由译文完成了。

此次经典重出系国内首个从意大利语直译的贝内代托译本。我国马可·波罗研究专家张星烺先生曾于1929年以文言文翻译玉尔本，但仅译出四分之一。后张先生于1936年以白话文自英文翻译贝内代托1928年校勘本的英译本(译自贝内代托意大利文刊本)，只有正文，未添加注释，印数较少，流传范围较为狭窄，普及度较低。冯承钧先生的译本底本为沙海昂本，是国内较好、流行也较为广泛的译本。1999年党宝海教授补注冯译本，是目前内容最丰富、学术价值最高的汉译本。另有部分国内译本选择1818年的马斯登译本，其底本为意大利著名人文主义者和地理学家剌木学(G.B.Ramusio, 1485—1557)于1559年在威尼斯出版的首个校勘本。而国内另一部分译本的底本为美国人科姆诺夫(Komroff)本，出版于1926年，实则是以英国学者马斯登(W.Marsden)1818年的英译本加以改编而成，其祖本仍是剌木学版本。

因原译者贝内代托以法国地学会F本为校准基本，故而意大利语原文亦未分卷。意语本除贝内代托引言外，另有1节序言及正文247章，内容比1928年的法意校勘本增加了13章。但意文版仅有各章标题，并未标注章节号。为方便读者阅读，中译文遵循旧例，将其分卷。分卷方式沿袭冯承钧先生在《马可·波罗行纪》

27 中的原则，按照叙事逻辑将正文分为4卷。第一卷记述马可·波罗与父、叔一行三人离开威尼斯，从君士坦丁堡抵元上都沿途所经之地及见闻，分别描述小亚细亚、克里米亚、亚美尼亚、两河流域、中亚细亚、帕米尔高原、天山南北、河西走廊等地。第二卷为全书之重，记录中国元朝初年政事，元朝的政府部门、驿站交通、经济商贸、社会事务、民族关系等，详载蒙古大汗忽必烈相貌和家庭及其都城、朝廷、宫殿、节庆、游猎等事。本卷另一重点为自大都南行至沿海诸州各名城及缅甸、交趾等地沿途概况，又可细分为经河北、山西、陕西、四川、云南到缅甸等地的西南线与沿京杭大运河到苏州、杭州、衢州、福建、泉州等地的东南线两部分。第三卷记述中国邻近的一些国家和地区的情况，包括日本、越南、爪哇、苏门答腊、东印度、南印度和西亚地带，以及非洲东部等地的历史和状况。第四卷叙述成吉思汗以后蒙古各汗国及宗王之间的战争，另外还涉及俄罗斯和亚洲北部的情况。

译 者 手 记

承蒙《外国文学动态研究》主编苏玲女士的信任，我才得以翻译这部大家之作。自2020年接此重任，历时已近四年。其时译文几易其稿，早已成形，只是苦于尚未觅得校对之法。我深知自己未受历史学科班训练，绝不敢越俎代庖，于是寻到同校青年才俊马晓林老师。马教授的学术底蕴深厚精甄，在蒙元史领域尤其是马可·波罗研究独辟蹊径，著作颇丰。他曾是北大国际汉学家研修基地组织《马可·波罗行纪》百衲本点校读书班的资深专家，如能请他校勘拙译，自是莫大荣幸。我向马教授求助，他立刻慷慨应允，更提议以校勘设为硕博生研究部分课程，邀我与学生们共同以课论校，这让我喜出望外。去年秋季学期伊始，马教授门下十余名学生便谨本详始，细致分工，先从河西地区出发，次核实日本等周边国家，最后返回开篇三人进入之路。

本译本中的人名、地名等专名大多未采取现行通行译名，而是以元代译名为准，更贴近马可生活时代，且符合历史逻辑。读者初看或觉译名太过生僻或乖张，实则是从历史学视角审阅元史地名，以《岛夷志略》《诸蕃志》《（大德）南海志》等古籍考订。如Coilum应从元代译名，《宋史》作“柯兰”，《岭外代答》作“故临”，《元史》《经世大典》均作“俱蓝”。一切为符合马可时代用语与常识，不得突破时代所限，随意创造历史改编剧，或犯逻辑常识错误。如中意字典将Verzino直接翻译为“巴西对（巴西树）”，但吴若愚同学指出马可·波罗时代显然尚未有巴西专名。历史学基本素养讲究绝不能无凭无据，切忌凭空猜测，每种物件都须有实物对比。如赵澎同学耐心对比拜占庭金币的大小规制。学生们所阅资料翔实，稽证仔细，与我一同对照贝内代托原文与张星烺译文、冯承钧译文、党宝海补注等国内现行版本及唐宋元明各时期西域南海古籍，再结合沙海昂1924年法文本、伯希和与玉尔注释，参考威尼斯刺木学本电子版注释网站及学界最新资料。对照各版本写形，找出译稿讹误脱漏之处，如无对应译文，则猜测为何贝本中会有脱漏，需拟音时则以最相近写形进行创造。

课上学生们字斟句酌，就一词周密讨论，不啻于深入专业的马可·波罗研究会。如吴若愚甚至撰写百余页的文本校读查证苏木、象军等细节。周宇驰对青金石出处丝分缕解，课后与李倪倪仍不忘细查，对比各种宝石形态。袁森朋在考订帖必力思时，出具共计七个出处译名，徐靖凯光是欣斤塔剌思一节便修改七稿。徐自远就Zardandan州中各个巫师的分辨而反复讨论。李天成出具大篇幅细读文本分析锡兰等专名，黄永超则持续校订建都州的百衲本内容，李倪倪专门查阅对比炼盐技术。仅Meridin一个专名，王胜斌便转贴大量地图。魏玉升指出贝内代托本写形“Arzizi”后“阿齐齐”此译名未将“r”译出，冯景运对大量地名的前人研究深稽博考。李倪倪与鲁一帆可直接以意语原文校对译稿，张斌擅长将贝法语本（2016年）与1932年本比对细微差异。白琛媛极为细致，凡受她检查的，任何瑕疵都纤毫毕见。秦晓菲负责课堂整体记录与调度分配，实为费心。马教授更是朝督暮责，如有任何脱漏，立令学生补查。他逐句逐字稽核，火眼金睛不逊于专业编辑，人名地名包括历史及现代所指都需明确界定，最后把关定夺。感谢作家出版社的王烨老师对我数次拖延耐心容忍，他熟思审处，整体把控进度，周密推敲文稿。

翻译与校勘《马可·波罗行纪》让我深感浸润于历史学科的广博深湛，于精细处见微知著。在历史洪流荒野中，唯有器物与文字永存，我想，这就是今译马可·波罗的价值所在。贝内代托原译本为不增加读者负担而未行注释，仅在书末简短解释。此中译本定性于“普及”，而非学术研究，选择未将其译出，仅在必要时在文中略增古今地名信息注解。贝内代托曾言，真正好的校勘本应是“一切都必须紧密、和谐地融合在一起：考据、文学解释、地理和历史评论。所有的材料都必须在一个大脑中锻造，甚至是在一颗心中，以同样的激情之火焚煮”〔“Ancora qualche rilievo circa la scoperta dello Z toledano,” *Atti dell'Accademia delle Scienze di Torino,* (1960), 548.〕。我才疏学浅，力不逮心，只待将来有人可译出他的法语校勘本。译文力求尊重原文，尽量贴近贝内代托原译文的朴直平易、不加矫饰的文风。但仍忧心挂一漏万，请诸位读者指正。望此中译本可成为所有对马可·波罗东行感兴趣者的入门书，也为蒙元史学者或爱好者提供贝内代托本以资比对参考。

彭倩

湖南娄底人。现任南开大学外国语学院意大利语系副教授，博士毕业于北京大学外国语学院比较文学与世界文学专业，硕士毕业于北京外国语大学意大利语言及文学专业。2020—2023年国家社科基金青年项目“意大利文学地域主义与国家认同研究”主持（20CWW017）。研究方向为意大利语言及文学、比较文学与世界文学等。译有《卡尔维诺童话故事》《达芬奇机器的秘密》《世界著名博物馆》系列丛书（意大利卷）等。

图书在版编目（CIP）数据

马可 · 波罗游记 ,（意）马可 · 波罗著 ; 彭倩译. 北京 : 作家出版社, 2024.12. --（新编新译世界文学经典文库）. -- ISBN 978-7-5212-3179-3

I. K919.2

中国国家版本馆CIP数据核字第2024CF7525号

马可 · 波罗游记

作　　者：［意］马可 · 波罗
译　　者：彭　倩
特约审校：马晓林
责任编辑：袁艺方　王　烨
特约编辑：孙玉琪
装帧设计：潘振宇
封面绘画：潘若霓
出版发行：作家出版社有限公司
社　　址：北京农展馆南里 10 号　**邮　　编：**100125
电话传真：86 -10 - 65067186（发行中心）
86 -10 - 65004079（总编室）
E-mail: zuojia @ zuojia.net.cn
http://www.zuojiachubanshe.com
印　　刷：北京盛通印刷股份有限公司
成品尺寸：138×205
字　　数：240 千
印　　张：11.75
版　　次：2024 年 12 月第 1 版
印　　次：2024 年 12 月第 1 次印刷
ISBN 978-7-5212-3179-3
定　　价：65.00 元